Minouche Shafik

Was wir einander schulden

Minouche Shafik

WAS WIR EINANDER SCHULDEN

Ein Gesellschaftsvertrag für das 21. Jahrhundert

Aus dem Englischen
von Karen Genschow

Ullstein

Für Adam, Hanna, Hans-Silas, Maissa,
Nora, Olivia und Raffael

INHALT

DANKSAGUNG

Es dürfte kaum überraschen, dass ich vielen Menschen, die mir dabei geholfen haben, dieses Buch zu schreiben, zu großem Dank verpflichtet bin.

Die Idee, ein Buch zu schreiben, trug Rupert Lancaster an mich heran, nachdem er 2018 einen Vortrag von mir bei der Leverhulme Foundation besucht hatte. An der London School of Economics habe ich davon profitiert, von Menschen umgeben zu sein, die interessant und interessiert sind, angefangen bei meinen Kollegen und Kolleginnen im Direktorium und im Rat. Viele Kollegen teilten ihre Ideen mit mir und gaben großzügig Rückmeldungen zu frühen Entwürfen; hierfür bin ich Oriana Bandiera, Nick Barr, Tim Besley, Tania Burchardt, Dilly Fung, John Hills, Emily Jackson, Julian LeGrand, Steve Machin, Nick Stern, Andrew Summers, Andres Velasco und Alex Voorhoeve besonders dankbar. Etliche Freunde und ehemalige Kolleginnen und Kollegen wiesen mich auf relevante Literatur hin, lieferten hilfreiche Kommentare und dringend benötigte Ermutigung: Patricia Alonso-Gamo, Sonya Branch, Elizabeth Corley, Diana Gerald, Antonio Estache, Hillary Leone, Gus O'Donnell, Sebastian Mallaby, Truman Packard, Michael Sandel und Alison Wolf. Ich bin ihnen für ihre guten Ideen zu Dank verpflichtet; etwaige Fehler gehen ausschließlich auf mein Konto.

Max Kiefel leistete hervorragende Recherchehilfe, spürte interessantes Material auf und gab hilfreiche Anregungen, obwohl wir uns aufgrund der Pandemie nur einmal persönlich treffen konnten. James Pullen, mein Agent bei Wylie, half mir, mich in der Verlagswelt zurechtzufinden, und war eine ständige Quelle für gute Ratschläge. Will Hammond, mein Lektor bei Penguin Random House, ermutigte mich, akademischen Jargon zu vermeiden, und half dabei, den Text sehr viel lesbarer zu machen. Auch von Joe Jackson von der Princeton University Press erhielt ich hilfreiches Feedback.

Besonders viel verdanke ich meiner Mutter Maissa, die mich zu all den Bibliotheken chauffiert und mich immer unterstützt hat, komme was wolle. Dankbar bin ich meiner Schwester Nazli, meiner Nichte Leila und meiner großen Familie, die ein wunderbares Beispiel für einen Gesellschaftsvertrag bietet, der großzügig ist und jedem nützt. Meinem Ehemann Raffael schulde ich Dank dafür, dass er mich couragierter macht und mich dazu ermutigt, immer größere Herausforderungen anzunehmen. An unsere Kinder – Adam, Hanna, Hans-Silas, Nora und Olivia – dachte ich zuallererst, als ich das Kapitel über den generationenübergreifenden Gesellschaftsvertrag schrieb. Für sie und alle unsere Kinder und künftigen Enkelkinder hoffe ich, dass es uns gelingt, einen besseren Gesellschaftsvertrag zu gestalten, damit sie alle gedeihen können.

VORWORT

»Alles zerfällt, die Mitte hält nicht mehr […] Gewiß, eine Offenbarung steht bevor.« Diese Worte schrieb W. B. Yeats in seinem Gedicht »Das zweite Kommen« (»The Second Coming«) unmittelbar nach den Schrecken des Ersten Weltkriegs, als seine schwangere Frau während der Grippeepidemie 1918/19 schwer krank darniederlag. Die Formulierung »alles zerfällt« wurde 2016 häufiger zitiert als je zuvor.[1] Yeats' Gedicht hält eine Stimmung düsterer Vorahnung fest, von bevorstehender unvermeidlicher Veränderung. In den letzten Jahren haben wir die wirtschaftlichen Folgen der Finanzkrise von 2008 erlebt, eine zunehmend spaltende politische Entwicklung, Umweltproteste und die Covid-19-Pandemie. Perioden großer Instabilität können zu einer radikalen Neuordnung unserer Gesellschaften führen. Welche Gestalt diese Neuordnung annimmt, hängt davon ab, welche Institutionen existieren, welche Führer oder Führerinnen an der Macht sind und welche Ideen Konjunktur haben.[2]

In den vergangenen Jahren habe ich viele der Annahmen, Institutionen und Normen, die meine Welt geprägt haben, mehr und mehr zerfallen sehen. Ich war 25 Jahre in der internationalen Entwicklungspolitik tätig und habe aus erster Hand erfahren, wie die Kampagne »Make Poverty History« (in Deutschland »Deine Stimme gegen Armut«) die Lebensbedingungen der

Menschen enorm verbessert hat. Die Menschen hatten es in der Tat noch nie so gut wie heute; dennoch sind sie in vielen Teilen der Welt enttäuscht, was in der Politik, in den Medien und im öffentlichen Diskurs zum Ausdruck kommt. Die Zunahme von Wut und Angst hat damit zu tun, dass die Menschen mehr Unsicherheit und Machtlosigkeit in Bezug auf ihre eigene Zukunft verspüren. Auch lässt die Unterstützung für das System internationaler Zusammenarbeit, das seit der Nachkriegszeit existiert und in dem ich einen großen Teil meiner beruflichen Laufbahn verbracht habe, in dem Maße nach, in dem Nationalismus und Protektionismus stärker werden.

Die globale Pandemie von 2020 brachte dies alles deutlich zum Vorschein. Die Risiken, denen die Armen sowie die in prekären Arbeitsverhältnissen und ohne medizinische Versorgung Lebenden ausgesetzt sind, traten offen zutage. Unsere Abhängigkeiten wurden sichtbar, da die »systemrelevanten Arbeitskräfte«, ohne die unsere Gesellschaften nicht funktionieren können, mit Abstand am schlechtesten bezahlt waren. Wir könnten ohne Banker und Rechtsanwältinnen überleben, aber Verkaufs- sowie Pflegepersonal und Sicherheitskräfte sind unverzichtbar. Die Pandemie zeigte, wie sehr wir für unser Überleben, aber auch für ein sozial verantwortliches Handeln aufeinander angewiesen sind.

Krisenmomente sind auch Chancen. Einige Krisen führen zu Entscheidungen, die die Gesellschaft zum Besseren verändern – so wie die Maßnahmen des New Deal, die zur Bekämpfung der Weltwirtschaftskrise eingeführt wurden, oder die regelbasierte internationale Ordnung, die nach dem Zweiten Weltkrieg entstand. Andere Krisen legen den Keim zu neuen Problemen, etwa die unzureichenden Antworten auf den Ersten Weltkrieg oder die Finanzkrise von 2008 mit ihren populistischen Gegenreaktionen. Die Auswirkungen der Covid-19-Pandemie werden sich erst noch zeigen. Ob sie zu Verbesserungen führen oder nicht, hängt davon ab, welche alternativen Ideen zur Verfügung stehen und für welche von ihnen sich die Politik entscheidet.[3] Nach viel Lesen, Zuhören und Nachdenken und nach vielen Gesprächen scheint mir, dass das Konzept eines Gesellschaftsvertrags – die politischen Entscheidungen und Normen, die unser gesellschaftliches Zusammenleben regeln – ein nützliches Konstrukt ist, um alternative Lösungen für die Herausforderungen, denen wir uns gegenübersehen, greifbar zu machen und zu definieren.

Viele der Ideen, die das Nachdenken über Gesellschaftsverträge überall in der Welt geprägt haben, entstanden in den vergangenen Jahren an der London School of Economics and Political Science (LSE), deren Direktorin ich derzeit bin. Es gibt dort eine lange Tradition des Nachdenkens über das Verhältnis von Wirtschaft und Gesellschaft, angefangen bei den Gründern der Fabian Society und der LSE, Beatrice und Sidney Webb. Beatrice verbrachte Jahre damit, die Zustände in den ärmsten Gegenden von London zu untersuchen und die Auswirkungen von Entbehrung mit eigenen Augen zu sehen. Als Mitglied einer vom Parlament eingesetzten Kommission zur Überprüfung des Armenrechts verantwortete sie 1909 einen abweichenden Minderheitsbericht, der das strenge System der Arbeitshäuser und Großbritanniens unsystematischen Ansatz zur Unterstützung von Menschen in Armut verurteilte. Darin argumentierte sie, ein neuer Gesellschaftsvertrag für das Vereinigte Königreich würde »landesweit ein Minimum an zivilisiertem Leben sichern, für alle gleichermaßen, für beide Geschlechter und alle Klassen, womit wir ausreichende Ernährung und Bildung für die Jungen, ein Existenzminimum für Gesunde, medizinische Behandlung für Kranke und ein bescheidenes, aber sicheres Auskommen für die Älteren oder Behinderten meinen«.[4] Mehr als hundert Jahre später ist dies weiterhin ein in den meisten Ländern der Welt unerreichtes Ziel.

Ihre Argumente fanden Widerhall in dem überaus einflussreichen Bericht von William Beveridge (Direktor der LSE von 1919 bis 1937), der eine Blaupause des modernen Wohlfahrtsstaats im Vereinigten Königreich erstellte, einschließlich des National Health Service (NHS) und umfassender Vorschläge für Mindestlöhne, Arbeitslosenversicherung und Altersvorsorge. Der Beveridge-Bericht (1942) war bahnbrechend, und es wurden so viele Exemplare davon verkauft wie noch von keinem Regierungsdokument zuvor; die Bevölkerung stand Schlange, um ein Exemplar zu erwerben und Einblick zu erhalten in diese grundlegende Neuordnung der Rechte und Pflichten der Bürger und Bürgerinnen Großbritanniens. Ein großer Teil der Umsetzung erfolgte unter Premierminister Clement Attlee, der zuvor Dozent an der LSE gewesen war und die Wahlen 1945 nicht zuletzt aufgrund seiner Unterstützung des Beveridge-Berichts gewonnen hatte. Während der Fokus der Webbs und Beveridges auf Großbritannien lag, übten ihre Ideen überall in Europa und in weiten Teilen der postkolonialen Welt erheblichen Einfluss aus, vor allem in Indien, Pakistan, Ostasien, Afrika und im Nahen Osten.[5]

Die LSE stand auch im Mittelpunkt der nächsten Neuordnung der Gesellschaften, als Friedrich August von Hayek, Emigrant aus Wien, LSE-Professor und Nobelpreisträger, 1944 sein Werk *Der Weg zur Knechtschaft* veröffentlichte. Hayek war der Auffassung, dass das Modell des interventionistischen Staates, das Beveridge vertrat, die Gesellschaft auf den Pfad des Totalitarismus führen würde. Mit seinem Fokus auf individueller Freiheit und der Effizienz der Märkte schuf er die Grundlage für den klassischen Wirtschaftsliberalismus. Er verließ die LSE 1950 und ging an die Universität von Chicago, wo seine Ideen Milton Friedman beeinflussten und das Fundament legten für das, was später als Chicagoer Schule bekannt wurde, die sich dem Liberalismus und einer Laissez-faire-Wirtschaft verschrieb. Sowohl Margaret Thatcher als auch Ronald Reagan beriefen sich mit ihren politischen Programmen und ihrer Betonung von Individualismus und freien Märkten auf Hayek.[6] Er war auch in Mittel- und Osteuropa höchst einflussreich, wo seine Bücher von vielen Dissidenten und Dissidentinnen gelesen wurden, die schließlich zum Zerfall der Sowjetunion beitrugen.

Der sogenannte Dritte Weg war dann der Versuch, eine Alternative zum interventionistischen Staat der Fabianer und dem Laissez-faire-Marktliberalismus Hayeks zu entwerfen. Viele Ideen darüber, wie man Märkte nutzt, um egalitärere Ziele zu erreichen, entstanden an der LSE, etwa von Anthony Giddens (einem weiteren Direktor der Schule in den Jahren 1997 bis 2003), der 1998 das Buch *Der dritte Weg* veröffentlichte.[7] Diese Ansichten machten sich sozialdemokratische Politiker überall auf der Welt zu eigen, darunter Bill Clinton in den USA, Tony Blair in Großbritannien, Luiz Inácio Lula da Silva in Brasilien, Gerhard Schröder in Deutschland, Thabo Mbeki in Südafrika und viele weitere. Mit der Großen Rezession von 2008 brach der

Rückhalt für den Dritten Weg zusammen, der seine Glaubwürdigkeit infolge der Finanzkrise verlor, als Führer und Führerinnen der politischen Mitte auf der ganzen Welt zunehmend durch Populisten und Populistinnen ersetzt wurden.

Und so sind wir wieder an einem Punkt angelangt, an dem ein neues Paradigma benötigt wird. Grundlegende Veränderungen in Technologie und Demografie fordern die alten Strukturen heraus. Die Klimakrise und die globale Pandemie mit ihren unvermeidlichen wirtschaftlichen Folgen haben gezeigt, wie wenig unser derzeitiger Gesellschaftsvertrag noch funktioniert. Dieses Buch ist ein Versuch, die diesen Herausforderungen zugrunde liegenden Ursachen zu verstehen und, noch wichtiger, eine neue Sicht auf die Frage zu bieten, wie ein dem 21. Jahrhundert angemessener Gesellschaftsvertrag aussehen könnte. Es handelt sich nicht um eine Blaupause, aber ich hoffe, damit einen bescheidenen Beitrag zu leisten, um die Debatte voranzubringen und eine Marschroute für künftige politische Entscheidungen zur Verfügung zu stellen.

Ich habe versucht, mich kurz zu fassen und viele Fragen aus einer globalen Perspektive zu behandeln, und einige Leserinnen und Leser werden zu manchen der Punkte, die ich ausführe, Ausnahmen finden. Ich beziehe mich stark auf akademische Forschungsergebnisse in Peer-Review-Zeitschriften und Metaanalysen – zusammengefasste Befunde aus manchmal Hunderten von Forschungsarbeiten. Die Quellen für die meisten dieser Fachartikel finden sich in den Endnoten. Ich glaube fest an Beweise, an den Wert von Expertise und an die Bedeutung präziser Debatten, gebe aber auch meine eigenen Urteile dazu ab, was diese Literatur uns darüber lehrt, wie verschiedene Länder Lösungen für das gefunden haben, was wir einander in der Gesellschaft schulden.

Diese Urteile wurzeln zwangsläufig in meinen persönlichen Erfahrungen von Familie, Bildung, Arbeit und dem Einfluss von Gesellschaft und Staat. Mein Interesse an Wirtschaftsfragen entstand aus dem Wunsch, die Architektur der Chancen in der Gesellschaft zu verstehen. Als Kind besuchte ich das Dorf in Ägypten, aus dem die Familie meiner Mutter stammt, und sah Mädchen, die genauso aussahen wie ich, die aber nicht in die Schule gehen konnten, sondern auf den Feldern hart arbeiten und kaum die Wahl hatten, wen sie heiraten oder wie viele Kinder sie bekommen würden. Es erschien mir so willkürlich und unfair, dass ich Chancen erhielt, die sie nicht hatten – ich hätte ohne Weiteres sie sein können und sie ich. Diese Chancen änderten sich drastisch, als der ägyptische Staat in den 1960er-Jahren den Großteil des Grundbesitzes und Eigentums meiner Familie verstaatlichte und wir in die USA auswanderten, wo mein Vater studiert hatte.

Für meinen Vater, der außer einem Doktortitel in Chemie wenig besaß, war Bildung der einzige Weg zum Erfolg. »Man kann dir alles wegnehmen, nur deine Bildung nicht«, lautete seine häufig wiederholte Lebensweisheit. Aber die Bildungschancen, die uns offenstanden, waren im US-amerikanischen Süden während der Unruhen und Spannungen im Zuge der Aufhebung der Rassentrennung durchwachsen. Der Schulbus brachte mich zu mehr Schulen, als ich mich erinnern kann; an einigen gab es inspirierte Lehrkräfte, an anderen bestand das Hauptziel im Überleben. Die örtlichen Büchereien, zu denen meine Mutter mich an den Wochenenden pflichtschuldig mitnahm, waren meine Rettung. Gleich in mehreren hatte ich Mitgliedsausweise, um die Anzahl der Bücher zu maximieren, die ich an jedem Wochenende ausleihen konnte, um dann lange Stunden auf dem heimischen Sofa damit zu verbringen, die Welt zu entdecken.

Nachdem ich die Leiter der höheren Bildung erklommen hatte, führte mich meine Neugier, mehr über die Architektur der Chancen herauszufinden, zu einer Karriere in der Wirtschafts- und Entwicklungspolitik mit Stationen in der Weltbank, im britischen Entwicklungshilfeministerium, im Internationalen Währungsfonds und in der Bank of England. Ich liebe Universitäten und habe achtzehn Jahre in ihnen verbracht, aber der größte Teil meiner Laufbahn vollzog sich in den Schützengräben der Politik. Ungewöhnlich ist es vielleicht, dies in einer so großen Zahl von Ländern getan zu haben – von einigen der ärmsten der Welt wie Südsudan und Bangladesch bis zu einigen der reichsten wie Großbritannien oder die Eurozone. Auch habe ich mit Politikerinnen und Politikern des gesamten politischen Spektrums zusammengearbeitet – in England war ich Staatssekretärin sowohl für die Labour-Regierung als auch für die Koalition von Tories und Liberaldemokraten. In meinen Jahren bei der Weltbank und beim IWF habe ich mit Hunderten von Politikerinnen und Politikern jeglicher vorstellbaren Couleur zusammengearbeitet. Von dieser Perspektive sowohl der politischen Praxis als auch der Politikwissenschaft ist dieses Buch durchdrungen.

Nachdem ich 25 Jahre lang in internationalen Wirtschaftsinstitutionen tätig war, konnte ich ermessen, wie viel Nutzen daraus entsteht, Erfahrungen über Ländergrenzen hinweg zu teilen. Natürlich hat jedes Land seine Besonderheiten, vor allem bei Themen wie dem Ausgleich zwischen Individuum und

Kollektiv im Gesellschaftsvertrag. Länder wie die USA legen mehr Wert auf individuelle Freiheit; asiatische Länder neigen dazu, kollektiven Interessen gegenüber individuellen Präferenzen Priorität einzuräumen. Europa liegt irgendwo dazwischen und versucht, eine Balance zwischen individueller Freiheit und gemeinschaftlichen Interessen herzustellen. Hinter jeder dieser Verallgemeinerungen stehen viele Ausnahmen und Beispiele, die uns lehren können, maßgeschneiderte Lösungen für unterschiedliche Kontexte zu finden. Selten gibt es die eine richtige Antwort, häufiger eine Reihe von Optionen und Kompromissen, die verschiedene Kosten und Nutzen mit sich bringen und verschiedene Werturteile widerspiegeln.

Ich habe versucht, dieses Buch nicht nur global und lösungsorientiert zu gestalten, sondern auch persönlich. Für mich sind die Begriffe des Gesellschaftsvertrags keine abstrakten Aktivitäten, die Technokraten und Technokratinnen sowie Politikbesessenen vorbehalten bleiben. Politische Entscheidungen darüber, wie ein Bildungssystem organisiert ist oder wie Gesundheitsfürsorge finanziert wird oder was geschieht, wenn man seine Arbeit verliert, haben enorme Auswirkungen auf uns alle. Sie begründen den Unterschied zwischen dem Leben, das ich geführt habe, und dem Leben jener Mädchen im Dorf. Deshalb ist dieses Buch entlang der Stadien des Lebens aufgebaut, die die meisten von uns durchleben – Kindererziehung, Schulbildung, Krankheit, Arbeitssuche und Altwerden. Meine Hoffnung ist, dass diese Perspektive diese wichtigen Themen zugänglich machen und uns alle ermutigen wird, zu diesen grundlegenden Fragen eine Meinung zu haben.

1
WAS IST DER GESELLSCHAFTSVERTRAG?

Gesellschaft ist alles. Viele Menschen gehen mit der Vorstellung durchs Leben, sie stünden auf eigenen Füßen und seien unabhängig. Einige mögen ihren Familien für ihr Los dankbar sein (oder es ihnen vorwerfen), aber selten denken wir an die größeren Mächte, die unser Schicksal bestimmen – das Land, in dem wir geboren werden, die gesellschaftlichen Einstellungen, die zu einem bestimmten Zeitpunkt der Geschichte vorherrschen, die Institutionen, die unsere Wirtschaft und Politik lenken, und den Zufall, einfach Glück zu haben. Diese größeren Faktoren bestimmen die Art von Gesellschaft, in der wir leben, und sind die wichtigsten Determinanten unserer menschlichen Erfahrung.

Betrachten wir ein Beispiel, in dem die Gesellschaft eine sehr kleine Rolle spielt. 2004 verbrachte ich einige Zeit bei einer Familie am Amazonas in Ecuador. Antonia, meine Gastgeberin, hatte zwölf Kinder, und ihre älteste Tochter stand kurz vor der Geburt von Antonias erstem Enkelkind. Sie lebten am Rand des Regenwalds ohne Straße, Strom, fließendes Wasser oder sanitäre Anlagen. Es gab eine Schule, aber sie war ziemlich weit entfernt, sodass die Kinder sie nicht regelmäßig besuchten. Doch Antonia arbeitete vor Ort im Gesundheitsdienst und hatte per Funk Zugang zu einem Arzt in einer nahe gelegenen Stadt, der ihr und anderen Rat geben konnte. Abgesehen von dieser (von einer Wohltätigkeitsorganisation organisierten) Dienstleistung waren sie und ihr Mann vollkommen auf sich selbst gestellt, besorgten sich Nahrung aus dem Wald und brachten ihren Kindern bei, wie sie in ihrer Umgebung überleben konnten. Bei den seltenen Gelegenheiten, in denen sie etwas benötigten, das sie nicht finden oder selbst herstellen konnten (einen Kochtopf beispielsweise), schürften sie nach Gold im Amazonas, das sie nach einer langen Reise mit dem Kanu gegen Waren auf einem Markt tauschen konnten.

Dies mag als ein sehr extremes und fernes Beispiel erscheinen, aber es hilft, uns vor Augen zu führen, wie sehr wir an die Dinge gewöhnt sind, die uns das kollektive Leben in einer Gesellschaft zur Verfügung stellt – Infrastruktur, Zugang zu Bildung und Gesundheitsfürsorge, Gesetze, die Märkte ermöglichen, auf denen wir Einkommen erzielen und Güter und Dienstleistungen erwerben können. Antonia und ihre Tochter versprachen, das Baby, das sie erwarteten, Minouche zu nennen, was ich als große Ehre empfand. Ich frage mich häufig, welche Art von Leben diese andere Minouche haben wird, weil sie in eine ganz andere Gesellschaft hineingeboren worden ist.

Wie eine Gesellschaft strukturiert ist, hat tiefgreifende Folgen für die Leben derjenigen, die in ihr leben, und für die Architektur der Chancen, die sich ihnen eröffnen. Es bestimmt nicht nur ihre materiellen Bedingungen, sondern auch ihr Wohlbefinden, ihre Beziehungen und Lebenserwartungen. Die Struktur einer Gesellschaft ist bestimmt von Institutionen, etwa die politischen und rechtlichen Systeme, die Wirtschaft oder die Art und Weise, in der Familie und Gemeinschaftsleben organisiert sind.[8] Alle Gesellschaften entscheiden sich, einige Dinge jeder einzelnen Person zu überlassen und andere gemeinschaftlich festzulegen.

Die Normen und Regeln, die die Funktionsweise dieser kollektiven Institutionen bestimmen, sind das, was ich den Gesellschaftsvertrag nennen werde, der, so meine Überzeugung, die wichtigste Determinante der Art und Weise ist, wie wir unser Leben führen. Weil er so wichtig ist und die meisten Menschen ihre jeweilige Gesellschaft nicht einfach verlassen können, verlangt der Gesellschaftsvertrag die Zustimmung der Mehrheit und eine regelmäßige Neuaushandlung, wenn sich die Umstände verändern.

Wir leben in einer Zeit, in der die Menschen in vielen Ländern vom Gesellschaftsvertrag und dem Leben, das er ihnen ermöglicht, enttäuscht sind – und das, obwohl der materielle Wohlstand in den letzten fünfzig Jahren immens gestiegen ist.[9] Untersuchungen belegen, dass vier von fünf Personen in den USA, in Europa, China, Indien und verschiedenen Entwicklungsländern glauben, das »System« funktioniere nicht für sie.[10] In vielen Industrieländern glaubt die Mehrheit der Menschen nicht mehr, dass ihre Kinder es besser haben werden als sie selbst. In den Entwicklungsländern eilt der Wunsch nach Bildung, Gesundheitsversorgung und Arbeit häufig dem Vermögen der Gesellschaften weit voraus, diese tatsächlich zur Verfügung zu stellen. Und auf der ganzen Welt sorgen sich Arbeitende, wegen mangelnder Ausbildung und zunehmender Automatisierung ihren Lebensunterhalt zu verlieren.

Diese Unzufriedenheit nimmt viele verschiedene Formen an. In ländlichen Regionen und Kleinstädten behaupten manche, dass überproportional viel Aufmerksamkeit und Ressourcen auf ihre Kosten in die Städte fließen. In einigen Ländern hat die einheimische Bevölkerung das Gefühl, Immigranten würden ihre

Gesellschaften verändern und Vergünstigungen erhalten, noch bevor sie ihren Pflichten nachgekommen seien. Einige Mitglieder von ehemals dominanten Ethnien nehmen es anderen Ethnien übel, dass sie Gleichbehandlung verlangen. Einige Männer fühlen sich bedroht durch erstarkte Frauen und politische Entscheidungen wie Quoten und Zielvorgaben, durch die sie sich benachteiligt sehen. Ein Teil der Jüngeren erhebt zunehmend die Stimme gegen die Älteren, von denen sie glauben, sie konsumierten einen steigenden Anteil an Ressourcen in der Gesundheits- und Altersversorgung, während sie ihnen ein Erbe aus Schulden und Umweltzerstörung hinterlassen. Einige ältere Menschen haben das Gefühl, dass die Jüngeren nicht dankbar genug für die vergangenen Opfer sind, die sie für sie erbracht haben.

Dieses Buch versucht, zu den Wurzeln dieser Enttäuschung vorzudringen, und zwar aus der Perspektive des Gesellschaftsvertrags: ein Zugang, der den Primat von Erwartungen und Gegenseitigkeit ebenso anerkennt wie die Effizienz und den Wert von gemeinschaftlicher Vorsorge und geteilten Risiken sowie die Notwendigkeit, sich an eine veränderte Welt anzupassen, wenn wir nicht den zerstörerischen Bruch des gegenseitigen Vertrauens erleben wollen, auf das sich Staatsbürgerschaft und Gesellschaft gründen. Wie viel schuldet die Gesellschaft den Einzelnen, und was schulden die Einzelnen der Gesellschaft? Und wie müssten diese gegenseitigen Verpflichtungen in dieser Zeit großer Umbrüche angepasst werden? Die Antworten auf diese Fragen könnten sich als Kern der Lösung vieler der politischen, wirtschaftlichen und gesellschaftlichen Herausforderungen erweisen, vor denen die Welt heute steht.

Erwartungen und der Gesellschaftsvertrag

Wer ist »wir« in dem Buchtitel »Was wir einander schulden«? Wem gegenüber empfinden wir gegenseitige Verpflichtungen? Dies ist eine komplexe Frage, die persönliche, kulturelle und historische Dimensionen hat. Ich stelle mir gegenseitige Verpflichtungen wie konzentrische Kreise vor. Im Zentrum fühlen die meisten von uns die größte Verpflichtung ihren engsten Familienangehörigen sowie Freundinnen und Freunden gegenüber. Eltern bringen enorme Opfer für ihre Kinder; Freundinnen und Freunde nehmen vieles auf sich, um sich gegenseitig zu unterstützen. Der nächste konzentrische Kreis stellt die Gemeinschaft dar, in der wir leben. Dies ist häufig der Bereich von ehrenamtlichen Gruppen, religiösen Vereinigungen, Nachbarschaft und lokalen Verwaltungsstrukturen. Der nächste Kreis ist der Nationalstaat, in dem wir einander staatsbürgerliche Pflichten schulden – Steuern zahlen, Gesetze befolgen, wählen, uns am öffentlichen Leben beteiligen. In einem Projekt regionaler Integration wie der Europäischen Union hat es den Versuch gegeben, eine Art von »wir« in einem weiteren Kreis zu fördern, der aus den Bürgern und Bürgerinnen der an der Union beteiligten Nationalstaaten besteht. Der letzte Kreis ist die Welt, in der die Verpflichtungen schwächer sein mögen, aber offensichtlicher werden, wenn es um humanitäre Krisen oder eine globale Herausforderung wie den Klimawandel geht, bei denen internationale Solidarität unabdingbar wird.

Tagtäglich haben wir es mit gegenseitigen Verpflichtungen zu tun, kümmern wir uns um andere, nicht nur in unseren Familien, sondern auch innerhalb von Gemeinschaften und Nationalstaaten, weit über unser unmittelbares Eigeninteresse hinaus.

Am offensichtlichsten ist dies darin, dass wir Steuern zahlen, die Menschen in anderen Teilen des Landes (und manchmal in anderen Teilen der Welt) zugutekommen, denen wir nie begegnen werden. Wir tun dies, weil wir glauben, dass eine gerechte, gut funktionierende Gesellschaft uns dabei hilft, ein besseres Leben zu führen, und wir sind bereit, in unserem eigenen Interesse und aus Solidarität mit unseren Mitbürgern und Mitbürgerinnen unseren Teil dazu beizutragen. Von Arbeitgebenden wird in vielen Ländern erwartet, dass sie ihren Angestellten bestimmte Leistungen wie Elternzeit und Renten anbieten, und viele legen noch freiwillige Leistungen obendrauf. Für die Versorgung mit Treibstoff und Wasser, Transport und Sanitäranlagen sind wir auf eine öffentliche Infrastruktur angewiesen, von der wir allgemeine Zugänglichkeit erwarten. Wir erwarten gute Schulen, Gesundheitsversorgung und Sicherheit auf unseren Straßen, und im Gegenzug leisten wir dem Gesetz Folge. Das alles dient dazu, unsere individuellen Wünsche und die Notwendigkeit des gemeinschaftlichen Zusammenlebens mit anderen Menschen auszubalancieren. Diese kollektive Solidarität wirkt über die Generationen hinweg, wenn wir langfristige Investitionen tätigen, aber auch umgekehrt, wenn wir Ressourcen verbrauchen, die künftigen Generationen nicht mehr zur Verfügung stehen.

Im Verlauf der Geschichte haben Menschen ihre Ressourcen in unterschiedlichem Maße gebündelt, um die Vorteile zu nutzen und die Risiken abzumildern, die sich aus dem Zusammenleben in großen Gruppen ergaben. Zu diesen Vorteilen zählen Spezialisierung der Arbeit, gegenseitige Verteidigung und gemeinsame Infrastruktur. Je größer die Gruppen werden – von der Familie über das Dorf zu größeren Städten und Nationalstaaten –, desto abstrakter die gegenseitigen Verpflichtungen, häufig vermittelt durch Institutionen und politische Prozesse. Anstatt unserer Familie oder Gemeinschaft etwas zu »schulden«, verwandeln sich unsere Pflichten in Solidarität mit unseren Landsleuten oder gegenüber unserem Land. In der Vergangenheit waren es zum Beispiel die Familien, die ihre Kinder unterrichteten und für die Kranken und Arbeitslosen sorgten; heutzutage vertrauen die meisten auf Schulen, medizinische Einrichtungen und (in einigen Ländern) vom Staat bezahlte Arbeitslosenunterstützung. Aus diesem Grund wird von den Menschen heute erwartet, zum gemeinschaftlichen Wohl beizutragen, wenn sie produktive Erwachsene sind; im Gegenzug erhalten sie eine Ausbildung, wenn sie jung sind, und Unterstützung, wenn sie krank, arbeitslos oder alt sind. Wie diese Erwartungen genau aussehen, variiert entsprechend den kulturellen Normen, Institutionen, politischen Verhältnissen und Gesetzen, die die Rechte und Pflichten des Einzelnen im Verhältnis zu denjenigen der breiteren Gesellschaft definieren, aber das Vorhandensein solcher Erwartungen ist universell.

Während diese Erwartungen so alt sind wie die menschliche Gesellschaft selbst, haben sie sich im Lauf der Zeit beträchtlich verändert. Zum Beispiel lag im Verlauf der Geschichte in nahezu jeder Gesellschaft die Sorge um die Jungen und Alten in der Verantwortung der Frauen, während die Erziehung, Gesundheitsversorgung und Beschäftigung der nächsten Generation tendenziell unter kollektiver Verantwortung standen, so wie noch heute. In den meisten Ländern gab es auch eine gewisse Erwartung, dass die wohlhabenderen Bürger und Bürgerinnen Schutz oder Unterstützung für die Ärmeren ihrer Gemeinschaft bereitstellen. Historisch hat sich dieser freiwillige Ansatz von Wohltätigkeit, häufig durch religiöse Einrichtungen ermöglicht, als ungeeignet herausgestellt und zu sehr unausgeglichenen Ergebnissen geführt. In dem Maße, in dem die Länder reicher wurden, haben die Bürger und Bürgerinnen zunehmend vom Staat erwartet, dass er die Verantwortung übernimmt, Dienstleistungen auf einer stabileren und gerechteren Grundlage zur Verfügung zu stellen und die nötigen Mittel dafür durch Steuern zu beschaffen.[11]

Philosophen und Philosophinnen haben schon lange darüber diskutiert, wie freie Individuen davon überzeugt werden können, in einer Gesellschaft zusammenzuleben, und wie ein angemessener Erwartungshorizont aussehen könnte.[12] Doch erst während der Aufklärung wurde dieses Konzept – freiwillige gegenseitige Abhängigkeit im Gegenzug für ansonsten unerreichbare Vorteile – als Gesellschaftsvertrag bekannt. Verschiedene Denker und Denkerinnen stritten für verschiedene Arten von Gesellschaftsvertrag, aber sie alle formulierten ihn in den vorherrschenden Begriffen ihrer Zeit: den Rechten von Individuen in einer Monarchie.

Thomas Hobbes argumentierte, eigennützige, aber rationale Individuen sollten sich freiwillig der Autorität eines absoluten Souveräns unterwerfen, als dem einzigen sicheren Weg, den rohen Naturzustand zu überwinden.[13] Für John Locke war der Gesellschaftsvertrag dazu da, Leben, Freiheiten und Wohlergehen der Bürger zu erhalten; wenn folglich der Souverän darin versagte, diese Rechte zu schützen, war es für die Bürger legitim, zu revoltieren und ein neues politisches System zu schaffen.[14] Jean-Jacques Rousseau sorgte sich darum, die Freiheit zu bewahren, während er gleichzeitig anerkannte, dass angesichts der Tatsache, dass die Menschen zunehmend abhängig voneinander waren, Kompromisse nötig seien, um gemeinsam in einer guten Gesellschaft zu leben. Ihm zufolge verlangte der Gesellschaftsvertrag politische Institutionen – etwa ein repräsentatives Parlament –, die es den Bürgern erlaubten, Gesetze zu machen, denen sie sich freiwillig unterwerfen und auf diese Weise die Rechtfertigung für die Staatsmacht liefern würden.[15] Für alle drei Philosophen waren die Erwartungen der Individuen und des Staates minimal im Vergleich zu unseren eigenen: Der Gesellschaftsvertrag war lediglich die Voraussetzung, um in einer von Ausbeutung freien Gesellschaft zu leben.

Als die Monarchien jedoch zunehmend Macht an die Bürger abtreten mussten, richteten sich die Debatten über den Gesellschaftsvertrag auf die Pflichten von Staatsbürgerschaft und auf die Frage, was wir einander schulden. In seiner *Theorie der ethischen Gefühle* schrieb Adam Smith, dessen Ideen die Grundlagen der modernen Wirtschaft bilden, über die Notwendigkeit von »Zirkeln der Sympathie«, in denen eigennützige Individuen auch für das Wohlbefinden anderer Sorge tragen.[16] Smith zufolge hat die durch Empathie ausgelöste gesellschaftliche Solidarität ethische, politische und wirtschaftliche Gründe.[17] Der ethische Grund besteht darin, dass Individuen in jeder Gesellschaft grundlegende Bedürfnisse haben, die zu verweigern moralisch falsch wäre – etwa Zugang zu elementarer Gesundheitsversorgung und Sicherheit, genügend Einkommen, um nicht aus der Gesellschaft ausgeschlossen zu werden, ausreichend Bildung, um eine Arbeit zu finden und als informierte Bürger zu agieren. Der politische Grund für gesellschaftliche Solidarität besteht darin, dass Bürger in funktionierenden Demokratien genügend gemeinsame Erfahrungen teilen müssen, um das Gefühl zu entwickeln, ein gemeinsames Ziel zu haben.[18] Der wirtschaftliche Grund schließlich besteht darin, dass die Verteilung von Risiken wie Krankheit, Arbeitslosigkeit und Altersvorsorge auf eine große Anzahl von Staatsbürgern effizienter ist, als wenn Einzelne versuchen, sich selber abzusichern.

In Smiths Vision gibt es auch Grenzen der Sympathie, was die Erwartungen von Individuen betrifft, sowie einen Unwillen, Risiken zu teilen, wenn Individuen sich »schlecht« benehmen. So ist es auch heute. Die meisten Menschen sind bereit, Risiken zu teilen, die der Einzelne nicht selbst verschuldet hat – Behinderung oder Jobverlust aufgrund eines Unfalls oder einer plötzlichen Wirtschaftskrise. Wenn aber Schäden durch Rauchen oder Autofahren bei Trunkenheit oder schlechte Leistungen bei der Arbeit entstehen, glauben viele, dass der Einzelne die Folgen seines Handelns zu spüren bekommen sollte. Zugleich argumentieren andere, schlechtes Verhalten sei zumeist das Ergebnis von schlechter Kinderstube, Entbehrung oder sogar psychischer Krankheit. Moralische Urteile über individuelles Verhalten und die Verantwortung des Einzelnen sind häufig für die Frage entscheidend, wie großzügig der Gesellschaftsvertrag sein sollte.

Der einflussreichste Philosoph des 20. Jahrhunderts, was die Frage des Gesellschaftsvertrags als Grundlage zur Schaffung einer gerechten Gesellschaft betrifft, war John Rawls.[19] Er argumentierte, dass wir unseren Gesellschaftsvertrag hinter einem »Schleier des Nichtwissens« entwerfen sollten, ohne vorherige Kenntnis unserer eigenen Position innerhalb dieser Gesellschaft. Wenn wir nicht wüssten, ob wir unser Leben mit Privilegien oder in Armut beginnen, würden wir einen gerechten Gesellschaftsvertrag erschaffen. Sein Prinzip der Chancengleichheit konstatiert, dass »Menschen mit gleichen Fähigkeiten und gleicher Bereitschaft, sie einzusetzen, gleiche Erfolgsaussichten haben sollten, unabhängig von ihrer anfänglichen gesellschaftlichen Stellung«.[20] Heute bildet die Idee der Chancengleichheit den Kern der Erwartungen vieler Bürger und Bürgerinnen in aller Welt, und die Wahrnehmung ihrer Abwesenheit ist eine wichtige Quelle von Angst und Unzufriedenheit.

In modernen Gesellschaften herrscht die Erwartung, dass diejenigen, die sich anstrengen, ihr Los verbessern werden. Das ist nicht immer so gewesen, und in vielen traditionellen Gesellschaften gab es eine geradezu fatalistische Akzeptanz der bestehenden Hierarchie, wobei manche behaupteten, diese sei wesentlich für die gesellschaftliche Ordnung. Heute jedoch ist in den meisten Ländern die Ermöglichung sozialer Mobilität Teil des Gesellschaftsvertrags, weil das fairer erscheint, die Gesellschaft zusammenhält und kollektives Handeln fördert. Die Armen müssen die Erwartung haben, dass sie selbst oder ihre Kinder es besser haben werden. Die Reichen müssen fürchten, dass es ihren Kindern einmal schlechter gehen könnte, um die Sorge für die weniger Wohlhabenden zu fördern und einen Sinn für das Gemeinwohl zu schaffen.

In der Praxis unterscheiden sich Länder enorm in der Architektur der Chancen, die sie ihren Bürgern und Bürgerinnen bieten. In Dänemark beispielsweise braucht es im Schnitt zwei Generationen, um sich vom unteren zu einem mittleren Einkommen emporzuarbeiten; in Großbritannien sind fünf, und in sehr ungleichen Ländern wie Brasilien, Südafrika und Kolum-

Abbildung 1

Soziale Mobilität: Wie viele Generationen braucht es, um von einem niedrigen zu einem mittleren Einkommen zu gelangen?

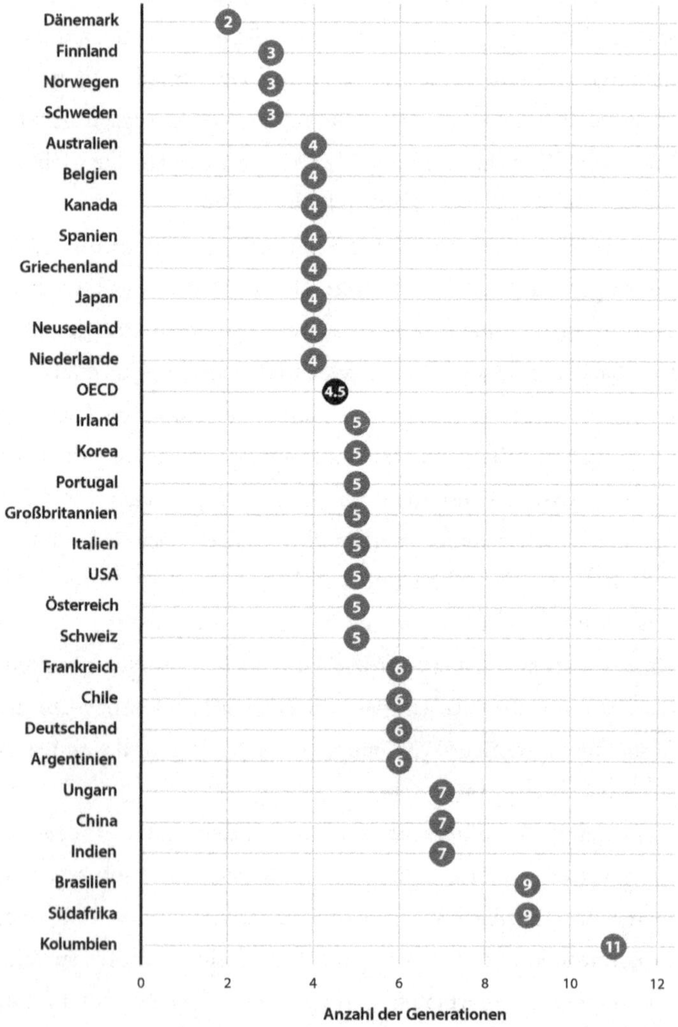

bien sind mehr als neun Generationen nötig. Diese Unterschiede in der sozialen Mobilität (siehe Abbildung 1) sind eine der Ursachen dafür, dass die Enttäuschung über den Gesellschaftsvertrag gerade in solchen Ländern am größten ist, in denen die Aussichten, sein Los allmählich zu verbessern, niedrig oder in jüngster Zeit sogar gefallen sind. Es gibt auch viele Hinweise darauf, dass Benachteiligung, sowohl innerhalb von Familien als auch regional, über viele Generationen hinweg äußerst beständig ist.[21]

Der Gesellschaftsvertrag, der Staat und der Privatsektor

Viele Menschen glauben, der Gesellschaftsvertrag sei gleichbedeutend mit dem Wohlfahrtsstaat, aber die Begriffe sind nicht synonym. Der Gesellschaftsvertrag legt fest, was kollektiv bereitzustellen ist und von wem; der Wohlfahrtsstaat ist eine von mehreren Möglichkeiten der Bereitstellung. Tatsächlich wird in jeder Gesellschaft ein Großteil dessen, was unter den Gesellschaftsvertrag fällt, weiterhin von den Familien erbracht – beispielsweise durch unbezahlte Kindererziehung seitens der Eltern, durch das Zusammenlegen von Ressourcen in Zeiten von Krankheit und Arbeitslosigkeit oder durch das Abschließen privater Versicherungen. Gemeinschaften, Wohltätigkeits- und Freiwilligenorganisationen tun eine Menge für die Versorgung von Bedürftigen und Alten, reagieren auf humanitäre Krisen und unterstützen Menschen dabei, wieder in Arbeit zu kommen. Arbeitgebende werden häufig per Gesetz dazu angehalten, bestimmte Aspekte des Gesellschaftsvertrags zu übernehmen, indem sie einen Beitrag zur Arbeitslosenversicherung und in einigen Ländern zur gesetzlichen Krankenversicherung leisten, wobei einige von ihnen zusätzliche Leistungen wie Kinderbetreuung, Fortbildung und Förderung von Wohlbefinden und psychischer Gesundheit bereitstellen.

Wenn ich mich auf den Gesellschaftsvertrag beziehe, meine ich daher den partnerschaftlichen Beitrag von Individuen, Wirtschaft, Zivilgesellschaft und Staat zu einem System des kollektiven Nutzens. Wenn ich vom Wohlfahrtsstaat spreche, meine ich die Mechanismen der Vergemeinschaftung von Risiken und der Investition in Sozialleistungen, die von politischen Prozessen und daraus folgenden staatlichen Handlungen vermittelt werden. Dies kann auf direkte Weise mittels Steuern und öffentlichen Dienstleistungen geschehen oder indirekt durch Regulierungen, die den Privatsektor verpflichten, Leistungen bereitzustellen. Der kollektive Nutzen kann auch den Staat einbeziehen, der als letztinstanzliche Versicherung einspringt, indem er zum Beispiel verhindert, dass Menschen durch Naturkatastrophen oder Pandemien hungern, obdachlos oder bedürftig werden.

Bevor es Nationalstaaten gab, gründete sich der Gesellschaftsvertrag auf Stämme und lokale Loyalitäten, die gegenseitigen Schutz gewährleisteten und einige Grundbedürfnisse wie Essen oder ein Dach über dem Kopf befriedigten. Daraus gingen im Feudalismus lokale Herrscher hervor, die Gesetz und Ordnung sicherstellten und im Gegenzug Anteile an Erträgen erhielten, eingebettet in die übergeordnete Struktur einer Monarchie. Erst in der Frühmoderne bildeten sich Nationalstaaten heraus, die nicht mehr nur für Sicherheit sorgten und Erträge requirierten, sondern auch in kollektive Güter wie Infrastruktur investierten, die von einer begrenzten Besteuerung finanziert wurden. Mit dem Aufkommen des Kapitalismus wurde der Gesellschaftsvertrag zunehmend komplexer, da die Familien mit der steigenden

Arbeitsteilung weniger autark wurden. Regulierungssysteme entstanden, und öffentliche Dienste wie Kanalisation und Elektrizität mussten koordiniert und finanziert werden. Solche kollektiven Güter zur Verfügung zu stellen und zugleich ausgebildete und gesunde Arbeitskräfte zu gewährleisten, wurde zu einem immer wichtigeren Teil des Gesellschaftsvertrags und entwickelte sich zu dem, was wir heute den Wohlfahrtsstaat nennen.

Für gewöhnlich wird der konservative Preuße Otto von Bismarck als derjenige genannt, der als Erster die gesetzliche Grundlage für gesellschaftliche Solidarität schuf, als er in den 1880er-Jahren als Reichskanzler die obligatorische Kranken- und Rentenversicherung einführte. Sein Antrieb bestand darin, die Wirtschaft effizienter zu machen und radikalere Vorschläge seiner sozialistischen Gegner, etwa die Enteignung von Privateigentum, zu verhindern. In einem bahnbrechenden Brief an den Reichstag schrieb er, dass diejenigen, die durch Alter und Invalidität erwerbsunfähig würden, einen begründeten Anspruch auf staatliche Fürsorge hätten. Das Rentenalter wurde auf siebzig Jahre festgelegt, was angesichts der damaligen Lebenserwartung in Deutschland bedeutete, dass der Staat eine Rente von durchschnittlich sieben Jahren zahlen würde.[22]

Die Erste, die in Großbritannien eine kollektive Verantwortung für die Gesundheitsversorgung forderte, war Beatrice Webb, die im Abschlussbericht einer vom Parlament eingesetzten Kommission zum Armenrecht im Jahre 1909 die Gründung eines Nationalen Gesundheitsdienstes empfahl. Aber zumeist wird William Beveridge (LSE-Direktor von 1919 bis 1937) die erste umfassende Blaupause für einen Wohlfahrtsstaat zugeschrieben, der die Bedürfnisse der Bürger und Bürgerinnen »von der

Wiege bis zur Bahre« befriedigen sollte. Um die fünf »Hauptübel« Verelendung, Unwissenheit, Not, Beschäftigungslosigkeit und Krankheit zu besiegen, plante Beveridge, dass jeder Bürger und jede Bürgerin in einen Sozialversicherungsfonds einzahlen und im Gegenzug den gleichen Anspruch auf Leistungen wie Gesundheitsversorgung oder Arbeitslosenversicherung erhalten sollte.[23]

Andernorts entwickelten sich Wohlfahrtsstaaten im Verlauf des 20. Jahrhunderts ganz unterschiedlich. In Ländern wie den USA und Australien lag ein größeres Gewicht auf der individuellen Verantwortung, sodass Beiträge und ein Mindestmaß an Einkommensumverteilung durch den Staat nur den Bedürftigsten zugutekamen. Im kontinentalen Europa waren die Systeme häufig mit Beschäftigung verbunden und beruhten auf den Sozialabgaben von Arbeitgebenden und Beschäftigten, mit denen Arbeitslosenversicherung und Gesundheitsversorgung finanziert wurden. Die nordischen Länder neigten zu einem höheren Niveau staatlicher Finanzierung der Sozialfürsorge und zu einer großzügigeren Kombination von allgemeinen und gezielten Leistungen. Eine gute Illustration dieser Unterschiede ist, wie lange die kollektive Unterstützung für eine arbeitslose Person in jedem dieser Länder greift. In den USA dauert die Arbeitslosenunterstützung normalerweise nur sechs Monate; in Ländern wie Frankreich und Deutschland liegt die zeitliche Grenze bei etwa einem Jahr; in Ländern wie Dänemark und den Niederlanden sind es etwa zwei Jahre.[24]

Auch Entwicklungsländer haben ein schnelles Wachstum der Sozialausgaben erlebt, da ihre Bürger und Bürgerinnen bessere Dienstleistungen und soziale Absicherung verlangen. Die Anzahl der Länder mit niedrigem und mittlerem Einkommen, die irgendeine Art von sozialer Absicherung bereitstellen, hat sich in den letzten zwanzig Jahren verdoppelt – von nur 72 auf 149 im Jahr 2017.[25] Die Mehrheit (77 Prozent) hat irgendeine Form von Barzahlungen für die ärmsten Haushalte eingeführt, und viele (42 Prozent) leisten Zahlungen, die an Bedingungen geknüpft sind, etwa den Schulbesuch oder die Impfung der Kinder. Diese Zahlungen sind oft sehr gering, haben sich aber als äußerst effektiv bei der Senkung der Armut, der Steigerung der Schulbesuche, der Verbesserung der Ernährung und der Erhöhung der Produktivität dieser Haushalte erwiesen.[26] Die Höhe der Zahlungen kann außerdem schnell angepasst werden, wenn beispielsweise eine bestimmte Gemeinschaft von einer Hungersnot oder einer Pandemie befallen wird.[27]

In den meisten Entwicklungsländern vollzieht sich ein Übergang von den Familien und Gemeinden als Träger des Gesellschaftsvertrags hin zu einem stetig steigenden Niveau staatlicher Ausgaben. Obwohl die Sozialausgaben der Entwicklungsländer nur ungefähr einem Drittel der globalen Armen zugutekommen, steigen sie aufgrund der zunehmenden Erwartungen der Bürger und Bürgerinnen, der Alterung und ihres nachweislichen Nutzens für den Schulbesuch, die Gesundheitsbilanz und die wirtschaftliche Aktivität rasch an. Aber die Wohlhabenderen in Entwicklungsländern greifen oft auf teure Privatschulen, Privatkliniken und sogar private Sicherheit und Infrastruktur zurück und fühlen sich deshalb kaum verpflichtet, Steuern zu zahlen. In Ländern wie Nigeria oder dem Libanon ist es unter den Wohlhabenden normal, einen Generator zu besitzen, da die öffentliche Elektrizitätsversorgung sehr unzuverlässig ist. Besserverdienende Gruppen in Entwicklungsländern davon zu überzeugen, sich auf die öffentliche Vorsorge zu verlassen, ist der Schlüssel, um Einnahmen zur Finanzierung eines besseren Gesellschaftsvertrags zu gewinnen.

Was ist der Grund für die unterschiedlichen Ansätze in den verschiedenen Ländern? Einige haben argumentiert, dass Länder mit homogeneren Bevölkerungen dazu neigen, umfassendere Wohlfahrtsstaaten zu entwickeln, die auf größerer Solidarität beruhen, als Länder mit größerer ethnischer Diversität wie die USA oder Australien.[28] Jüngere Forschungsergebnisse zeichnen ein gemischteres Bild und lassen darauf schließen, dass andere Faktoren eine größere Rolle spielen, etwa in welchem Takt sich Einwanderung vollzieht und wie ethnische Vielfalt gemessen wird oder kulturelle Faktoren wie die Haltung zur Umverteilung von Wohlstand und Ansichten über die Rolle von Glück beziehungsweise Anstrengung bei der Bestimmung des Einkommens.[29]

Ein Grund, warum manche Länder weniger Wohlfahrtsstaat haben, mag an der verbreiteten Fehleinschätzung liegen, dessen Zweck bestehe darin, Geld von den Reichen zu den Armen umzuverteilen. Tatsächlich ist dies nur ein sehr kleiner Teil der Geschichte. Der Wohlfahrtsstaat ist zu drei Vierteln Sparschwein (gegenseitige Versicherung im Verlauf des Lebenszyklus) und nur zu einem Viertel Robin Hood (Ressourcentransfer von den Reichen zu den Armen).[30] Dennoch ist die Umverteilung von Geld *im Verlauf unseres Lebens* eine wichtige Aufgabe des Wohlfahrtsstaats. Kinder können kein Geld leihen, um für ihre Ausbildung zu bezahlen, selbst wenn ihre Beschäftigungsperspektiven gut sind. Und die Menschen wissen nicht, welche

Abbildung 2

Menschen zahlen in ihren mittleren Jahren in den Staatshaushalt ein und erhalten Mittel, wenn sie jung und alt sind

Repräsentative Altersprofile für Steuern, öffentliche Dienstleistungen und Sozialausgaben in Großbritannien

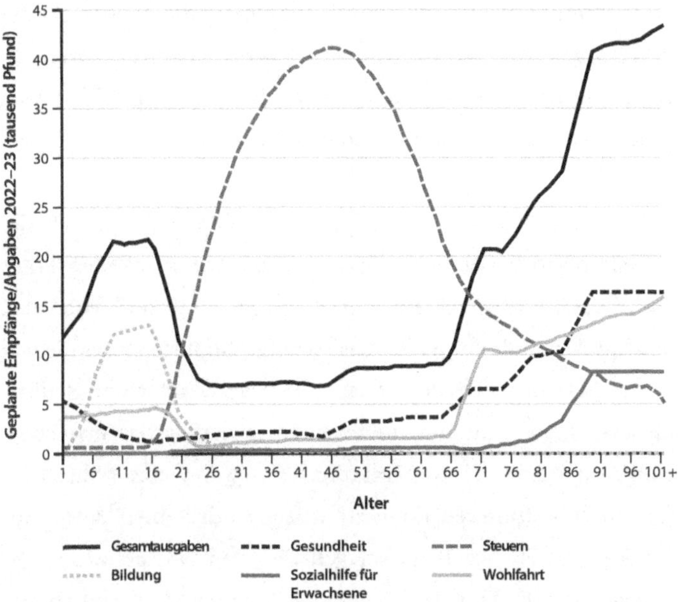

Krankheiten sie haben werden, wenn sie alt sind, oder wie lange sie leben werden.

Die meisten Menschen tragen zum Wohlfahrtsstaat in der Mitte ihres Lebens bei, wenn sie arbeiten, und profitieren von ihm, wenn sie jung (durch die Ausbildung) und wenn sie alt sind (durch Renten und Krankenversicherung). Abbildung 2, in der die Beiträge an den Staat in verschiedenen Altersstufen dargestellt sind, zeigt dieses Muster für Großbritannien klar auf. Tatsächlich zahlt eine große Mehrheit der Menschen im Vereinigten Königreich im Verlauf ihres Lebens ungefähr ebenso viel in den Wohlfahrtsstaat ein, wie sie erhält.[31] Diese rationale Begründung des Wohlfahrtsstaats geht einher mit dem ökonomischen Argument, dass die Investition in die eigenen Bürger und Bürgerinnen ein wesentlicher Teil der Wachstumsstrategie eines Landes ist, weil sie am besten hilft, gut ausgebildete und produktive Arbeitskräfte sicherzustellen.[32]

Die unterschiedlichen Einstellungen zu den Bedingungen des Gesellschaftsvertrags leiten sich aus der grundlegenden Frage ab: Was sollte sein Ziel sein? Für die im späten 19. und frühen 20. Jahrhundert aufkommende klassische Wohlfahrtsökonomie war es die Maximierung des Gesamt-«Nutzens« oder der Bedürfnisbefriedigung, die Individuen in einer Gesellschaft erreichen. Nutzen spiegelt sich in Marktpreisen – wenn man willens ist, für einen bestimmten Lohn zu arbeiten oder einen Betrag für ein Produkt zu bezahlen, spiegelt dies den Nutzen wider, der sich aus dieser Aktivität ableitet. In jüngerer Zeit sind immer mehr Wirtschaftswissenschaftler dazu übergegangen, Nutzen im weiteren Sinne als Wohlbefinden zu definieren (nicht nur als Konsum von Gütern und Dienstleistungen), wozu auch gehört, was Menschen glücklich macht, etwa gute (psychische und physische) Gesundheit, gute Beziehungen und sinnvolle Arbeit. Wohlbefinden kann durch Erhebungen gemessen werden, und verschiedene Länder wie Bhutan, Irland, Neuseeland und Schottland bemühen sich, diesen breiteren Maßstab in ihren Gesellschaftsvertrag einfließen zu lassen.

Kritiker der utilitaristischen Tradition wie der Wirtschaftsnobelpreisträger Amartya Sen sagen, dass der Gesellschaftsvertrag nicht nur darauf zielen sollte, die Bedürfnisse der Menschen zu befriedigen, sondern auch darauf, die Fähigkeiten eines jeden Bürgers und jeder Bürgerin zu verbessern, um die Art von Leben zu erreichen, die ihm richtig erscheint.[33] Einkommen und Marktpreise sind nur ein kleiner Teil der Angelegenheit, da Individuen sich unterscheiden können hinsichtlich der benötigten Ressourcen, um Schulbildung, adäquate Ernährung, Unterkunft oder politische Freiheiten zu erlangen. So wird das Ziel des Gesellschaftsvertrags deutlich über das Einkommen hinaus erweitert, um ausgewogenere Resultate und die Fähigkeit, ein gutes Leben zu führen, einzubeziehen. Das bedeutet zugleich, dass dort, wo die Menschen nicht viele Möglichkeiten haben – wo ihnen beispielsweise ihr Recht auf Bildung oder Gesundheitsversorgung vorenthalten wird –, der Gesellschaftsvertrag sie im Stich gelassen hat. Nach meiner Ansicht – die den Ausführungen dieses Buches zugrunde liegt – sollte das Ziel des Gesellschaftsvertrags von der Gesellschaft bestimmt werden und ein breites Spektrum an Faktoren berücksichtigen, darunter Einkommen und subjektives Wohlbefinden, aber auch Fähigkeiten, Chancen und Freiheiten.

Der Konsens in solchen Fragen kann Auskunft darüber geben, wie viel vom Gesellschaftsvertrag privat oder öffentlich bereitgestellt wird, was zwischen verschiedenen Ländern stark variiert. Über Jahrzehnte hat diese Frage die Positionen linker und rechter Politik weitgehend bestimmt, obwohl sich diese Positionen in den letzten Jahren aufgeweicht haben. Die britische Ministerpräsidentin Margaret Thatcher sagte den berühmten

Satz: »So etwas wie die Gesellschaft gibt es nicht. Es gibt nur einzelne Männer und Frauen und es gibt Familien. Keine Regierung kann existieren, ohne dass die Menschen zunächst für sich selbst sorgen. Es ist unsere Pflicht, erst für uns selbst zu sorgen und dann für unsere Nachbarn.«[34] Diese Sichtweise impliziert einen Gesellschaftsvertrag, der stark auf individueller Verantwortung beruht – Familien sind für die Versorgung ihrer Kinder verantwortlich, Förderung privater Schulen, minimale Sozialhilfe und ein starkes Gewicht auf privaten Versicherungsmärkten, um Risiken wie Unfälle, Arbeitsunfähigkeit oder Umweltschäden, etwa Überschwemmungen, abzusichern.

Andere haben für eine maximalistischere Rolle des Staates plädiert, um den Einfluss von Glück auf die Lebenschancen zu kompensieren und eine größere Gerechtigkeit hinsichtlich der wirtschaftlichen und gesellschaftlichen Auswirkungen zu erzielen. Franklin Roosevelt äußerte in seiner zweiten Antrittsrede als US-Präsident: »Der Test für unseren Fortschritt ist nicht, ob wir den Reichtum derer mehren, die viel haben; er besteht darin, ob wir genügend für diejenigen zur Verfügung stellen, die zu wenig haben.«[35] Infolge der Weltwirtschaftskrise schuf er einen aktiven Staat, der Mindestlöhne einführte und mittels umfangreicher öffentlicher Bauprojekte, die den Staat zum größten Arbeitgeber der Volkswirtschaft machten, für Arbeitsplätze sorgte. Die Maßnahmen des New Deal änderten die Machtverhältnisse zugunsten von Gewerkschaften, Farmpächtern und Wanderarbeitenden, während die Banken strengeren Regulierungen unterworfen wurden, um eine weitere Finanzkrise zu verhindern.

Schon immer hat es Debatten über die Rolle des Privatsektors im Gesellschaftsvertrag gegeben, aber in jüngerer Zeit ist diese

Frage mehr in den Vordergrund gerückt, weil immer mehr Wirtschaftsführer und -führerinnen sich dafür aussprechen, dass die Unternehmen angesichts von Wirtschaftskrisen und steigenden öffentlichen Ansprüchen größere Verantwortung übernehmen sollten. Der konservativen Sichtweise zufolge, die häufig mit Milton Friedman in Verbindung gebracht wird, ist es die Aufgabe von Unternehmen, Profit zu machen, die Regulierungen zu befolgen und marktübliche Löhne und Steuern zu bezahlen; indem sie dies tun, wird der Privatsektor seinen Beitrag zur Gesellschaft maximieren.[36] Es gibt aber auch eine lange Tradition von Unternehmen, die einen ganzheitlicheren Blick auf ihre eigene Rolle haben und manchmal höhere Löhne zahlen als die marktüblichen oder darüber hinausgehende Leistungen wie Betriebsrenten oder Gesundheitsfürsorge gewähren und ihre Gewinne mit den Beschäftigten teilen. Diese Tradition ist heute auf dem Vormarsch. Die Unternehmen sind zunehmend unter Druck, sich nicht nur auf kurzfristige Gewinne zu fokussieren, sondern die breiteren gesellschaftlichen Interessen in den Blick zu nehmen – der sogenannte »multi-stakeholder capitalism«, der alle Interessengruppen einbezieht. Seine Verfechter argumentieren, dass es dabei nicht um Wohltätigkeit gehe, sondern um einen Weg, den langfristigen Wert eines Unternehmens zu maximieren.[37]

In der Praxis wählen die meisten Länder eine Mischung aus individueller und kollektiver Verantwortung über die verschiedenen Sektoren hinweg, um ihren Gesellschaftsvertrag zu gestalten. Betrachten wir die traditionell konservative Schweiz: Deren Staatsbürger und -bürgerinnen haben vergleichsweise niedrige Steuersätze, typisch für einen kleinen Staat, aber ein

Großteil junger Menschen durchläuft den tertiären Bildungsweg, der weitgehend kostenlos vom Staat angeboten wird, wobei etwa die Hälfte von ihnen keine rein akademische, sondern eine Berufsausbildung absolviert. Außerdem gibt es in der Schweiz ein komplexes System regionaler Umverteilung mit einem sehr hohen Niveau von Dezentralisierung und lokaler Demokratie durch Referenden. Derweil hat Singapur, das bekanntlich eher auf der Grundlage der Marktfreiheit denn auf den Prinzipien des starken Staats organisiert ist, ebenfalls niedrige Steuersätze und wenig Regulierung, aber über 80 Prozent der Bevölkerung leben in Wohnungen der öffentlichen Hand, die sozial so durchmischt sind, dass ein ethnisches Gleichgewicht herrscht; alle Männer müssen zudem einen mindestens zweijährigen obligatorischen Militärdienst absolvieren, wodurch Zusammenhalt in diesem multi-ethnischen, jungen Staat hergestellt werden soll. Das nominell kommunistische China wiederum hatte bis vor Kurzem kaum eine staatliche Gesundheitsversorgung oder Leistungen für Arbeitslose und erhebt bis heute keine Erbschaftssteuer von den Wohlhabenden.

Die von den einzelnen Ländern gewählte Mischung aus individueller und kollektiver Verantwortung kann auch innerhalb eines beliebigen Sektors stark variieren. Betrachten wir das Vorgehen bei der Finanzierung von höherer Bildung, die ökonomisch gesehen sowohl ein privates Gut (indem sie höhere Einkommen für das Individuum generiert) als auch ein öffentliches Gut darstellt (indem sie aktive Bürger und Bürgerinnen hervorbringt, die fähiger und produktiver sind und weniger Verbrechen begehen).[38] Wie entscheiden sich verschiedene Länder, wie viel sie in die Produktivität der nächsten Generation investieren und wer dafür bezahlt? Am einen Ende befinden sich die USA mit einer eher marktorientierten Herangehensweise, bei der die einzelnen Studierenden Kredite zu semikommerziellen Konditionen aufnehmen, deren Rückzahlung über die Dauer ihres Berufslebens erwartet wird. In Großbritannien gibt es einen Mittelweg, bei dem die Studierenden Darlehen aufnehmen, die sie aber nur zurückzahlen, wenn ihr Einkommen eine bestimmte Schwelle übersteigt. Kontinentaleuropa und die meisten aufsteigenden Länder setzen auf staatliche Finanzierung der höheren Bildung, aber da sie kostenlos ist und die Ressourcen begrenzt sind, gibt es hohe Studierendenzahlen, worunter die Qualität häufig leidet. In China mit seinem Erbe der Ein-Kind-Politik und dem staatlich finanzierten Bildungssystem ergänzen sechs Erwachsene (zwei Eltern und vier Großeltern) die Regierungsausgaben durch signifikante private Investitionen im Austausch für die Erwartung, dass im Alter für sie Sorge getragen werde. Jedes dieser Modelle spiegelt eine sehr unterschiedliche Sicht darauf wider, was eine Generation der nächsten schuldet.

Was hat zum Bruch des Gesellschaftsvertrags geführt? Technologie und die gewandelte Rolle der Frauen

In der Vergangenheit wurden Gesellschaftsverträge in Zeiten großer Umwälzungen neu ausgehandelt – die Weltwirtschaftskrise bescherte den USA den New Deal; die Weltkriege waren der Hintergrund für den Beveridge-Bericht in Großbritannien; auf die Dekolonisierung folgten aktivistische Regierungen, die bestrebt waren, die wirtschaftliche und soziale Entwicklung voranzutreiben. Eine anhaltende Periode der Rezession und Inflation bildete den Kontext für den ideologischen Wandel hinter der Thatcher / Reagan-Revolution, die das heutige politische Denken maßgeblich geprägt hat. Ich behaupte in diesem Buch, dass viele der heutigen Herausforderungen – der Aufstieg des Populismus, die Gegenwehr gegen Globalisierung und Technologie, die wirtschaftlichen Folgen der Finanzkrise von 2008 und der Covid-19-Pandemie, die Kulturkämpfe um Rassismus und die Rolle der Frauen in der Gesellschaft und die Jugendproteste gegen den Klimawandel – Indikatoren dafür sind, dass ein neuer Gesellschaftsvertrag vonnöten ist.

Bis ins späte 20. Jahrhundert beruhten Gesellschaftsverträge auf der Prämisse, dass Familien einen männlichen Versorger haben und Frauen sich um die Jungen und Alten kümmern. Auch wurde allgemein davon ausgegangen, dass die Menschen bis zu ihrem Tod verheiratet waren und Kinder nur im Rahmen einer Ehe bekommen würden. Sie würden einer stabilen Beschäftigung nachgehen und hätten im Verlauf ihres Erwerbslebens nur wenige Arbeitgebende; die in der Schule erworbenen Kenntnisse und Fertigkeiten würden ein Leben lang ausreichen. Die meisten hätten nur einige wenige Jahre Ruhestand, und die im Alter notwendige Versorgung würde von den Familien erbracht.

Diese Annahmen liegen noch immer vielen Klauseln unserer aktuellen Gesellschaftsverträge zugrunde, und dennoch könnten sie kaum obsoleter sein. Heute ist die Hälfte der Frauen weltweit auf dem Arbeitsmarkt beschäftigt, und der Aufwärtstrend ist nahezu universell. In Industriestaaten wird zwischen einem Drittel und der Hälfte aller Ehen geschieden; in den meisten Entwicklungsländern ist die Scheidungsrate geringer, aber ebenfalls steigend. Ein wachsender Anteil von Kindern wird unehelich geboren. Durchschnittsarbeitende haben im Verlauf ihres Erwerbslebens mehrere Jobs, und die Technologie wird diesen Trend vermutlich beschleunigen. Während viele Entwicklungsländer sich auf dem Weg, mehr Menschen im formalen Sektor (dauerhafte Anstellungen mit vertraglichen Verpflichtungen und regelmäßigem Gehalt) unterzubringen, noch in den Anfangsstadien befinden, mehren sich die Anzeichen für die Zunahme informeller Arbeitsverhältnisse in den Industriestaaten, indem mehr Menschen in prekärer Arbeit mit geringen Sozialleistungen beschäftigt sind.

Am Ende des 20. Jahrhunderts waren die technologische Entwicklung und die sich wandelnde Rolle der Frauen die beiden Hauptursachen dafür, dass der bestehende Gesellschaftsvertrag unter Druck geriet. Die technologischen Neuerungen der 1980er- und 1990er-Jahre, wie Internet und Containerschiffe, senkten die Kosten für Kommunikation und Transport dramatisch und machten es dank global integrierter Lieferketten möglich, für die Produktion von Gütern Komponenten aus einer Vielzahl von Ländern zu verwenden, wodurch die jüngste Globalisierungswelle ausgelöst wurde.[39] Große Teile der Produktion wanderten von den Industriestaaten in die Schwellenländer ab, speziell nach China. Das Ergebnis war die Aushöhlung von Mittelschichtsjobs in den industrialisierten Regionen vieler Industriestaaten.[40] Die Länder sind insgesamt reicher geworden, aber auch ungleicher und unsicherer. Arbeitnehmende mit geringerer Qualifikation haben Einbußen erlitten, während die besser Ausgebildeten und höher Qualifizierten steigende Einkommen verzeichnen, auch in vielen Entwicklungsländern. In Ländern mit weniger regulierten Arbeitsmärkten wie den USA und Großbritannien, wo es einfacher ist, Arbeitnehmende zu entlassen, hat dies zu stagnierenden Löhnen für die weniger Qualifizierten geführt. In den stärker regulierten Arbeitsmärkten Kontinentaleuropas bedeutete es hohe Arbeitslosenraten für die geringer Qualifizierten, da die Unternehmen zögern, neue Arbeitsplätze zu schaffen.

Auf der anderen Seite haben diese ökonomischen Kräfte die schnellste Senkung der Armut bewirkt, die die Welt je erlebt hat, da Millionen von Menschen in den Entwicklungsländern, vor allem in China, Jobs in der Fertigung erhielten. Abbildung 3 beschreibt, was häufig als »Elefanten-Kurve« bezeichnet wird – ihre Form zeigt, was zwischen dem Fall der Mauer 1990 und der Weltwirtschaftskrise von 2008 in Bezug auf die globale Einkommensverteilung geschehen ist. Die größten Profiteure der technologischen Neuerungen und der Globalisierung während dieses Zeitraums waren das oberste Prozent, ganz rechts auf der Grafik. Die anderen größeren Gewinner waren diejenigen zwischen dem 10. und 60. Dezil der globalen Einkommensverteilung – die Unter- und Mittelschicht der Entwicklungsländer. Die Gruppe, die die größten Einkommensverluste erlitt, war die untere Mittelschicht vieler Industriestaaten, die zwischen dem 70. und 90. Dezil des globalen Einkommens rangiert.

Diese Entwicklung ist eine der wichtigsten Triebkräfte für die politische Unzufriedenheit in den Industriestaaten, da diejenigen, die einstmals gut bezahlte Jobs in Sektoren wie der Fertigung hatten und ein Mittelschichtsleben erwarteten, sich plötzlich vom Abstieg bedroht sehen. Einige machen die Globalisierung für ihre Probleme verantwortlich, andere die Einwanderung. Während die Globalisierung den Wandel in der Tat beschleunigt, deutet vieles darauf hin, dass die technologischen Fortschritte, die die Produktivität erhöhen und den besser Aus-

Abbildung 3

Das oberste ein Prozent und Menschen in Entwicklungsländern haben am meisten vom jüngsten Wirtschaftswachstum profitiert

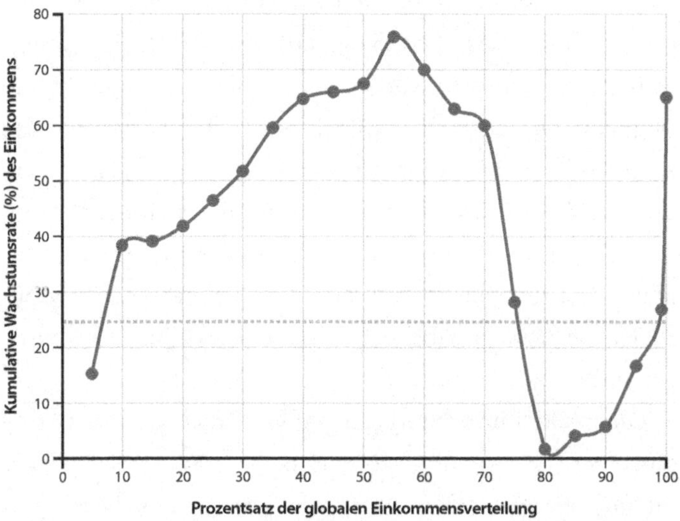

gebildeten zugutekommen, die Hauptursache für den Lohnverfall bei niedrig qualifizierten Arbeitnehmenden in den Industriestaaten sind. Überflüssig zu erwähnen, dass die Ressentiments gegen das oberste Prozent der Gehaltsempfänger, das von dieser Entwicklung profitiert hat, zugenommen haben.

Es musste nicht so kommen. Hätte es politische Maßnahmen gegeben, die den Arbeitnehmenden geholfen hätten, sich an die neuen Umstände anzupassen, hätte man die negativen Effekte deutlich reduzieren können. In den USA beispielsweise, wo die Auswirkungen von Chinas Integration in die globale Wirtschaft enorm waren, wurde das Trade Adjustment Program verabschiedet, um den Arbeitnehmenden mit Fortbildung, Umzugszuschüssen und Lohnverlustausgleich zu helfen. Aber es war chronisch unterfinanziert, und die Hürden, um daran teilzuhaben, waren hoch, sodass nur wenige Arbeitnehmende davon profitieren und neue Jobs finden konnten.[41] In Großbritannien wurde angesichts der raschen Zunahme der Einwanderung der Migration Impacts Fund eingerichtet, um die lokalen Behörden zu unterstützen, aber das verfügbare Geld reichte nicht aus, um die Maßnahme wirksam werden zu lassen. Im Gegensatz dazu ist es Ländern wie Dänemark, die mehr in aktive Arbeitsmarktpolitik investiert haben, welche den Arbeitnehmenden großzügige Unterstützung bei der Anpassung an Wirtschaftskrisen gewähren, besser ergangen.

Die zweite Entwicklung, die großen Druck auf den Gesellschaftsvertrag ausgeübt hat, war die massive Zunahme der Bildung für Mädchen und der Anzahl der Frauen, die auf dem Arbeitsmarkt und nicht zu Hause tätig sind. Fast jedes Mädchen der Welt hat heute Zugang zu einer Grundschulbildung, und der Gendergap in der weiterführenden Schulbildung hat sich in den meisten Ländern verringert. Zum ersten Mal in der Geschichte besuchen mehr Frauen eine Universität als Männer. Eine Folge dieses Bildungsanstiegs war, dass etwa die Hälfte der Frauen auf dem formellen Arbeitsmarkt beschäftigt ist, was es ihnen zunehmend erschwert, unentgeltlich die traditionellen Fürsorgedienste zu leisten.

Der Anteil weiblicher Beschäftigung ist am höchsten in einigen der reichsten Länder der Welt wie Norwegen und Schweden (60 bis 80 Prozent) und in einigen der ärmsten afrikanischen Länder wie Mosambik, Äthiopien und Niger.[42] Der niedrigste

Anteil (20 bis 40 Prozent) findet sich in Südasien und im Nahen Osten, wo traditionelle Einstellungen den Fortschritt gebremst haben, obwohl die Bildung der Frauen zugenommen hat.[43] In Südasien und dem Nahen Osten sind die Bevölkerungen immer noch jung, und Frauen widmen der unbezahlten Pflegearbeit mehr Zeit. Aber das wird sich sicherlich im Verlauf der kommenden Jahrzehnte ändern, wenn weibliche Bildung die Chancen und Präferenzen von Frauen verändert.

Die Möglichkeit von Frauen, außer Haus zu arbeiten, ist am stärksten dort gestiegen, wo die Zeit, die sie mit unbezahlter Hausarbeit verbringen müssen, geringer ist (wenn beispielsweise fließendes Wasser oder arbeitssparende Haushaltsgeräte verfügbar sind) oder wenn sie die häuslichen Aufgaben mit den Männern teilen.[44] Es gibt außerdem klare Belege dafür, dass die Länder, die mehr für Familienleistungen ausgeben wie Kinderbetreuung oder Elternzeit, mehr Frauen dazu befähigen, außer Haus zu arbeiten. Diejenigen Länder, die solche Unterstützung nicht zur Verfügung stellen, haben tendenziell einen niedrigeren Anteil weiblicher Beschäftigung.

Dennoch wird sich der breite Trend, dass immer mehr Frauen auf den Arbeitsmarkt drängen, sehr wahrscheinlich beschleunigen und global verbreiten, was erhebliche Folgen für den Gesellschaftsvertrag haben wird. Weibliche Beschäftigung wird in dem Maße zunehmen, in dem der Anteil der Beschäftigten in der Produktion (wo Männer überwiegen) sinkt und Arbeitsplätze in Dienstleistungen wie Gesundheitsfürsorge und Bildung (wo es tendenziell mehr Jobs für Frauen gibt) zunehmen. Da mehr Frauen als Männer eine höhere Bildung absolvieren, wird ihre Präsenz unter den Arbeitnehmenden weiter steigen.

Währenddessen wird der wirtschaftliche Druck Politiker vermehrt dazu zwingen, Wege zu finden, wie sie alle diese weiblichen Fähigkeiten nutzbringend einsetzen. Jüngere Schätzungen des IWF zeigen, dass das Schließen der Gendergaps auf den Arbeitsmärkten nicht nur den wirtschaftlichen Ertrag erhöht, sondern auch die Gesamtproduktivität steigert, da die Beschäftigten effizienter solchen Jobs zugeteilt werden, in denen sie die größte Leistung erbringen können.[45] Der potenzielle wirtschaftliche Nutzen ist enorm. Höhere Anteile an weiblicher Beschäftigung werden auch eine entscheidende Rolle dabei spielen, Staatshaushalte zu finanzieren, insbesondere die Renten. Länder wie Japan haben erkannt, dass es für die Finanzierung der alternden Bevölkerung essenziell ist, mehr Frauen in Beschäftigung zu bringen und zu den Rentenkassen beitragen zu lassen. Kapitel 2 wird zeigen, wie eine Veränderung der Art und Weise, wie wir Kinder aufziehen, einen besseren Einsatz weiblicher Fähigkeiten ermöglichen kann.

Neuer Druck auf den Gesellschaftsvertrag: Alterung, künstliche Intelligenz und Klimawandel

Während der Gesellschaftsvertrag bereits durch den technologischen Wandel und die sich verändernde ökonomische Rolle der Frauen gehörig unter Druck steht, zeichnen sich weitere Kräfte am Horizont ab. Die mit den Fortschritten in der medizinischen Versorgung einhergehende steigende Lebenserwartung bedeutet, dass die Bevölkerungen überall altern, wenn auch mit unterschiedlicher Geschwindigkeit. 2018 war zum ersten Mal in der Geschichte der Menschheit die globale Bevölkerung über 64 Jahre größer als die Anzahl der Kinder unter fünf.

Demografische Trends haben beträchtliche Auswirkungen auf den generationenübergreifenden Gesellschaftsvertrag. In Japan, das am schnellsten altert, kommen zehn Beschäftigte für vier Alte und zwei Kinder unter 15 Jahren auf. Dagegen kommen im jungen Nigeria zehn Beschäftigte für acht Kinder und nur 0,5 ältere Menschen auf. In Europa sind es durchschnittlich drei Alte und zwei Kinder auf zehn Beschäftigte. Nach derzeitigen Bevölkerungsprognosen werden sich diese Abhängigkeitsverhältnisse zuspitzen. Beispielsweise wird in Japan im Jahre 2100 nur noch die Hälfte der Bevölkerung arbeiten, während die andere Hälfte alt oder jung sein wird. Wie werden Gesellschaften für überalterte Bevölkerungen aufkommen, und wie wird diese Verantwortung zwischen Familien und dem Staat verteilt sein? Wie werden Regierungen die Altenfürsorge finanzieren, wenn die Bevölkerung im arbeitsfähigen Alter schrumpft? Frauen in den Arbeitsmarkt zu integrieren, ist nur ein Teil der Antwort, und Kapitel 6 wirft einen Blick darauf, wie wir für die Älteren sowohl in humaner als auch in nachhaltiger Weise sorgen können. Wie wir diesen unaufhaltsamen Anstieg der Nachfrage nach Gesundheitsversorgung bewältigen können, wird in Kapitel 4 erörtert.

Zusätzlich zu dem Druck der Alterung erleben wir heute eine Welle des technologischen Wandels, die von künstlicher Intelligenz und maschinellem Lernen vorangetrieben wird. Diese neuen Technologien begünstigen die Hochqualifizierten und die Bewohner urbaner Regionen. In der Vergangenheit bedeutete Globalisierung, dass Kapital sich auf der Suche nach billiger Arbeitskraft durch die Welt bewegte. Textilunternehmen verlegten ihre Produktion von Europa oder den USA in Niedriglohnländer wie Bangladesch oder Vietnam. In modernen wissensbasierten

Volkswirtschaften wandert das Kapital um die Welt auf der Suche nach Reservoirs von qualifizierten Arbeitskräften in großen Städten. Zum Beispiel siedeln sich Digitalunternehmen auf der Suche nach hochqualifizierten Arbeitskräften in Shanghai oder Bangalore oder San Francisco an, weil sich die Gesuchten häufig um größere Universitäten und kulturelle Zentren scharen. Diese neue Dynamik bringt, wenn sie nicht angemessen gehandhabt wird, die Gefahr mit sich, das Einkommensgefälle und die regionalen Unterschiede zu vergrößern.

Die Schätzungen variieren, aber die Automatisierung wird in den kommenden zwei Jahrzehnten wahrscheinlich 50 Prozent aller Jobs betreffen. Anders als die letzte Welle des technologischen Wandels wird diese nicht nur die Fertigung, sondern auch Dienstleistungsjobs betreffen, von Verkäufern bis zu Lkw-Fahrern, Anwälten und Wirtschaftsprüfern.[46] Sie wird die Entwicklungsländer genauso wie die Industriestaaten treffen, da die Robotertechnik es ermöglichen wird, viele Fertigungsjobs, die zuvor in Niedriglohnländer verlegt worden waren, wieder in Hochlohnländer zurückzuholen. Die Covid-19-Pandemie könnte diese Tendenz beschleunigen, da die Unternehmen versuchen werden, ihre Lieferketten zu vereinfachen und zu lokalisieren, auch wenn die Möglichkeit, von überall aus flexibler zu arbeiten, in einer größeren geografischen Verteilung von Jobs resultieren könnte.

Es gibt viel Gerede um den Verlust von Arbeitsplätzen, Massenarbeitslosigkeit und die Notwendigkeit, diejenigen zu unterstützen, die durch Roboter ersetzt werden, etwa durch ein bedingungsloses Grundeinkommen. Das wahrscheinlichste Szenario ist nicht, dass Jobs verschwinden, sondern dass sie sich verändern. Automatisierung kann Arbeit ersetzen, aber sie kann auch Arbeit ergänzen und neue Jobs schaffen. Routine- und repetitive Aufgaben werden automatisiert, Maschinen werden die menschlichen Fähigkeiten erhöhen, und diejenigen, die über Roboter ergänzende Qualifikationen verfügen, werden am besten abschneiden.[47] Diese ergänzenden Qualifikationen umfassen Eigenschaften wie Kreativität, emotionale Intelligenz und die Fähigkeit, mit Menschen zusammenzuarbeiten. Die Gefahr besteht darin, dass die Höherqualifizierten vorauseilen werden, da sie von der Technologie profitieren, und diejenigen zurücklassen, deren Jobs eher aus Routine und Wiederholung bestehen. Kapitel 3 (Bildung) und Kapitel 5 (Arbeit) bieten Lösungen für diese wachsende Herausforderung an.

Währenddessen sind die Umweltproteste junger Menschen überall auf der Welt ein Indiz für ihre Enttäuschung über einen Gesellschaftsvertrag, von dem sie glauben, er bringe sie um ihr Recht auf einen stabilen und bewohnbaren Planeten. Der Weltklimarat schätzt, dass die menschliche Aktivität bereits eine Erwärmung um ein Grad gegenüber dem vorindustriellen Niveau verursacht hat, was Folgen für die Durchschnittstemperaturen, Wetterextreme, den Anstieg des Meeresspiegels und den Verlust der Artenvielfalt nach sich zieht.[48] Ungefähr 80 Prozent des globalen Waldbestandes sind bereits verloren. Schätzungen beziffern die Verluste von landwirtschaftlichen Flächen zwischen sechs und zwölf Millionen Hektar jährlich.[49] Die Hälfte des weltweiten Bestands an Wildtieren ist in den letzten vierzig Jahren verloren gegangen.[50] Die Ernährungs- und Landwirtschaftsorganisation der Vereinten Nationen hat herausgefunden, dass die nicht nachhaltige Überfischung etwa 33 Prozent der weltweiten Fischfanggebiete betrifft.[51]

Ist es möglich, jetzige und künftige Generationen für solche Umweltverluste zu entschädigen? Viele würden antworten, dass die Umwelt einen intrinsischen Wert hat und der ökonomische Begriff der Entschädigung nicht angemessen ist. Einige Verluste, etwa die Vernichtung von Arten, sind unumkehrbar, und es ist daher unmöglich zu wissen, welche künftigen Vorteile bereits verloren sind. Darüber hinaus argumentieren Wissenschaftler, dass wir, wenn die Temperaturen ein bestimmtes Niveau übersteigen, katastrophale Überflutungen, Wetterextreme sowie einen landwirtschaftlichen und letztlich ökologischen Kollaps riskieren, für die jegliches Maß an Entschädigung unangemessen wäre. Kapitel 7 untersucht den Vertrag zwischen den Generationen und zeigt, wie eine größere Gerechtigkeit über die Generationen hinweg erreicht werden kann.

Wohin mit dem Gesellschaftsvertrag?

Der Gesellschaftsvertrag definiert, was wir voneinander in der Gesellschaft erwarten können. Die Kombination aus Technologie, sich wandelnder Rolle der Frauen, Überalterung und Sorge um die Umwelt bedeutet, dass unsere hergebrachten wirtschaftlichen und sozialen Modelle unter Druck stehen. Die Risse in unserem Gesellschaftsvertrag traten während der Covid-19-Pandemie deutlich zum Vorschein, als klar wurde, welche gesellschaftlichen Gruppen die verletzlichsten waren. Der politische Aufruhr, den wir in vielen Ländern beobachten, ist nur ein Vorgeschmack auf das, was uns erwartet, wenn wir nicht neu überdenken, was wir einander schulden. Wenn wir unsere Erwartungen neu ausrichten und neue Chancen und Hilfen bereitstellen, um mit den Veränderungen zurechtzukommen, besteht die Aussicht auf einen neuen Konsens, in dem wir und unsere Kinder in der Zukunft gedeihen können.

Wie könnte ein den Erfordernissen des 21. Jahrhunderts angemessener Gesellschaftsvertrag aussehen?

Jedes der folgenden Kapitel ist auf grundlegende Elemente des Gesellschaftsvertrags von der Wiege bis zur Bahre gerichtet – Kinder erziehen und ausbilden, mit Gesundheitsproblemen fertigwerden, Menschen helfen, sich den neuen wirtschaftlichen Gegebenheiten anzupassen, für die Älteren sorgen und die Interessen der verschiedenen Generationen ausbalancieren. Die Beispiele und Lehren stützen sich auf Erfahrungen aus allen Teilen der Welt, um zu zeigen, wo und wie überall der Gesellschaftsvertrag unter Druck geraten ist und neu definiert werden kann. Es wird dabei einen starken Fokus auf Lösungen geben und darauf, wie sie erreicht werden können, aber auch das Eingeständnis, dass es keine »richtigen« Antworten gibt. Der Gesellschaftsvertrag muss in die Werte der Gesellschaft, die wir alle gemeinsam zu definieren aufgerufen sind, eingebettet sein und diese zugleich widerspiegeln.

Es gibt drei allgemeine Prinzipien, die uns dabei leiten können, einen neuen Gesellschaftsvertrag zu entwerfen. Erstens, dass jedem das Minimum garantiert werden sollte, das notwendig ist, um ein würdiges Leben zu führen. Dieses Minimum sollte grundlegende Gesundheitsversorgung, Ausbildung, mit dem Arbeitsplatz verknüpfte Leistungen und eine Rente umfassen, die vor Altersarmut schützt, wobei das jeweilige Niveau davon abhängt, wie viel die Gesellschaft sich leisten kann. Zweitens sollte von jedem erwartet werden, dass er oder sie so viel wie möglich zum Gemeinwohl beiträgt und dafür die maximalen

Chancen erhält durch lebenslange Weiterbildung, späteren Ruhestand und öffentliche Beihilfe zur Kindererziehung, sodass Frauen arbeiten können. Drittens sollte ein Mindestmaß an Schutz vor bestimmten Risiken wie Krankheit, Arbeitslosigkeit und Alter von der Gesellschaft übernommen werden, anstatt sie Einzelnen, den Familien oder Arbeitgebenden aufzubürden.

Die mächtigen Kräfte, die die Weltwirtschaft heute vorantreiben – Globalisierung, Kapitalismus, demografischer Wandel, technologische Neuerung, Ausbeutung der Umwelt –, haben einen immensen materiellen Fortschritt hervorgebracht, aber unser Gesellschaftsvertrag hat dabei versagt, die negativen Folgen in den Griff zu bekommen. Ich werde darlegen, dass ein andersgearteter Gesellschaftsvertrag diese Errungenschaften erhalten, zugleich aber eine bessere Architektur der Chancen für alle schaffen könnte. Zusätzlich könnte er den negativen politischen Kreislauf durchbrechen, der von Enttäuschung und Wut getrieben ist. Sich einen neuen Gesellschaftsvertrag vorzustellen, wird auch bei der grundlegenderen Aufgabe helfen, unsere Erwartungen und Verhaltensweisen innerhalb unserer Familien und Gemeinschaften zu verändern, und es wird Einfluss darauf haben, was wir von unseren Arbeitgebenden und Regierungen verlangen. Die folgenden Kapitel verfolgen die Absicht, ein solches Gespräch darüber zu ermöglichen, was wir einander in Zukunft schulden werden.

2
KINDER

Die Entscheidung, Kinder zu bekommen oder nicht, und wenn ja, wer sie versorgt, vor allem wenn sie klein sind, ist zutiefst persönlich. Ob wir entscheiden, dass ein Elternteil zu Hause bleibt, ob wir auf externe Kinderbetreuung zurückgreifen oder uns auf einen Großelternteil verlassen, wird von einer Reihe von Faktoren bestimmt, von individuellen Vorstellungen über religiöse oder moralische Überzeugungen bis zu sozialen Normen und wirtschaftlichen Umständen. Diese anscheinend persönlichen Entscheidungen haben jedoch weitreichende soziale Folgen. Die Kinder von Familien, denen eine angemessene Betreuung misslingt, haben häufig Probleme in der Schule und bei der Arbeit. Sie werden aller Wahrscheinlichkeit nach weniger imstande sein, ihr Potenzial zu entfalten, produktive Bürger und Bürgerinnen zu werden und zum Gemeinwohl beizutragen. Und auch ihre Kinder werden wahrscheinlich weniger gut dastehen, weil Benachteiligung über Generationen hinweg weitergegeben wird. Aufgrund dieser weiteren sozialen Folgen entwickeln Regierungen fast immer Programme, die den Familien dabei helfen, ihre Kinder großzuziehen, was bedeutet, dass sie (explizit oder implizit) einen Standpunkt einnehmen, wie Familien organisiert sein sollten.

Betrachten wir die sehr unterschiedlichen Erfahrungen in Ost- und Westdeutschland. Am Ende der 1980er-Jahre hatte Ostdeutschland weltweit die höchste Rate an staatlich bereitgestellter vorschulischer Kinderbetreuung. Etwa 70 Prozent der Kinder bis drei Jahren besuchten staatliche Betreuungseinrichtungen, desgleichen praktisch alle Kinder zwischen drei und sechs Jahren.[52] Die Regierungspolitik war darauf ausgerichtet, die Mütter so schnell wie möglich in die Arbeit zurückzuholen, sodass die Erziehungszeiten kurz und die staatliche Kinderbetreuung umfangreich und kostenlos waren. Es war gesellschaftliche Norm, dass dies für Mütter und Kinder erstrebenswert sei. Zugleich stand es im Einklang mit einer egalitäreren Sicht auf die Rolle von Männern und Frauen in einer sozialistischen Ökonomie.

Im Gegensatz dazu gab es in Westdeutschland, wo ein traditionelleres Familienbild vorherrschte, Anspruch auf längere und schlecht bezahlte Erziehungszeiten, einen Mangel an staatlich subventionierter Kinderbetreuung und eine gemeinsame Besteuerung von Ehepaaren, was Mütter davon abhielt, arbeiten zu gehen. Das Subsidiaritätsprinzip, dem zufolge die Verantwortung für soziale Dienstleistungen der untersten lokalen Ebene in einem dezentralisierten föderalen System zugewiesen war, unterstützte dieses Modell. Familien hatten Vorrang vor öffentlicher Versorgung, karitative Einrichtungen Vorrang vor staatlichen und lokale Versorgung Vorrang vor Regelungen durch die Zentralregierung. Im Ergebnis führte dies dazu, dass Mütter in Westdeutschland im Regelfall zu Hause bei ihren Kindern blieben. Dreißig Jahre nach der Wiedervereinigung führen dieses Subsidiaritätsprinzip und der Unwille, familiäre Verantwortung in den öffentlichen Bereich zu verlagern, zu anhaltenden Differenzen zwischen Ost und West.[53]

Die Entscheidung darüber, welches dieser Systeme besser ist, hängt von unserer Perspektive und unseren Prioritäten ab. Manche würden sagen, dass gesellschaftliche Entscheidungen vom Prinzip der Gerechtigkeit geleitet werden und Männern und Frauen gleiche Lebenschancen einräumen sollten. Für andere ist es wichtig, dass Mütter für ihre kleinen Kinder sorgen, weil sie glauben, dies liege im besten Interesse des Kindes und der Familie.

Was ist die beste Art, für unsere Kinder zu sorgen? Es gibt nicht die eine richtige Antwort auf diese Frage, aber welche Lösung man auch immer wählt, sie wird sich auf die Berufsbiografien von Frauen auswirken. Beide Aspekte sind derzeit untrennbar miteinander verbunden. Klar ist auch, dass Kinderbetreuung nicht als unbezahlte Arbeit behandelt werden darf, wenn wir unseren Kindern den besten Start ins Leben ermöglichen wollen, sondern ein wesentlicher Bestandteil unserer sozialen Infrastruktur werden muss. Dieses Kapitel wird die vorliegenden Erkenntnisse zusammenfassen und beurteilen, wie verschiedene Gesellschaftsverträge die ökonomische Rolle der Frauen und das Wohlergehen der Kinder beeinflussen.

Eine Ökonomie aller Talente

Zahlreiche aktuelle Debatten spiegeln die Spannungen in Bezug auf die sich verändernde ökonomische Rolle der Frauen wider. Wie können beispielsweise zunehmend hervorragend ausgebildete Frauen die Diskriminierung in einigen Sektoren und Ländern überwinden? Warum verdienen Frauen weniger als Männer, und warum haben Gesetze zur gleichen Entlohnung eine so geringe Wirkung? Wie kann die Doppelbelastung von Arbeit innerhalb und außerhalb des Haushalts erleichtert werden? Wie können junge Menschen in Ländern mit fallender Geburtenrate davon überzeugt werden, trotz unsicherer Einkommen und Ängsten vor einem übervölkerten Planeten Familien zu gründen? Und wie kann in Afrika, wo die Geburtenraten nach wie vor hoch sind, Frauen Zugang zu Bildung und Verhütung ermöglicht werden, sodass sie mehr Entscheidungsfreiheit über die Größe ihrer Familie haben? Diese Debatten sind Ausdruck von Rissen im Gesellschaftsvertrag, wobei Bildung und wirtschaftliche Notwendigkeiten in die eine Richtung, gesellschaftliche Normen häufig in die andere Richtung zerren.

Aus der ökonomischen Sicht sind die Verluste, die wir erleiden, indem wir die Teilnahme der Frauen am Arbeitsmarkt nicht besser unterstützen, massiv. 1960 waren 94 Prozent der Ärzte und Anwälte in den USA weiße Männer. 50 Jahre später ist diese Zahl auf 62 Prozent gefallen, da mehr Frauen, schwarze Männer und ethnische Minderheiten die Chance erhielten, in diese Berufe vorzudringen. Die Vorteile, die sich aus der besseren Verwendung aller verfügbaren Talente über alle ökonomischen Sektoren hinweg ergeben, machen zwischen 20 und 40 Prozent des Produktivitätszuwachses in den USA zwischen 1960 und 2010 aus.[54] Es lohnt sich, bei diesem Punkt zu verweilen – die US-Wirtschaft wurde deutlich produktiver, weil sie in der Lage war, aus einem breiteren Angebot an Fähigkeiten auszuwählen und Jobs an diejenigen zu vergeben, die am besten für sie geeignet waren, anstatt auf den begrenzten Pool weißer Männer zurückzugreifen. Die wirtschaftlichen Gewinne kamen sowohl durch Frauen zustande, die in Beschäftigungen vorstießen, für die sie Talent hatten, als auch durch Frauen, die weniger talentierte Männer ersetzten.[55]

Historisch hat die falsche Verteilung von Talent viele Gründe. Gesellschaftliche Normen darüber, wer welche Art von Jobs ausübt – nach heutigen Standards von Diskriminierung oftmals nicht zu unterscheiden – waren ein Faktor. Obwohl sie 1959 an der Columbia Law School die Beste ihres Jahrgangs war, hatte Ruth Bader Ginsberg (die später am US Supreme Court diente) große Schwierigkeiten, eine Arbeit zu finden, nachdem sie ihr Studium abgeschlossen hatte. »Jüdin, Frau und Mutter, das war ein bisschen viel«, erklärte sie in einem Interview. »Mit drei Treffern war ich aus dem Spiel.«[56] Verschiedene Gruppen können davon abweichenden Zugang zu Chancen haben, wenn Eltern, Bildungseinrichtungen oder Arbeitgebende eine Gruppe einer anderen vorziehen. Obwohl mittlerweile an vielen Orten illegal, ist Diskriminierung aufgrund von Geschlecht, ethnischer Zugehörigkeit, sexueller Orientierung oder anderen Eigenschaften nach wie vor weitverbreitet. Viele Studien zeigen beispielsweise, dass weibliche Namen auf Bewerbungsunterlagen mit der Annahme einhergehen, die Kandidatin sei weniger qualifiziert, und Unternehmen gehen bei der Einstellung häufig davon aus, dass Mütter weniger engagiert und kompetent seien als Väter.[57]

Heute sind die Bildungschancen gleichmäßiger verteilt, und viele Länder (wenn auch nicht alle) haben bestimmte Aspekte der Diskriminierung aus Gründen des Geschlechts gesetzlich verboten. Dank Mechanisierung und Automatisierung sind die physischen Anforderungen vieler manueller Tätigkeiten weniger wichtig, sodass sie einer breiteren Auswahl von Arbeitskräften offenstehen. Es ist heute nicht ungewöhnlich, Frauen bei der Armee oder als Taxifahrerinnen zu sehen, Jobs, die früher ausschließlich Männern vorbehalten waren. Online-Jobbörsen haben für Arbeitssuchende das Auffinden von Jobs, die zu ihnen passen, revolutioniert. Und gesellschaftliche Normen, welche Jobs von Männern und Frauen erledigt werden können, sind im Wandel begriffen. So ist zum Beispiel Kinderbetreuung ein Feld, in dem immer mehr Männer tätig sind, während Frauen in traditionell männlichen Berufen wie Ingenieurwesen oder Rechtsprechung präsenter sind. Zudem werden die meisten Eltern von Mädchen und Jungen entdeckt haben, dass deren angeborene Talente und Interessen nicht immer mit den Geschlechterstereotypen übereinstimmen.

Trotz allem sind es weiterhin Frauen, die den Großteil der Verantwortung für den Haushalt übernehmen. In dem Maße, in dem der Wohlstand wuchs, wurden lästige Pflichten wie Putzen, Kochen, Einkaufen und Haushaltsführung zunehmend durch sogenannte Maschinen der Befreiung mechanisiert, etwa Waschmaschinen und Staubsauger, aber die Sorge für die Jungen und Alten ist nach wie vor eine sehr zeitaufwendige Aufgabe, und die dafür aufgewendete Zeit variiert nicht wesentlich zwischen Ländern mit unterschiedlichem Einkommensniveau. Selbst wenn Frauen heute häufiger bezahlter Arbeit nachgehen, tragen sie immer noch die größere Last unbezahlter Arbeit – was oftmals als »zweite Schicht«[58] bezeichnet wird. Im globalen Durchschnitt erledigen Frauen zwei Stunden mehr pro Tag von dieser unbezahlten Arbeit als Männer. Auf der Datenbasis von 90 Ländern fand der IWF heraus, dass die Differenz im egalitären Norwegen am geringsten ist, wo Frauen 20 Prozent mehr unbezahlte Arbeit verrichten als Männer, und am größten im höchst ungleichen Pakistan, wo die für unbezahlte Arbeit aufgewendete Zeit 1000 Prozent höher liegt (siehe Abbildung 4).[59]

Abbildung 4

Frauen verrichten überall mehr unbezahlte Arbeitsstunden

Durchschnittliche Stundenzahl unbezahlter Arbeit von Frauen pro Tag

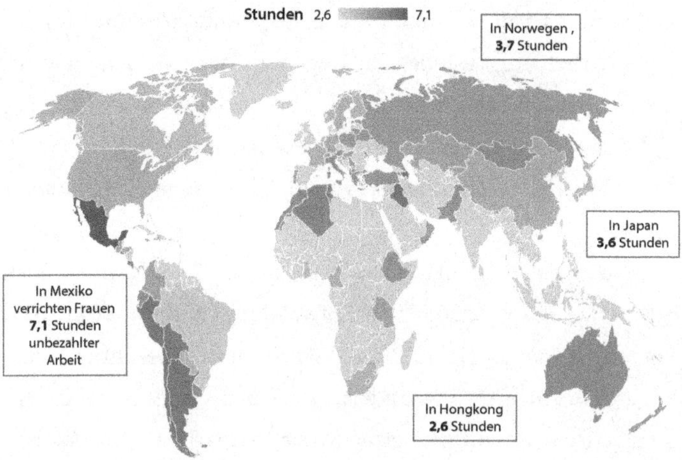

Verhältnis von weiblicher und männlicher unbezahlter Arbeit

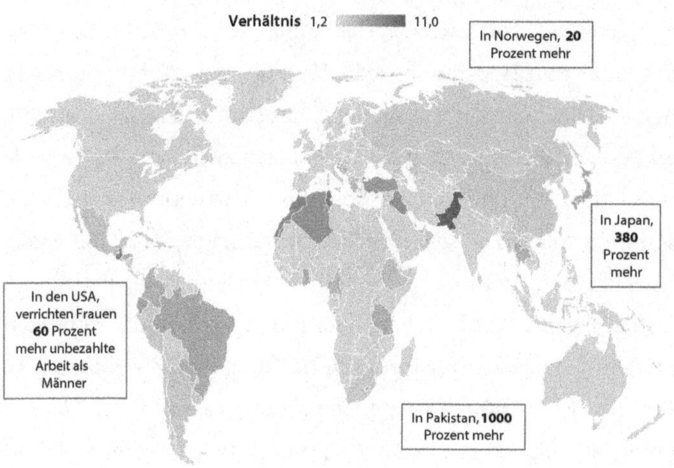

In den Industriestaaten gibt es Hinweise darauf, dass sich die häusliche Arbeitsteilung verändert. Eine Studie fand heraus, dass Frauen seit dem Jahr 2000 eine halbe Stunde weniger pro Tag mit unbezahlter Arbeit verbracht haben, als es zwischen 1916 und 1989 der Fall war, und diese halbe Stunde wird nun für bezahlte Arbeit aufgewendet. Im Gegensatz dazu verrichten Männer weniger bezahlte Arbeit und verbringen 40 Minuten pro Tag mehr mit unbezahlter Arbeit.[60] Diese Neujustierung innerhalb der Paare ist am stärksten ausgeprägt bei Frauen mit höherer Bildung.

In den Entwicklungsländern ist die Neuausrichtung noch nicht erkennbar. Daten aus 66 Entwicklungsländern zeigen, dass Frauen 3,3-mal so viel Zeit wie Männer mit unbezahlter Hausarbeit verbringen.[61] In Ländern, in denen die Sorgearbeit am ungleichsten verteilt ist, beträgt diese Extraarbeit zehn Wochen oder mehr jedes Jahr im Leben einer Frau. Auch ältere Kinder (fast immer Mädchen) übernehmen häufig die Kinderbetreuung, aber es wird geschätzt, dass global etwa 35 Millionen Kinder unter fünf Jahren unbeaufsichtigt bleiben. Wenn Männer in den Entwicklungsländern an der Kinderbetreuung beteiligt sind, gibt es häufig beträchtliche Diskrepanzen zwischen dem, was sie selbst angeben, und den Angaben ihrer Partnerinnen (viele Leserinnen werden an dieser Stelle vermutlich lächeln). So geben beispielsweise 37 Prozent der indischen Männer an, sie würden täglich ihre Kinder betreuen, aber nur 17 Prozent der indischen Frauen geben an, dass ihre Männer die Kinder versorgen. In Brasilien ist die Diskrepanz noch größer. 39 Prozent der Männer geben an, täglich zur Kinderbetreuung beizutragen, während nur zehn Prozent der brasilianischen Frauen dies bestätigen.

So bleibt trotz aller Verbesserungen in der Ausbildung und beim Jobangebot für Frauen, trotz der Mechanisierung der Arbeit und des Wandels der gesellschaftlichen Normen, das größte Hindernis für die optimale Zuteilung von Talent, dass Frauen auf der ganzen Welt, sobald sie Kinder bekommen, aus dem Arbeitsmarkt ausscheiden oder schlechter bezahlte Jobs annehmen, die es ihnen erlauben, Lohnarbeit und Sorgepflichten in Einklang zu bringen.[62] Der Gender-Pay-Gap kann weitgehend mit der Tatsache erklärt werden, dass diejenigen Jobs, die es Frauen ermöglichen, ihren häuslichen Verpflichtungen nachzukommen, flexibler sind, auf Teilzeit beruhen oder weniger Arbeitsstunden erfordern – typischerweise Beschäftigungen, für die ein geringerer Stundenlohn gezahlt wird. Und da Frauen weniger Stunden arbeiten, sammeln sie weniger Erfahrung, was ihre Aufstiegschancen verlangsamt, wodurch ihr Gehalt niedrig bleibt.[63] Zudem kehren viele Frauen, die aus dem Arbeitsmarkt herausfallen, sobald sie Kinder bekommen, nie mehr zurück, häufig aus dem Grund, dass lange Zeiten der Arbeitslosigkeit die Rückkehr sehr erschweren.

Das Fazit lautet, dass ein wirklich genderneutraler Arbeitsmarkt, der es talentierten Frauen erlaubt, ihr Potenzial zu entfalten, die Produktivität sowohl von Frauen als auch von Männern steigern würde. Der wirtschaftliche Gewinn ist potenziell enorm – das Schließen der Gendergaps könnte das BIP um 35 Prozent steigern, da Frauen zusätzliche Fähigkeiten zum Arbeitsplatz mitbringen.[64] Um diesen wirtschaftlichen Gewinn zu erreichen, müssen wir die Art und Weise überdenken, in der unser Gesellschaftsvertrag die Kinderbetreuung organisiert.

Familien versus Staat und Markt

In jedem Land legt der Gesellschaftsvertrag Normen fest über die Aufteilung der Kinderbetreuung zwischen Männern und Frauen und darüber, wo diese Betreuung stattfinden wird. Ersteres wird durch die Bereitstellung von Mutter- und Vaterschaftszeiten bestimmt, Letzteres durch die Zuteilung von Geldleistungen, die häusliche Betreuung fördern, oder von öffentlichen Zuschüssen für Kinderbetreuung, die dazu ermutigen, kommunale Einrichtungen wie Kindergärten zu nutzen.

Grob gefasst gibt es zwei Modelle. Das eine stärkt die Rolle der Familie, indem es den Einzelnen wenig oder gar keine wirtschaftliche oder soziale Unterstützung zukommen lässt. Südeuropäische und ostasiatische Länder sind typische Beispiele für diesen Ansatz. Die Regierungspolitik ist hier darauf fokussiert, Erziehungszeiten (gewöhnlich für Mütter) bereitzustellen, sodass sie die Betreuungsaufgaben selbst übernehmen können. Wenn es staatliche Hilfe für Kinderbetreuung gibt, dann in Form von Unterstützungszahlungen, womit wiederum die Betreuung durch die Familie gefördert wird. Das andere Modell befähigt Individuen, ihre Betreuungsaufgaben unabhängig von familiären Verhältnissen zu erfüllen, indem es staatliche oder marktbasierte Alternativen zur Verfügung stellt: kostenlose oder bezuschusste Kindergärten. Die Nordeuropäer und Länder wie Frankreich, mit seiner großzügigen Bereitstellung staatlich finanzierter Kinderbetreuung, sind Beispiele für dieses Modell.[65]

Es ist wenig überraschend, dass beide Modelle hoch umstritten sind und in Wertvorstellungen darüber wurzeln, wie individualistisch oder familienbasiert unser Gesellschaftsvertrag sein sollte. Das Familienmodell verstärkt traditionellere

Rollen für Männer und Frauen. Es befördert auch gegenseitige Abhängigkeit und gegenseitige Verpflichtungen gegenüber dem erweiterten Familienkreis und über die Generationen hinweg – Großeltern (für gewöhnlich Großmütter), betreuen ihre Enkelkinder in der Erwartung, dass sie im Alter betreut werden. Das alternative Modell befähigt Individuen, ihr Leben außerhalb von traditionellen Strukturen zu organisieren – beispielsweise als Alleinerziehende –, und bietet mehr Flexibilität in der Frage, was eine Familie konstituiert.

Der weltweit sehr unterschiedliche Grad, in dem Großeltern in die Kinderbetreuung involviert werden, ist deshalb ein guter Indikator dafür, ob ein Land einen mehr oder einen weniger familienbasierten Ansatz verfolgt. In Europa und den USA werden weniger als zehn Prozent der Kinder von Großeltern betreut, während dies bei 30 Prozent in Ostasien und bis zu 75 Prozent im subsaharischen Afrika der Fall ist.[66] Das hat zum Teil demografische Gründe. In alternden Gesellschaften, in denen die Frauen später Kinder bekommen, sind Großeltern häufiger älter und nicht mehr in der Lage, bei der Kinderbetreuung zu helfen, wogegen in vielen Teilen Afrikas Großmütter in den Fünfzigern und in der Lage sind, bei der Kinderbetreuung zu helfen, wodurch sie ihren eigenen Kindern ermöglichen, arbeiten zu gehen.

China hat vermutlich die höchste Rate der Kinderbetreuung durch Großeltern – 90 Prozent der Kinder in Shanghai, 70 Prozent in Peking und 50 Prozent in Guangzhou werden von mindestens einem Großelternteil betreut, wobei in der Hälfte dieser Fälle die Großeltern die einzigen Betreuungspersonen sind.[67] Dies spiegelt Chinas Ein-Kind-Politik wider, deren Resultate mehrere Großeltern pro Kind, begrenzte staatliche Bereitstellung von Kinderbetreuung, kulturelle Traditionen und ein niedriges Ruhestandsalter sind, kombiniert mit massiver Migration vom Land in die Stadt, in deren Folge einige Dörfer nur von Kindern und ihren Großeltern bewohnt sind.[68]

Was ist besser: Betreuung durch Großeltern oder staatliche Kinderbetreuung? Es gibt keine »richtige« Antwort, und die Familien treffen ihre Entscheidungen auf der Grundlage ihrer Umstände und Präferenzen. Eine Studie fand heraus, dass Kinder, die von ihren Großeltern betreut werden, in der Regel über einen größeren Wortschatz zu verfügen scheinen, wahrscheinlich aufgrund der von den Großeltern ermöglichten intensiveren Eins-zu-eins-Interaktionen mit einem Erwachsenen. Doch schnitten von Großeltern betreute Kinder in anderen kognitiven Tests schlechter ab, etwa im nonverbalen Denken oder bei mathematischen Begriffen, die für die Schulfähigkeit relevant sind. Diese Unterschiede waren vor allem für Kinder aus benachteiligten Familien von Bedeutung.[69]

Wie wirkt sich die Teilhabe von Frauen an der Erwerbstätigkeit aus, wenn man Länder mit einem traditionelleren, familienbasierten Gesellschaftsvertrag mit jenen vergleicht, die Modelle der außerhäuslichen Kinderbetreuung fördern und auch die Männer involvieren? Und welches ist das praktikabelste Modell für die Zukunft?

Kinderbetreuung in Industriestaaten

In den Industriestaaten liegt der durchschnittliche Betrag, der für (familiäre oder staatlich organisierte) Kinderbetreuung ausgegeben wird, bei 0,6 Prozent des BIP. Um das ins Verhältnis zu setzen: Industriestaaten geben ungefähr achtmal so viel für

Bildung und 21-mal so viel für Gesundheit aus.[70] Die durchschnittliche Dauer von (zumindest teilweise bezahlten) Elternzeiten beträgt 55 Wochen. Wie bereits erwähnt, sind die nordischen Länder und Frankreich am großzügigsten; am wenigsten großzügig sind die südeuropäischen Länder, Australien, Neuseeland, die Schweiz, Mexiko und die Türkei.

In allen Industriestaaten, die Mitglieder der OECD (Organisation für wirtschaftliche Zusammenarbeit und Entwicklung) sind, erhalten Männer eine weit weniger großzügige bezahlte Elternzeit als Frauen, im Schnitt acht Wochen. In Frankreich haben Väter Anspruch auf relativ großzügige 28 Wochen bezahlter Elternzeit, aber in Neuseeland, Kanada und der Schweiz gibt es überhaupt keine Elternzeit für Väter. Es tut sich aber etwas. Eine kürzliche Direktive der Europäischen Kommission fordert alle Mitgliedsstaaten auf, bis 2022 eine mindestens viermonatige Elternzeit zu ermöglichen, wovon lediglich zwei Monate von einem Elternteil auf den anderen übertragen werden können. Deutschland und Schweden sind noch weiter gegangen und bieten 14 beziehungsweise 16 Monate Elternzeit an, die zur Gänze zwischen den Eltern aufgeteilt werden können. Finnland ermöglicht inzwischen eine siebenmonatige Elternzeit für alle Männer.

Die USA hingegen sind ein gewichtiger Ausreißer: Sie sind der einzige Industriestaat ohne eine rechtlich verankerte Elternzeit, weder für Mütter noch für Väter. Seit 1993 garantiert der Family and Medical Leave Act qualifizierten Arbeitnehmenden bis zu zwölf Wochen Fehlzeiten aus medizinischen Gründen, wozu auch die Geburt eines Kindes gehört, aber sie werden nicht bezahlt. In den USA liegen die öffentlichen Ausgaben für Kinderbetreuung mit 0,35 Prozent des BIP deutlich unter dem Durchschnittswert der OECD, sodass amerikanische Familien einen beträchtlichen Teil ihres privaten Einkommens für Betreuung ihrer Kinder aufwenden, mit großen Unterschieden zwischen den Einkommensgruppen.[71]

Diese politischen Entscheidungen haben große Auswirkungen auf die Arbeitsmuster in Familien. In Nordeuropa, wo es relativ großzügige Regelungen für Kinderbetreuung und Elternzeit gibt, sind Doppelverdiener-Haushalte, in denen beide Eltern einer bezahlten Arbeit nachgehen, durchaus üblich. So sind beispielsweise in Dänemark 55 Prozent und in Finnland 59 Prozent der Paare Doppelverdiener. In Kontinentaleuropa ist das Eineinhalb-Verdiener-Modell gängiger, bei dem der Mann in Vollzeit und die Frau in Teilzeit arbeitet. Frankreich und Belgien folgen einem gemischten Modell, in dem Frauen mit einer langen und gut bezahlten Elternzeit ausgestattet sind, vor allem wenn die Kinder klein sind, aber auch dabei unterstützt werden, einer Vollzeit-Arbeit nachzugehen, wenn es ihnen möglich ist.[72] Wirtschaftlich liberale Wohlfahrtsstaaten wie Großbritannien bieten verschiedene privatwirtschaftliche Lösungen an – etwa Kinderbetreuungsgutscheine – und konzentrieren die öffentliche Unterstützung für Kinderkrippen dort, wo der Markt versagt oder es akuten Bedarf gibt, beispielsweise bei Familien, die sehr arm sind oder vor sonstigen Herausforderungen stehen.[73] Dies hat zur Folge, dass sich die meisten Frauen in der Position der Dazuverdienerin befinden. In Südeuropa, wo der Gesellschaftsvertrag die familiäre Unterstützung favorisiert, ist das männliche Alleinverdiener-Modell das gängigste.[74] Dasselbe gilt in weiten Teilen für die Entwicklungsländer.

Kinderbetreuung in den Entwicklungsländern

In den Entwicklungsländern beruht Kinderbetreuung immer noch vorwiegend auf familiärer Unterstützung. Diese Tendenz wird durch die Tatsache verstärkt, dass viele Frauen im informellen Sektor arbeiten und keinerlei rechtlichen Anspruch auf Mutterschaftsurlaub haben. Die Internationale Arbeitsorganisation (ILO) schätzt, dass 830 Millionen erwerbstätige Frauen in den Entwicklungsländern keinen Zugang zu Mutterschaftsurlaub haben.[75] In den meisten Ländern Asiens, Afrikas und des Nahen Ostens liegt der gesetzliche Mutterschaftsurlaub bei zwölf bis dreizehn Wochen bei hundertprozentiger Lohnfortzahlung, aber die Anzahl der Frauen, die auf dem formellen Arbeitsmarkt beschäftigt sind, ist so niedrig, dass nur wenige von dieser Maßnahme profitieren.

Vaterschaftsurlaub setzt sich inzwischen in einigen wenigen asiatischen Entwicklungsländern durch, aber langsam und auf niedrigem Niveau – die Philippinen sehen sieben Tage vor, Bangladesch, Kambodscha und Vietnam zehn Tage, China und Indien gar nichts. In Afrika und dem Mittleren Osten ist Vaterschaftsurlaub kaum vorhanden. Die Möglichkeit, Elternzeit zwischen den Partnern zu teilen, ist in den Entwicklungsländern sogar noch seltener (die einzigen Beispiele sind Burkina Faso, Tschad, Guinea, Nepal und die Mongolei); bezahlte Elternzeiten sind praktisch inexistent. Doch gibt es bereits Anzeichen dafür, dass diejenigen Entwicklungsländer, die Vaterschaftsurlaub anbieten, positive Resultate in Bezug auf die weibliche Berufstätigkeit verzeichnen.[76]

Vor diesem Hintergrund gibt es in den Entwicklungsländern jedoch viele Beispiele für eine zunehmende öffentliche Unterstützung der Kinderbetreuung, was nicht nur dazu führt, dass mehr Frauen außerhalb ihres Haushalts arbeiten können, sondern auch Arbeitsplätze für Frauen im Bereich der Kinderbetreuung schafft. In Mexiko stellt das Estancias-Programm Kinderbetreuung für ein Minimum von acht Stunden täglich an fünf Tagen in der Woche zur Verfügung, mit einem guten Betreuungsschlüssel, nahrhaftem Essen und einem Bildungsprogramm. Die öffentliche Finanzierung von bis zu 90 Prozent der Kosten hat dazu geführt, dass die meisten der betreuten Kinder aus den ärmsten Familien stammen. Frauen, die ihre Kinder in die Betreuungszentren schicken, haben ihre tägliche Arbeitszeit um durchschnittlich sechs Stunden erhöht. Das Programm stellt außerdem Arbeitsplätze für bis zu 40 000 Frauen zur Verfügung. Ähnliche Programme in Indien betreuen über eine Million Kinder; in Südafrika haben sie Arbeitsplätze für über 20 000 Frauen geschaffen.[77]

Kinderbetreuung und Frauen in Arbeit

Umfangreiche Forschungen haben gezeigt, dass umso mehr Mütter in den Arbeitsmarkt eintreten, je geringer die Kosten für die Kinderbetreuung sind.[78] Und Länder, die mehr Geld investieren, um Müttern die Rückkehr in die Arbeit zu erleichtern, erzielen wirtschaftliche Vorteile in Form eines höheren Anteils von Frauen am Arbeitsmarkt (Abbildung 5). Zugängliche, bezahlbare und qualifizierte Kinderbetreuung hilft Müttern dabei, eine Work-Life-Balance zu erreichen, und die Inanspruchnahme ist am höchsten dort, wo öffentliche Zuschüsse zur Verfügung stehen. Viele weitere Faktoren spielen eine Rolle – die Bildung der Frauen, Durchschnittslöhne, gesellschaftliche Normen, gesetzliche Regelungen der Kinderbetreuung –, aber Länder mit den großzügigsten Gesellschaftsverträgen verzeichnen ein höheres Niveau weiblicher Beschäftigung sowie Geburtenraten, die das Bevölkerungsniveau stabil halten.

Gleichwohl gibt es unter diesen Ländern nach wie vor signifikante Abweichungen. In den meisten Industriestaaten nehmen die Einkommen von Männern und Frauen zunächst einen ähnlichen Verlauf und gehen dann, nach der Geburt des ersten Kindes, weit auseinander. Frauen erleben einen starken Rückgang ihres Einkommens, während Männer weitgehend unberührt bleiben. Das Ausmaß dieser »Child Penalty« (»Strafe fürs Kinderkriegen«, das heißt Einkommenseinbußen von Frauen fünf bis zehn Jahre nach der Geburt des ersten Kindes) variiert enorm, von 21 bis 26 Prozent in Schweden und Dänemark über 31 bis 44 Prozent in Deutschland und Österreich bis zu 51 bis 61 Prozent in Großbritannien und den USA.[79] Kurzfristig werden diese Unterschiede mit den Regelungen der Elternzeit und des Zugangs zur Kinderbetreuung in Verbindung gebracht, aber das ist nur ein Teil der Angelegenheit. Längerfristig scheinen kulturelle Normen hinsichtlich der Rolle von Männern und Frauen und das Vorherrschen konservativerer Einstellungen in einigen Ländern zu der Frage, ob Mütter zu Hause bleiben sollen, eine wichtigere Rolle zu spielen.[80]

Mehrere Länder, die mit sinkenden Bevölkerungszahlen zu kämpfen haben, wie Japan, Südkorea und Taiwan, haben ihre Familienförderung in der Hoffnung erhöht, damit den Fall der Geburtenrate aufzuhalten.[81] Japan und Südkorea, die den stärksten Geburtenrückgang weltweit verzeichnen, bieten heute den höchstbezahlten Vaterschaftsurlaub an – ein volles Jahr lang –,

Abbildung 5

Länder, die mehr für Familien ausgeben, befähigen Frauen, in bezahlten Arbeitsverhältnissen zu verbleiben

Weibliche Beschäftigung und öffentliche Ausgaben für Familien in OECD-Ländern, 2015

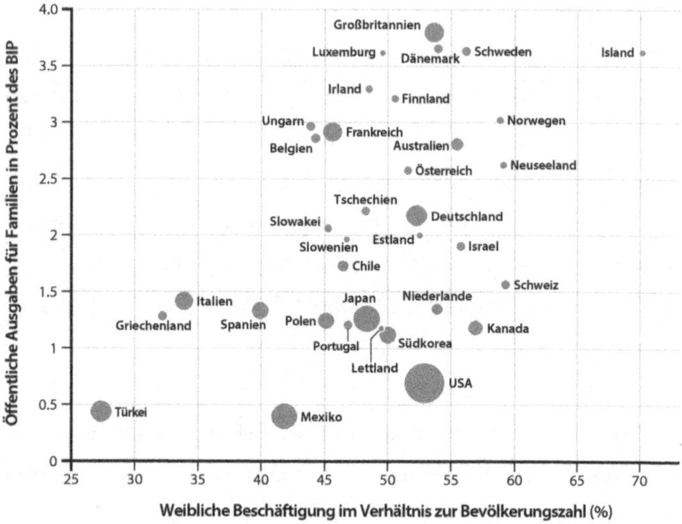

doch weniger als drei Prozent der Männer machen davon Gebrauch. Warum? Eine jüngere Studie aus Südkorea mit dem wunderbaren Titel »Ich will, aber ich werde nicht« fand heraus, dass zwar viele verheiratete berufstätige Männer zwischen 20 und 49 Jahren die Möglichkeit des Vaterschaftsurlaubs nutzen wollten, davon aber durch die Vorstellung abgehalten wurden, andere Männer könnten dies als anormal ansehen. Obwohl sie alle individuell die gleiche Sichtweise teilten, hielt ihre unzutreffende Annahme über die Meinung anderer sie davon ab, eine

Auszeit zu nehmen, wenn sie ein Kind bekamen.[82] Ebenso machen in Großbritannien, obwohl dort Vaterschaftsurlaub möglich ist, 40 Prozent der Väter keinen Gebrauch davon; weniger als zehn Prozent nehmen mehr als zwei Wochen.

Diese Bemühungen sind gescheitert, weil sie die familienbasierte Versorgung stärken, ohne dass ein Wandel in der Bereitschaft der Männer stattgefunden hätte, einen größeren Anteil an der unbezahlten Arbeit zu übernehmen. Mehr öffentliche Förderung der Kinderbetreuung genügt nicht, wenn die Einstellung der Männer sich nicht ändert. Doch wenn sie richtig geplant werden, können solche Maßnahmen dabei helfen, dass sich das Verhalten ändert. Island bietet den Familien Wahlmöglichkeiten, die anscheinend erfolgreich die unbezahlte Arbeit zwischen Männern und Frauen neu ausbalanciert haben. Eltern bekommen neun Monate bezahlte Elternzeit – drei Monate für die Mutter, drei Monate für den Vater und drei Monate, die sie unter sich aufteilen können. Wenn der Vater seinen Anteil an der Elternzeit nicht nimmt, verfällt er. Seit Einführung dieser Maßnahme im Jahr 2000 nehmen heute fast alle isländischen Väter Elternzeit, und Untersuchungen zeigen, dass sie infolgedessen eine viel aktivere Rolle im Leben ihrer Kinder spielen.[83]

Länder wie Italien, Spanien und Irland, traditionell für große katholische Familien bekannt, stehen heute vor der sehr realen Gefahr eines Bevölkerungsrückgangs. Warum? Kinderbetreuung wird vom Staat nicht ausreichend finanziert, politische Maßnahmen setzen weiterhin auf familienbasierte Betreuung, und Männer verrichten kaum unbezahlte Arbeit. Das Problem wird verstärkt durch hohe Arbeitslosenraten und Jobunsicherheit, wodurch sich die Möglichkeit junger Menschen verzögert, ihren eigenen Haushalt zu gründen und Kinder zu bekommen. Als Folge davon weisen Frauen in diesen Ländern mittlerweile einige der niedrigsten Geburtenraten der Welt auf.

Wie sich die Ausgestaltung von Kinderbetreuung auf die Kinder auswirkt

Ein Grund für den schleppenden Fortschritt bei der Bereitstellung von Kinderbetreuung ist die traditionelle Ansicht, dass es für Kinder nachteilig sei, wenn ihre Mutter arbeiten geht. Dies beruht typischerweise auf der Vorstellung, dass nur eine Mutter ihr Kind so versorgen kann, dass es sich gesund entwickelt. Aber was sagen uns die Fakten über den Einfluss der Berufstätigkeit einer Mutter auf die Entwicklung ihres Kindes? Und was über den Einfluss der Väter? Zu diesem Thema ist eine enorme Anzahl von Studien durchgeführt worden.

Psychologen sind sich einig, dass die ersten Monate im Leben eines Kindes entscheidend sind für seine kognitive und emotionale Entwicklung.[84] Eine spätere Rückkehr der Mutter zur Arbeit ermöglicht eine längere Stillphase und mehr Eltern-Kind-Interaktionen während dieser entscheidenden Phase. Die Forschung hat auch gewisse Zusammenhänge zwischen der frühzeitigen Rückkehr der Mutter an den Arbeitsplatz und schwächeren Lernleistungen in der frühen Kindheit gefunden.[85] Ein Resümee verschiedener empirischer Studien kam zu dem Schluss, dass Kinder davon profitieren, wenn ihren Müttern ermöglicht wird, erst ein Jahr nach der Geburt an den Arbeitsplatz zurückzukehren.[86] Freilich berücksichtigen diese Ergebnisse nicht die Folgen des Verlusts von Kompetenzen und wirtschaftlicher Unabhängigkeit für die Mutter, noch messen sie die Folgen für Kinder, bezogen auf eine ideale, hoch qualifizierte institutionelle Kinderbetreuung. Auch verfügen wir nicht über genügend Daten oder Studien, um zu beurteilen, ob das Zuhausebleiben von Vätern in den ersten Lebensmonaten eines Kindes vergleichbare Vorteile hat.

Doch sobald Kinder etwas älter sind, profitieren sie vom zusätzlichen Einfluss von Betreuern, Gleichaltrigen und der Schule. Wenn Mütter an den Arbeitsplatz zurückkehren, sobald ihre Kinder zwei bis drei Jahre alt sind, führt das zu besseren Lern- und Verhaltensergebnissen der betreffenden Kinder.[87] Eine Metaanalyse von 69 Studien fand heraus, dass die Berufstätigkeit von Müttern selten negative Auswirkungen für Kinder hat; tatsächlich scheinen die Leistungsbewertungen durch Lehrkräfte darauf hinzudeuten, dass Kinder von der Berufstätigkeit ihrer Mütter profitieren. Wenn überhaupt, scheint die Rückkehr der Mutter an den Arbeitsplatz zu besseren Lern- und Verhaltensergebnissen ihrer Kinder zu führen, als wenn sie zu Hause geblieben wäre.[88] Diese Verbesserung ist umso größer, je höher die Qualität der verfügbaren Kinderbetreuung ist.[89] Eindeutig spielt der zeitliche Ablauf eine Rolle – bleibt ein Elternteil während des ersten Lebensjahrs des Kindes zu Hause, kann das positive Auswirkungen haben, während die elterliche Berufstätigkeit im zweiten oder dritten Lebensjahr positive Auswirkungen auf den Bildungsstand des Kindes hat.

In der jüngeren Vergangenheit haben mehrere Länder in der Hoffnung, damit das Wohlergehen der Kinder zu erhöhen, die Mutterschaftszeiten erweitert. In Deutschland beispielsweise wurde der Mutterschaftsurlaub 1992 von 18 auf 36 Monate verlängert, was zu einem erheblichen Rückgang der Zahl berufstätiger Mütter führte.[90] Das Ziel dieser Änderung war es, die kindliche Entwicklung zu fördern, aber wenn man die Ergebnisse in Bezug auf Bildung und Arbeitsmarktchancen von Kindern, die vor der Reform, und solchen, die nach der Reform geboren wurden, verglich, zeigte sich kein Hinweis auf eine Verbesserung. Tatsächlich könnte die Reform das Bildungsniveau von Kindern sogar leicht gesenkt haben, und auch der Rückgang des Familieneinkommens dürfte sich nachteilig ausgewirkt haben. Zu ähnlichen Ergebnissen kam man in Kanada und Dänemark, obwohl eine Studie ergab, dass Länder mit längeren Mutterschaftszeiten in Europa niedrigere Sterberaten bei Säuglingen und Kleinkindern aufwiesen.[91] In den USA führte die Einführung bezahlten Mutterschaftsurlaubs zu leichten Verbesserungen beim Geburtsgewicht, weniger Frühgeburten und niedrigerer Säuglingssterblichkeit.[92]

Die Rückkehr von Müttern an den Arbeitsplatz ist besonders für Kinder ärmerer Familien vorteilhaft. Kinder aus armutsgefährdeten Familien, insbesondere solche von Alleinerziehenden oder Sozialhilfeempfängern, profitieren tendenziell davon, wenn ihre Eltern arbeiten.[93] Mütterliche Berufstätigkeit bringt größere finanzielle Sicherheit mit sich und reduziert familiären Stress, was die Abwesenheit der Mutter kompensiert. Hingegen profitieren Kinder aus wohlhabenderen Familien weniger, da das zusätzliche Einkommen weniger entscheidend für ihr Wohlergehen ist.

Auch die Folgen für Mädchen und Jungen sind sehr unterschiedlich. Eine jüngere Untersuchung begleitete 105 000 Kinder in 29 Ländern in Nord- und Südamerika, Australien, Europa,

Asien und im Nahen Osten bis ins Erwachsenenalter.[94] Demnach finden die Töchter von Frauen, die außer Haus arbeiteten, eher eine Anstellung, haben häufiger höhere Posten inne, arbeiten mehr Stunden und verdienen mehr als Frauen, deren Mütter nicht berufstätig waren. Söhne berufstätiger Mütter verbringen mehr Zeit damit, für Familienmitglieder zu sorgen, während die Töchter weniger Zeit mit unbezahlter Hausarbeit verbringen. Diese Unterschiede werden der Tatsache zugeschrieben, dass arbeitende Mütter ihren Kindern egalitärere Einstellungen hinsichtlich der Balance zwischen bezahlter Arbeit und unbezahlter Hausarbeit vermitteln.

Zusätzlich zu den Vorteilen für Kinder und dem wirtschaftlichen Nutzen in den Arbeitsmarkt zurückkehrender Frauen gibt es immer mehr Hinweise darauf, dass auch das väterliche Engagement für Kinder höchst vorteilhaft ist. Kinder, die mit Vätern aufwachsen, die präsent und engagiert sind, zeigen eine bessere emotionale und verhaltensmäßige Entwicklung. Wenn das Einkommen steigt, verbringen Väter tendenziell mehr Zeit mit ihren Kindern, und die Art ihres Engagements ist oftmals anders und ergänzend zu dem der Mütter. Beobachtungsstudien haben gezeigt, dass väterliche Interaktionen stimulierender und lebhafter sein können und Risikobereitschaft und Entdeckungslust fördern, was vorteilhaft für die kognitive Entwicklung der Kinder ist.[95] So schneiden beispielsweise zweijährige Kinder bei kognitiven Tests besser ab, wenn sie im Alter von drei Monaten engagierte Väter hatten.[96] Auch wird väterliches Engagement bei der Fürsorge im ersten Lebensmonat eines Kindes mit einer besseren mentalen Entwicklung ein Jahr später in Verbindung gebracht.[97]

Familien in der Zukunft

Die Talente von Frauen auf dem Arbeitsmarkt zu nutzen, ist ökonomisch vorteilhaft und verbessert das Wohlergehen von Kindern nach dem ersten Lebensjahr. Auch ein größeres Engagement von Vätern in ihren frühen Jahren weist klare Vorteile für die Kinder auf. Ein Gesellschaftsvertrag, der die Betreuungspflichten zwischen Männern und Frauen neu ausbalanciert und unbezahlte Arbeit von Frauen in bezahlte Arbeit umwandelt, würde unsere Gesellschaften sowohl reicher als auch gerechter machen. Unsere Kinder werden geistig und seelisch besser abschneiden, wenn sie früh in ihrem Leben von engagierten Eltern großgezogen werden und dann Zugang zu hochwertiger Kinderbetreuung haben. Dies ist besonders wichtig für Kinder aus ärmeren Familien und wird die soziale Mobilität verbessern.

Es gibt viele Modelle, die die Bereitstellung von mehr öffentlichen Ressourcen für bezahlbare und hochwertige Kinderbetreuung beinhalten. Ob die Unterstützung familienbasierte oder aushäusige Betreuung fördert, ist eine Wahl, die am besten den Einzelnen und den Familien überlassen bleibt. Werden die Kosten dieser Elternzeit und Kinderbetreuung staatlich finanziert und nicht durch die Arbeitgebenden, würde dies die Chancengleichheit für Männer und Frauen am Arbeitsplatz weiter erhöhen. Der Schlüssel liegt darin, dass staatliche Maßnahmen Frauen und Männer gleichermaßen unterstützen müssen, sodass sie die Freiheit haben zu wählen und die Verteilung von Talent in der Wirtschaft optimal ist.

Idealerweise sollten Regierungen eine Auswahl von Optionen für Familien – Mutterschafts- und Vaterschaftsurlaub oder besser noch eine Elternzeit, die geteilt werden kann – sowie staatliche Finanzierung sowohl von institutionalisierter als auch von häuslicher Kinderbetreuung bereitstellen. Solche Entscheidungen sind zutiefst persönlich und in hohem Maße abhängig von individuellen Umständen. Der entscheidende Wandel, der sich vollziehen muss, besteht darin, dass die Sorge für die nächste Generation nicht länger ignoriert werden, für selbstverständlich erachtet oder als unbezahlte Arbeit abgetan werden kann. Sie muss – wie Gesundheits- oder Bildungsdienste – ein wesentlicher Bestandteil der Infrastruktur öffentlicher Dienstleistungen werden. Sie muss auch flexibel sein, um der Tatsache Rechnung zu tragen, dass die Organisation sowohl der Arbeit als auch der Familie im Wandel begriffen ist. Dies wird das Leben von Männern wie von Frauen verbessern, Kinder effektiver unterstützen und neue Arbeitsplätze schaffen, vor allem für Frauen.

Aber auch wenn die Bereitstellung von Kinderbetreuung entscheidend ist, gibt es viele andere Maßnahmen, die dabei helfen können, dass wir einem gleichberechtigteren Arbeitsmarkt näher kommen. Flexiblere Arbeit mit Beihilfen für Menschen, die ihren Job wechseln, und die entsprechend angepasst werden können, wenn sie in Teilzeit arbeiten, würde Männern und Frauen dabei helfen, ihre Fürsorgepflichten mit sich ändernden Arbeitsverhältnissen auszubalancieren (mehr dazu in Kapitel 5). Menschen einzeln zu besteuern ist besser als ein System, das Paaren nahelegt, eine gemeinsame Steuererklärung abzugeben. Wenn Paare gemeinsam veranlagt werden, wird der zweite Verdiener (typischerweise die Frau) mit dem gleichen Steuersatz veranlagt wie ihr Partner, was für gewöhnlich heißt, dass sie mehr bezahlt, als sie allein zahlen würde, womit weibliche Erwerbstätigkeit den Anreiz verliert.[98] Zudem sind Schulkalender mit langen Sommerferien eine große Herausforderung für arbeitende Eltern und ergeben wenig Sinn in Gesellschaften, in denen so wenige Menschen in der Landwirtschaft beschäftigt sind und Kinderarbeit illegal ist. Einen Gesellschaftsvertrag anzustreben, der Doppelverdiener-Familien in all diesen Fragen unterstützt, ist unerlässlich.

Politische Maßnahmen allein reichen jedoch nicht aus; der Gesellschaftsvertrag muss sich auch innerhalb der Haushalte verändern. Wie wir in Japan und Südkorea gesehen haben, kann selbst die weltweit großzügigste Regelung von Vaterschaftszeiten nur funktionieren, wenn sich die gesellschaftlichen Einstellungen anpassen. Die nordischen Länder bieten einen interessanten Kontrast – einen über Jahrzehnte entstandenen Gesellschaftsvertrag, der sich durch ein hohes Niveau weiblicher Erwerbstätigkeit, großzügige öffentliche Unterstützung und durch Männer auszeichnet, die einen größeren Anteil an unbezahlter Arbeit übernehmen. Dieses Modell ist in der Lage gewesen, hohe Einkommen und eine Geburtenrate sicherzustellen, die die Bevölkerung stabil hält. Dagegen hat Südkorea trotz immer großzügigerer Regelungen inzwischen mit 0,9 Prozent die niedrigste Geburtenrate weltweit (es müssten 2,1 Prozent sein, um das Bevölkerungsniveau stabil zu halten), weil die gesellschaftlichen Einstellungen sich nicht geändert haben.

Können wir es uns leisten, eine solch massive Veränderung unseres Gesellschaftsvertrags vorzunehmen? Ich würde behaupten, dass wir uns nicht leisten können, es nicht zu tun. Familienstrukturen entwickeln sich schnell: Paare heiraten später, Frauen bekommen später Kinder; es gibt mehr Haushalte von Alleinerziehenden; die Bevölkerungen altern, und die Geburtenraten fallen außer in Afrika überall. Unser Gesellschaftsvertrag muss zu den Bedürfnissen moderner Familien und moderner Ökonomien aufschließen. Wenn mehr Frauen dazu befähigt werden, ihre Talente am Arbeitsplatz einzusetzen, werden die Arbeitsleistung, die Produktivität und die Steuereinnahmen steigen, und zwar weit über die Kosten hinaus, die eine bessere öffentliche Förderung der Kinderbetreuung verursacht. Wenn Väter mehr in die Kinderbetreuung einbezogen werden, wird sich das Wohlergehen der Kinder verbessern, was uns erlaubt, eine produktivere junge Generation heranzuziehen, deren höhere Einkommen zu Steuereinnahmen beitragen, die für die Renten und Gesundheitskosten einer zunehmend älteren Generation zur Verfügung stehen werden. Anstatt zu versuchen, die intergenerationellen Verpflichtungen innerhalb der Familien zu bewältigen, was zu den höchst ungleichen Ergebnissen geführt hat, die wir im Verlauf der Geschichte gesehen haben, müssen wir diese Risiken miteinander teilen.

3
BILDUNG

2005 besuchte ich ein Dorf in Südäthiopien, Heimstatt der überwältigenden Szenerie des Großen Afrikanischen Grabenbruchs, aber auch einiger der ärmsten Menschen in einem der ärmsten Länder der Welt. Die Eltern, die ich dort traf, waren sehr ausgezehrt und hatten offensichtlich gerade erst längere Hungerperioden erlebt, aber als ich sie traf, waren sie sehr glücklich. Der Grund dafür war, dass mit Unterstützung eines Hilfsprogramms der britischen Regierung eine neue Schule für ihre Kinder gebaut worden war. Es gab nur ein Problem: Die äthiopische Regierung konnte nur das Gehalt für eine Lehrkraft bezahlen, was bedeutete, dass es nur eine Klasse gab – für etwa 80 Schüler und Schülerinnen. Sie erzählten stolz, dass die Elternvertretung ihre mageren Ressourcen zusammengekratzt hatte, um eine zusätzliche Lehrkraft anzustellen, sodass ihre Kinder eine bessere Bildung erhalten konnten.

Die Entschlossenheit von Eltern, ihren Kindern den bestmöglichen Start ins Leben zu bieten, ist universell. In reicheren Ländern äußert sich dies in Müttern und Vätern, die hart darum kämpfen, ihre Kinder in den besten Schulen unterzubringen, oder die private Lehrkräfte anheuern, um ihnen bessere Erfolgschancen in Prüfungen zu geben. In ärmeren Ländern bedeutet dies häufig, dass Familien enorme materielle Opfer bringen, um ihren Kindern den Schulbesuch zu ermöglichen. In allen Fällen spiegelt der Stellenwert der Bildung sowohl die individuellen Vorteile wider als auch diejenigen der Gesellschaft insgesamt, die sich daraus ergeben, eine gut ausgebildete Bevölkerung zu haben.

Für jede Gesellschaft ist Bildung ein zentraler Bestandteil ihres Gesellschaftsvertrags. Fast alle Gesellschaften konzentrieren ihre Bildungsinvestitionen auf junge Menschen von etwa sechs Jahren bis in die frühen Zwanziger, aber wir wissen, dass die kindliche Bildungsleistung bereits vor dem Alter von sechs Jahren entscheidend beeinflusst wird – durch Faktoren wie Ernährung, mentale Stimulation und elterliches Engagement. Zugleich werden in einer Welt, in der das Arbeitsleben länger und variabler wird, Bildungsinvestitionen für Erwachsene notwendig, wenn die Beschäftigten ihre Fertigkeiten auf dem Stand der sich weiterentwickelnden Wirtschaft halten sollen. Was bedeutet dies für den Gesellschaftsvertrag in Bezug auf Bildung?

Was macht Bildung so wertvoll?

Bildung kann vielen Zielen dienen – der physischen, kognitiven und emotionalen Entwicklung von Kindern; uns zu Bürgern und Bürgerinnen zu machen, die gemeinsame Werte teilen; Menschen dabei zu helfen, ihre Talente und die Art und Weise zu entdecken, wie sie zur Welt beitragen können. In Bezug auf den Gesellschaftsvertrag erfüllt Bildung auch die vitale ökonomische Rolle, die Arbeitskräfte der Zukunft vorzubereiten, indem sie uns mit den Fähigkeiten ausstattet, die wir brauchen, um eine Arbeit zu finden, produktiv zu sein und damit zur Gesellschaft beizutragen.

Die ökonomischen Vorteile von Bildung können anhand der

letzten fünfzig Jahre betrachtet werden, während derer Länder weltweit enorme Fortschritte bei der Versorgung mit Primar- und Sekundarbildung gemacht haben. Wenngleich immer noch über 60 Millionen Kinder nicht zur Schule gehen, vor allem in Afrika und Südasien, ist fast überall eine allgemeine freie Grundschulbildung zugänglich gemacht geworden.[99] Darüber hinaus besuchen vier von fünf Kindern weltweit inzwischen Hauptschulen, in vielen Ländern auch Mittelschule genannt.

Tatsächlich haben viele Entwicklungsländer aufgeholt und den historischen Fortschritt der heutigen Industriestaaten hinter sich gelassen. 2010 hat beispielsweise die durchschnittliche arbeitnehmende Person in Bangladesch mehr Schuljahre durchlaufen als die typische arbeitnehmende Person in Frankreich 1975. Es hat die USA vierzig Jahre gekostet, den Schulbesuch von Mädchen von 57 auf 88 Prozent zu erhöhen; Marokko hat dies in nur elf Jahren geschafft.[100] Im Ergebnis haben 2008 einkommensschwache Länder fast den gleichen Prozentsatz an Grundschulkindern erreicht wie die typischen einkommensstarken Länder.

In der tertiären Bildung, zu der Universitäten, Fachhochschulen, technische Ausbildungsinstitute oder Berufsschulen gehören, liegen die Dinge etwas anders. Sie hat sich langsamer ausgebreitet mit etwa 200 Millionen Studierenden weltweit, und es gibt große Unterschiede zwischen den Ländern: In Ländern mittleren Einkommens wie Brasilien, China und Mexiko absolvieren 10 bis 20 Prozent der Erwachsenen eine tertiäre Bildung, während es in einkommensstärkeren Ländern von 30 Prozent in Österreich über 42 Prozent in Großbritannien und 44 Prozent in den USA bis zu 54 Prozent in Kanada sind.[101]

Alles in allem aber haben sich die globalen Bildungsinvestitionen durchaus ausgezahlt. Wirtschaftlich betrachtet können wir eine Bildungsrendite errechnen, indem wir die Vorteile, die Bildung hervorbringt – gemessen in Form von höheren Gehältern abzüglich der Kosten für die Bereitstellung von Bildung –, durch die Anzahl der Jahre erhaltener Bildung teilen, wodurch sich ein jährlicher prozentualer Ertrag ergibt, ähnlich der Rendite eines Sparkontos oder einer Aktienanlage. Mit Daten von insgesamt 1120 Jahren aus 139 Ländern haben Ökonomen errechnet, dass jedes Jahr zusätzlicher Bildung eine durchschnittliche private Rendite – das heißt für die Person, die die Bildung erhalten hat – von etwa zehn Prozent bringt.[102] Dies ist signifikant mehr als die acht Prozent der durchschnittlichen jährlichen Rendite auf dem US-Aktienmarkt seit 1957, als der S&P-500-Index geschaffen wurde.[103]

Darüber hinaus werden diese Renditen unterschätzt, da sie nur die erwarteten höheren Einnahmen von Individuen berücksichtigen und keine umfassenderen gesellschaftlichen Gewinne messen. Das Ausmaß dieser gesellschaftlichen Gewinne kann erheblich sein. In Großbritannien beispielsweise generiert jedes Pfund, das in eine Universitätsausbildung investiert wird, sieben Pfund für die betreffende Person (private Rendite), aber 25 Pfund für den Staat (Sozialrendite) in Form von höheren Steuereinnahmen, geringeren Sozialausgaben und weniger Kriminalität.[104]

Die Renditen sowohl für die Individuen als auch für die Gesellschaft variieren je nach Bildungsniveau; beispielsweise sind die Renditen in den primären Bildungsstufen am höchsten, einfach weil deren Bereitstellung weniger kostet als die sekundäre oder universitäre Bildung. Tabelle 1 zeigt Schätzungen privater

Tabelle 1

Bildungsrenditen sind hoch, vor allem in Primärschulen und in ärmeren Ländern

Renditen verschiedener Bildungslevels im Verhältnis zur Einkommenshöhe eines Landes

Pro-Kopf-Einkommensniveau	Privat			Sozial		
	Primär	Sekundär	Höher	Primär	Sekundär	Höher
Niedrig	25,4	18,7	26,8	22,1	18,1	13,2
Mittel	24,5	17,7	20,2	17,1	12,8	11,4
Hoch	28,4	13,2	12,8	15,8	10,3	9,7
Durchschnitt	25,4	15,1	15,8	17,5	11,8	10,5

und sozialer Renditen verschiedener Bildungslevels in Ländern mit niedrigen, mittleren und hohen Einkommen.

Alles in allem sind auch die Renditen in ärmeren Ländern am höchsten. Dies ist wiederum nicht überraschend, da in diesen Ländern die durch Bildung erworbenen Fähigkeiten relativ gering sind. Könnte diese Einkommenssteigerung womöglich etwas anderes aufzeigen? Könnte es einfach so sein, dass Arbeitgebende den Schulbesuch als Auslesefilter nutzen, um Arbeitnehmende auszuwählen, sodass allein die Tatsache, eine Schule besucht zu haben, zu höheren Einkommen führt, und nicht die dort erworbene Bildung? Die Forschung zeigt, dass dies nicht der Fall ist – Unternehmen halten ihre ausgebildeten Arbeitnehmenden nicht einfach aufgrund ihrer Abschlüsse, sondern weil sie aufgrund ihrer Ausbildung produktiver sind.[105]

Überraschender ist, dass in Ländern, in denen mehr Arbeitnehmende einen höheren Bildungsgrad haben, die Rendite dieser Bildungsinvestition nicht nennenswert sinkt. Das liegt daran, dass die technologische Innovation mehr Arbeitsplätze geschaffen hat, die den besser Ausgebildeten zugutekommen, was bedeutet, dass die höheren Gehälter, die Universitätsabsolventen in der Regel erhalten, in den meisten Ländern weiter gestiegen sind. Dieser Trend wiederum bedeutet, dass diejenigen mit einer höheren Bildung mit fortschreitender technologischer Entwicklung in der Regel sogar noch mehr verdienen, was zu steigender Ungleichheit in vielen Ländern beiträgt.[106] Wenn wir nicht mehr dafür tun, die Bildungschancen auszugleichen, wird dieser Trend – Technologie treibt größere Ungleichheit an – nur noch stärker werden.[107]

Aber dies ist nur die Spitze des Eisbergs. Zwei große Herausforderungen zeichnen sich am Horizont ab – eine technologische und eine demografische –, die von uns verlangen werden, Bildung nicht nur breiter verfügbar zu machen, sondern die grundsätzliche Gestalt der Systeme zu verändern, die wir nutzen, um Bildung bereitzustellen. Zusätzlich zu der Frage, *was* wir unterrichten, müssen wir auch über die Frage nachdenken, *wann* wir unterrichten.

Der Bedarf an Problemlösung und Flexibilität

Die Diskussion darüber, wie Bildung sich verändern muss, konzentriert sich zumeist darauf, was und wie wir unterrichten sollten. Traditionelle Bildungssysteme legen häufig großes Gewicht auf das Auswendiglernen. Lehrkräfte vermitteln Informationen, und Schüler und Schülerinnen tun ihr Bestes, um diese abzuspeichern und in verschiedenen Tests zu reproduzieren. Aber die meisten heutigen Bildungsforscher erkennen, dass dies Zeitverschwendung ist: Wir leben in einer Welt, in der 3,5 Milliarden Menschen Zugang zu Smartphones mit Suchmaschinen und damit fast unbegrenzten Zugang zu Informationen haben. Wichtiger ist heute die Fähigkeit, Informationen zu sichten, kritische Urteile über ihre Validität zu fällen und zu einer Einschätzung bezüglich ihrer Implikationen zu gelangen. Bildung sollte darauf abzielen, Kinder mit diesen Fähigkeiten auszustatten.

In Industriestaaten führt Technologie auch zu einer Schere auf dem Arbeitsmarkt: Wir erleben eine erhöhte Nachfrage nach Hochqualifizierten (wie Wissenschaftler oder Datenanalysten) und Niedrigqualifizierten (wie Pflegepersonal), während Arbeitsplätze in der Mitte (wie Fabrik- oder Bürojobs) verschwinden. In Entwicklungsländern ist das Muster komplexer – überall gibt es steigende Nachfrage nach höherer Qualifikation, aber die Nachfrage nach niedriger und mittlerer Qualifikation variiert in Abhängigkeit von den konkurrierenden Kräften der Automatisierung und Globalisierung.[108] Doch auf alle Länder, ob entwickelt oder sich entwickelnd, trifft zu, dass kurz- bis mittelfristig kognitive Fähigkeiten wie die Lösung von Problemen vom Arbeitsmarkt hoch honoriert werden. In Ländern wie Dänemark, Frankreich, Deutschland, der Slowakischen Republik, Spanien und der Schweiz führt die Fähigkeit, komplexe Probleme zu lösen, zu einem um 10 bis 20 Prozent höheren Einkommen.[109]

Unbestreitbar ist auch die Tatsache, dass die Alterung die nächste Generation dazu zwingen wird, viel länger zu arbeiten und den Arbeitsplatz im Laufe des Lebens viele Male zu wechseln. Ein Erwachsener mag heute noch in der Lage sein, ein vierzigjähriges Berufsleben mit dem Wissen zu bestreiten, das er oder sie im Teenageralter und in den Zwanzigern erworben hat. Das aber ist höchst unwahrscheinlich, wenn sich ein Arbeitsleben über sechzig Jahre erstreckt. Bei einem heute in einem Industriestaat geborenen Kind ist die Wahrscheinlichkeit groß, dass es 100 Jahre alt wird.[110] Das ergibt 876 000 Stunden Lebenszeit. Wenn es etwa 10 000 Stunden braucht, um eine neue Fähigkeit zu erlernen, dann erscheint es machbar, dies in einem Zeitalter der Langlebigkeit mehrmals zu bewerkstelligen.[111]

Und die Menschen werden dies tun müssen. Wir sehen bereits Hinweise darauf, dass Beschäftigte ihre Jobs in vielen Ländern häufiger wechseln. In den Industriestaaten hat die durchschnittliche Arbeitsplatzstabilität, das heißt die in einem Job verbrachte Zeitspanne, abgenommen.[112] Das betrifft Beschäftigte mit niedriger Qualifikation (ohne höheren Sekundarabschluss) am stärksten. Es gibt auch Hinweise auf eine zunehmende Unterbeschäftigung – Menschen, die in Teilzeit beschäftigt sind, aber lieber in Vollzeit arbeiten würden. Dies ist am häufigsten im Dienstleistungssektor – etwa Hotels, Lebensmittelhandel und Restaurants – der Fall, wo Beschäftigte auf Stundenbasis angestellt werden, um auf Schwankungen der Nachfrage zu reagieren. Unterbeschäftigung hat sich am negativsten auf Beschäftigte mit geringer Qualifikation, junge Menschen und Frauen ausgewirkt.

Ein längeres Arbeitsleben wird also nicht nur häufigeres Erlernen neuer Fähigkeiten erforderlich machen, es wird auch ganz andere Karrieremuster mit sich bringen. Ich erkläre meinen Studenten oft, sie sollten sich ihre Karrieren nicht wie das Erklimmen einer Leiter vorstellen, sondern wie das Erklettern eines Baums. Man muss immer wieder seitwärts ausweichen, bevor man zur nächsten Ebene wechseln kann, und Umwege können neue, interessante Aussichten eröffnen. Bildung muss die Menschen zunehmend befähigen, auf Bäume zu klettern, neue Chancen zu erproben und ihrer Neugier zu folgen. Sie müssen aber auch vom Baum wieder herunterkommen, und zwar nicht, indem sie von der Krone abrupt auf den Boden springen, hinein in den vollen Ruhestand, sondern indem sie allmählich hinuntersteigen und mit dem Älterwerden vielfältige Teilaufgaben übernehmen.

Angesichts dieser verschiedenen Faktoren – die wachsende Nachfrage nach kognitiven Fähigkeiten einerseits und die sich ankündigende Realität andererseits, dass Jobs sich verändern werden und die Arbeitsplatzstabilität abnimmt – brauchen wir ein Bildungssystem, das *flexibler* ist. Es muss Kinder nicht nur mit Wissen und Fertigkeiten ausstatten, sondern auch mit der Fähigkeit, sich Wissen und Fertigkeiten *anzueignen*. Und es muss mehr Gelegenheiten für zweite Chancen bieten sowie den Spielraum, sich an verschiedenen Stationen des Arbeitslebens neu auszurichten. Der Schlüssel für diese Art von Bildung, so stellt sich heraus, ist das Timing.

Die beste Ausbildung ist natürlich immer schon diejenige gewesen, in der man das Lernen lernt. In den ein wenig altmodischen Worten William Corys, Lehrer am Eton College (1845–1872): »In der Schule geht es nicht so sehr um den Erwerb von Wissen, sondern darum, unter kritischer Beobachtung geistige Anstrengungen zu unternehmen.«[113] Diese geistigen Anstrengungen sind es, die uns befähigen, uns für den Rest unseres Lebens Wissen anzueignen. Für Lehrer bedeutet »unter kritischer Beobachtung«, nicht länger »der Weise auf der Bühne«

zu sein, sondern »der Begleiter an der Seite«, wie es im aktuellen Bildungsdiskurs heißt. Der Vorteil dieses Ansatzes besteht darin, dass er den Schülern und Schülerinnen die Bereitschaft zu beständiger Erneuerung anerzieht, da es während des gesamten Lebens Lerngelegenheiten gibt.

Aber nur wenige berücksichtigen, dass diese Fähigkeit zu lernen sehr früh im Leben angelegt wird. Die Struktur unseres Gehirns bildet sich vor dem Erreichen des fünften Lebensjahrs, das wichtigste Stadium für die Entwicklung kognitiver Fähigkeiten und sozialen Verhaltens, die immer wichtiger werden. Wenn dieses Zeitfenster verpasst wird, hat dies negative Folgen für die Fähigkeit, im Erwachsenenalter zu lernen. Und weil Lernen kumulativ ist, ermöglichen es stärkere Fundamente, die früh im Leben angelegt werden, mehr darauf aufzubauen, was die Vorteile frühkindlicher Bildung vergrößert – ebenso wie die Nachteile ihres Ausbleibens. Aus diesem Grund stellen die frühen Jahre auch die beste Gelegenheit dar, die Chancen von Kindern aus weniger privilegierten Familien anzugleichen.

In Abbildung 6 können wir sehen, dass eine Auswahl von Gesellschaften aus aller Welt derzeit den Löwenanteil ihrer Bildungsinvestitionen der Primar- und Sekundarstufe zukommen lässt – ungefähr fünfmal mehr als den anderen Stufen. Tertiäre Bildung erhält zwar in vielen Ländern erhebliche Mittel, aber davon profitiert nur ein geringerer Anteil der Bevölkerung. Das Bild ist eindeutig: Vorschul- und Erwachsenenunterricht (der Boden und die Spitzen des Histogramms), die Zeiten im Leben also, in denen Bildung notwendig ist und in Zukunft noch notwendiger sein wird, erhalten die bei Weitem geringsten Mittel. Genau das aber muss sich ändern.

Abbildung 6

Länder, die am meisten für Primar- und Sekundarbildung ausgeben. Bildungsausgaben nach Schulstufe als Anteil am BIP

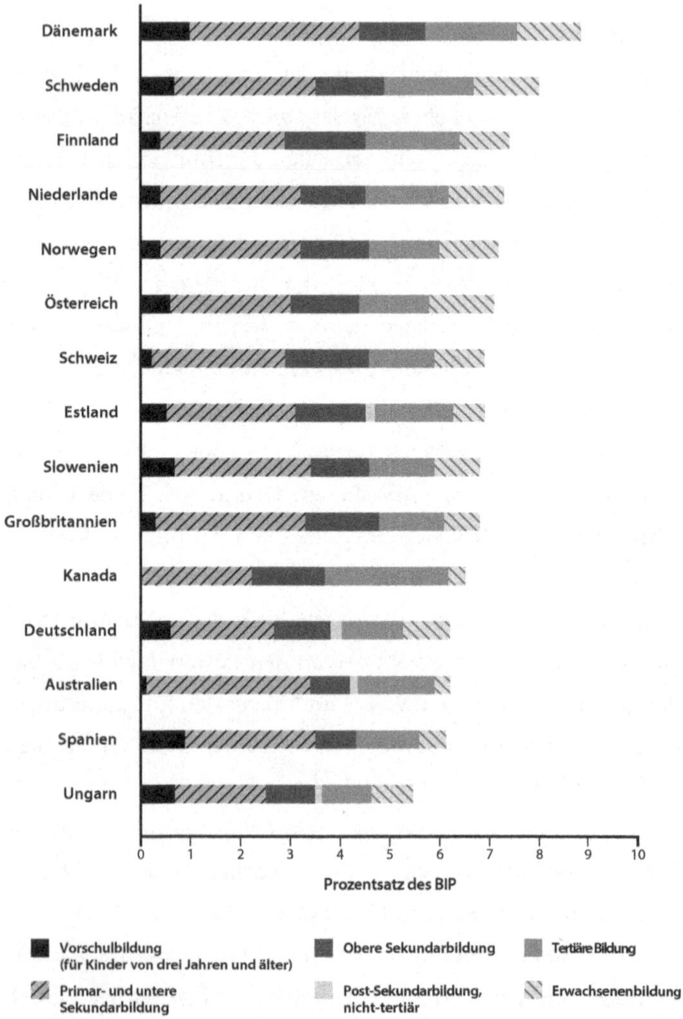

Die frühen Jahre sind die wichtigsten

Neuere Forschungen zeigen, wie wichtig die ersten tausend Tage im Leben eines Kindes für seine kognitive Entwicklung und seine Lernfähigkeit sind. Während dieser Periode – vor dem Alter von drei Jahren –, wenn die Gehirnentwicklung stark durch Ernährung, mentale Stimulation sowie soziale und emotionale Erfahrungen beeinflusst wird, werden die Fundamente für das Lernen gelegt. Die Bedeutung dieser Zeit ist in zahlreichen Studien über Kinder aufgezeigt worden, die von Geburt an ihrer Chancen beraubt worden sind – beispielsweise Kinder, die in Waisenhäusern aufwuchsen, im Vergleich zu denen, die in Familien großgezogen wurden.[114]

Kinder, die in ihrer physischen, kognitiven, sprachlichen oder sozialen und emotionalen Entwicklung zurückbleiben, haben eine größere Wahrscheinlichkeit, auch in der Schule zurückzubleiben, Klassen zu wiederholen oder die Schule abzubrechen, lebenslang unter gesundheitlichen Problemen zu leiden, hochriskantes Verhalten an den Tag zu legen und als Erwachsene niedrigere Löhne zu erzielen. Es hat sich gezeigt, dass frühe Interventionen in die kindliche Entwicklung eine nachhaltige Auswirkung auf Gesundheit, Bildung und wirtschaftlichen Erfolg haben.[115] Dennoch sind sie weltweit sehr ungleich erfolgt, vielleicht weil sie in vielen Gesellschaften noch nicht als Teil des Gesellschaftsvertrags verstanden werden, sondern als in der Verantwortung der Familien liegend. (Wir werden später sehen, dass sich auch das ändern muss.)

Die Vorteile früher Intervention sind am offensichtlichsten in den Entwicklungsländern, wo 30 Prozent der Kinder unter fünf Jahren physisch unterentwickelt, das heißt für ihr Alter zu klein sind, meist aufgrund von chronischer Mangelernährung.[116] Diese Kinder haben eine höhere Wahrscheinlichkeit, schulisch weniger zu erreichen, und weisen geringere kognitive Fähigkeiten auf.[117] Mit anderen Worten: Viele Kinder sind bei Erreichen des Schulalters bereits durch eine verminderte Gehirnentwicklung und geringe Fähigkeiten benachteiligt, was bedeutet, dass sie von der Bildung, die sie erhalten, nicht vollständig profitieren können, selbst wenn sie eine gute Schule besuchen. Und da das Gehirn im Lauf der Zeit weniger formbar wird, ist es für diese Kinder schwieriger aufzuholen, sodass anfängliche Lernunterschiede sich mit der Zeit tendenziell vergrößern. Eine unzureichende frühkindliche Entwicklung hat lebenslange Folgen für Kinder und für die ökonomische und gesellschaftliche Entwicklung eines Landes.

Eine wichtige Artikelserie über kindliche Entwicklung in einer der weltweit bedeutendsten medizinischen Fachzeitschriften, *Lancet*, liefert überzeugende Argumente für frühkindliche Interventionen.[118] Die Studien legen dar, dass mehr als 200 Millionen Kinder unter fünf Jahren ihr Entwicklungspotenzial nicht erreichen, vor allem als Folge von Unterentwicklung, Jod- und Eisenmangel und unzureichender kognitiver Stimulation. Diese werden gelegentlich durch mütterliche Depressionen, das Erleben von Gewalt, Umweltverschmutzung und Malaria verschärft.

Aber diese Nachteile können angegangen werden. Dafür werden qualifizierte Programme benötigt, die auf die am meisten Benachteiligten zielen und Kindern und Familien direkte Lernerfahrungen zur Verfügung stellen, die ihnen dabei helfen, die Bedeutung von Gesundheit, Ernährung und Bildung zu verstehen. Zum Beispiel haben Länder wie Ecuador, Mexiko und

Nicaragua die Unterentwicklung reduziert und die kindliche kognitive Entwicklung verbessert, indem sie sehr armen Familien finanzielle Hilfen sowie vorgeburtliche Vorsorge und Unterstützung für ihre Kinder zukommen lassen. In diesen Programmen profitieren die betreuenden Personen von einem Coaching in »positiver Disziplin«, dem Einsatz stimulierender Aktivitäten wie Geschichtenerzählen oder Singen und dem Umgang mit den Stressfaktoren der Kindererziehung. Diese Unterstützung kann durch Hausbesuche, Gemeindetreffen und Gesundheitskontrollen geleistet werden und hat sich als besonders vorteilhaft für die physische und kognitive Entwicklung sowie für die Gesundheit der Kinder erwiesen. Die Rendite dieser Interventionen hängt von vielen Faktoren ab, darunter der Fokus, die Dauer und die Qualität der angewendeten Programme, aber der Ertrag jedes ausgegebenen Dollars liegt zwischen sechs und 17 Dollar.[119] Aus Sicht des Kindes ist es der Unterschied zwischen einem guten Start ins Leben und einem schlechten.

Und diese Vorteile können ein Leben lang anhalten. In einer anderen wegweisenden Studie erhielten Kleinkinder, die in Jamaika in Armut lebten, über einen Zeitraum von zwei Jahren wöchentliche Besuche von jeweils einer Stunde von Gesundheitshelfern der Gemeinde. Während dieser Besuche wurden die Mütter dazu ermutigt, mit ihren Kindern zu spielen und zu interagieren, um deren kognitive Fähigkeiten und Persönlichkeitsentwicklung zu fördern.[120] Als die Kinder zwanzig Jahre später interviewt wurden, verdienten sie 42 Prozent mehr als die Kontrollgruppe von Kindern, die keine wöchentlichen Besuche erhalten hatten. Eine relativ einfache Intervention in der frühen Kindheit kann große Auswirkungen auf das spätere Einkommen haben und Nachteile aus den ersten Lebensjahren ausgleichen.

Auch in Industriestaaten wurden große Vorteile frühkindlicher Bildung festgestellt.[121] Eine Studie aus den USA hat die Auswirkungen eines Vorschulprogramms bewertet, das bis zu sechs Jahre Unterstützung für benachteiligte Familien in der Chicagoer Innenstadt bereitgestellt hat. Als sie 25 Jahre später befragt wurden, zeigten Kinder, die an diesem Programm teilgenommen hatten, im Vergleich zu Kindern, die nicht teilgenommen hatten, bessere Bildungsergebnisse und Einkommen, einen besseren sozioökonomischen Status und einen besseren Zugang zur Gesundheitsversorgung. Sie wiesen zudem niedrigere Raten kriminellen Verhaltens und des Drogenmissbrauchs auf. Der Nutzen war am größten bei männlichen Teilnehmern und den Kindern von Eltern, die nicht die Sekundarschule abgeschlossen hatten.[122]

Doch trotz all der Belege für den enormen Nutzen investieren die meisten Länder nicht genug in junge Kinder. Nur die Hälfte aller Kinder zwischen drei und sechs Jahren weltweit haben Zugang zu Vorschulbildung, in einkommensschwachen Ländern nur ein Fünftel.[123] Nordamerika und Westeuropa gaben 2012 gerade einmal 8,8 Prozent ihres Bildungsbudgets für Vorschulbildung aus; im subsaharischen Afrika lag der Anteil bei nur 0,3 Prozent.[124] In Lateinamerika geben die Regierungen dreimal mehr für Kinder zwischen sechs und elf Jahren aus als für Kinder unter sechs Jahren. Wenn Regierungen investieren, konzentrieren sie sich zumeist darauf, Vorschulen zu errichten, aber diese nützen Kindern unter dem Vorschulalter, wenn die Erfordernisse für die kognitive Entwicklung am größten sind, nichts. Industriestaaten haben tendenziell höhere Raten von Vorschulanmeldungen, aber die entsprechenden Ausgaben schwanken enorm; Länder wie Island und Schweden investieren mehr als 1,5 Prozent des BIP, während Länder wie die USA, Japan und die Türkei nur ein Drittel davon ausgeben.[125]

Warum ist Unterinvestition bei der frühkindlichen Bildung die Norm? Ein Grund ist, dass viele sich nach wie vor nicht bewusst sind oder nicht genügend würdigen, wie sehr sich frühe Interventionen auszahlen und warum dieser Gewinn in Zukunft sogar noch wichtiger werden kann. Zugleich gerät das Problem den Politikern aufgrund der verbreiteten Annahme aus dem Blick, dass Familien, nicht Regierungen, für die frühen Lebensjahre zuständig seien. Auch begrenzte Budgets sind häufig ein Problem, und etablierte Anbieter von Primar- und Sekundarbildung haben legitime Ansprüche auf Ressourcen. Nicht zuletzt betrifft qualifizierte frühkindliche Bildung die Bereiche Gesundheit, Ernährung und Bildung, sodass unklar ist, welches Ressort oder Budget dafür zuständig ist.

Es ist wichtig zu erkennen, dass eine qualitativ schlechte frühkindliche Bildung schlimmer sein kann als gar keine. In Kenia war ein Programm für drei- bis sechsjährige Kinder so verschult, dass diese sogar Prüfungen ablegen mussten. Schlecht ausgebildete Betreuer in Peru führten dazu, dass ein Programm für frühkindliche Bildung gut in der Betreuung und Ernährung war, aber weder die sprachliche noch die motorische Entwicklung förderte.[126] Hochqualitative Bildung für Kinder unter drei Jahren bereitzustellen, kann aufgrund des hohen Betreuungsschlüssels für Kinder teuer sein. In diesen Fällen, und wenn die Ressourcen begrenzt sind, kann es kostengünstiger sein, die elterliche Betreuungskompetenz zu Hause zu unterstützen. Doch in Ländern von Äthiopien bis zu den USA haben hochqualitative Programme, die zu Beginn in der Regel auf Eltern in den ersten tausend Tagen im Leben ihres Kindes abzielen und dann Tagesbetreuungszentren und Vorschulprogramme für Kinder von drei bis sechs Jahren folgen lassen, die Entwicklung sprachlicher, kognitiver, motorischer und sozio-emotionaler Fähigkeiten substanziell verbessert, die die Grundlagen für spätere Bildung und Berufstätigkeit schaffen.

Die Quintessenz lautet: Investitionen in die ersten Lebensjahre eines Kindes sind einer der rentabelsten Wege, um gut ausgebildete Arbeitskräfte hervorzubringen, die in der Lage sind, neue Fähigkeiten zu erwerben. Sie schaffen zudem Bürger und Bürgerinnen, die mit geringerer Wahrscheinlichkeit Sozialhilfeprogramme in Anspruch nehmen oder kriminell werden und mit größerer Wahrscheinlichkeit der Gesellschaft nützlich sein werden, indem sie beispielsweise aufgrund höherer Einkommen mehr Steuern zahlen. Und da die Kosten einer frühen Intervention nur einen Bruchteil dessen ausmachen, was andernfalls später für Förderunterricht und Sozialhilfe erforderlich wäre, ist dies auch der beste Weg, Chancen für Kinder aus benachteiligten Familien anzugleichen.

Lernen für ein langes Leben

Jedes Jahr verleihe ich im Verlauf von Absolventenfeierlichkeiten Tausende von Abschlüssen an Studenten der London School of Economics. Gelegentlich sind einige der Studenten älter als ich. Auf diese Absolventen bin ich besonders stolz, da sie bei der Neudefinition unseres Gesellschaftsvertrags an vorderster Front stehen. Indem sie sich zu einem späteren Zeitpunkt ihres Lebens

Bildung aneignen, eröffnen sie sich in einer Welt zunehmend längerer und wechselvoller Berufswege beruflich wie persönlich neue Möglichkeiten.

Über lebenslanges Lernen wird seit Jahrzehnten gesprochen, aber die Erfahrungen sind in den meisten Ländern durchwachsen. Heute jedoch, in einer Zeit, in der berufliche Laufbahnen sich über 50 oder 60 Jahre erstrecken werden und die sich rapide verändernde Technologie den Charakter der zu erledigenden Arbeit verändern wird, ist das Lernen im Erwachsenenalter nicht mehr ein »Nice-to-have«, sondern ein wesentlicher Bestandteil des Gesellschaftsvertrags. Da ihnen bestimmte Berufswege durch die zahlreichen Flaschenhälse und Hürden traditioneller Bildung – wie Examen und das Einsortieren von Kindern in verschiedene Schulstränge in sehr frühem Alter – versperrt blieben, wollen viele eine zweite Chance.[127] Zudem wenden sich einige Erwachsene der Weiterbildung zu, um ihre Interessen zu verfolgen oder schlicht wegen deren bereichernder Qualitäten. Um diese Bedürfnisse zu befriedigen, werden Bildungssysteme durchlässiger und flexibler werden und sich den Wünschen erwachsener Lernender anpassen müssen, und sie werden zudem neue Wege benötigen, um lebenslanges Lernen zu finanzieren. Was ist also der beste Weg, um dies zu ermöglichen?

Erwachsenenbildung unterscheidet sich grundlegend von der Bildung junger Menschen.[128] Tatsächlich haben Bildungsexperten einen anderen Begriff dafür – Andragogik, was »Anleitung von Erwachsenen« bedeutet, im Unterschied zur Pädagogik, bei der es um die »Anleitung von Kindern« geht.[129] Zunächst einmal sind die Gehirne von Erwachsenen weniger effizient beim Erlernen neuer Dinge als die Gehirne von Kindern (denken wir nur daran, wie leicht ein Fünfjähriger eine neue Sprache lernt, verglichen mit einem Fünfzigjährigen). Auch haben Erwachsene zahlreiche weitere Herausforderungen, mit denen sie umgehen müssen, darunter Beruf, Familie, Kinderbetreuung sowie fehlendes Einkommen aufgrund der für das Lernen benötigten Zeit. Erwachsene bringen aber auch Erfahrungen mit, die ihr eigenes Lernen und das derjenigen, die mit ihnen lernen, verbessern (aber auch belasten) können.

Bei Kindern ist im Allgemeinen eine hierarchische Beziehung zwischen Schülern und Schülerinnen auf der einen Seite und Lehrkräften auf der anderen Seite die Norm, und das Curriculum ist hochgradig strukturiert, um Fähigkeiten in sequenzieller Weise aufzubauen. Erwachsene arbeiten dagegen am besten in einem kollaborativen Umfeld, wo sie gleichberechtigte Partner und Partnerinnen des Prozesses sind, und sie lernen besser durch aktive Teilnahme und Problemlösung. Mehr noch als junge Menschen müssen sie intrinsisch motiviert sein zu lernen, und sie neigen dazu, sich auf das zu konzentrieren, was für ihre Ziele relevant ist.

Darüber hinaus gibt es im Vergleich zur Bildung junger Menschen, die üblicherweise von Schulen oder Hochschulen bereitgestellt wird, eine größere Bandbreite an Institutionen, in denen Erwachsene lernen und ihre Fähigkeiten entwickeln können. In den meisten Ländern sind es tatsächlich die Arbeitgebenden, die den Großteil der Erwachsenenbildung zur Verfügung stellen, gefolgt von Institutionen wie Kollegs oder Volkshochschulen, technische Fachschulen oder Berufsschulen, private Schulungsanbieter, Universitäten und Gewerkschaften. Immer mehr Erwachsene greifen außerdem auf Online-Anbieter zurück, sowohl formelle als auch informelle, und viele Bildungseinrichtungen bieten heute Kurse via Internet an.

Das ist nichts Schlechtes. Die von Arbeitgebenden angebotene Fortbildung ist häufig die effektivste, da sie für gewöhnlich sehr gut auf die Bedürfnisse des Arbeitsmarktes zugeschnitten ist. Arbeitgebende wollen die besten Arbeitskräfte rekrutieren und an sich binden und haben ein Interesse daran, ihre Angestellten fortzubilden, um den Bedürfnissen des Betriebes gerecht zu werden und die Produktivität zu erhöhen. Unternehmen stellen außerdem sicher, dass der Nutzen die Kosten ihrer Investition in die Fortbildung übersteigt. Doch Fortbildung macht Arbeitskräfte auch attraktiver für die Konkurrenz, sodass Arbeitgebende aus Sorge, das Talent, das sie fortgebildet haben, an die Konkurrenz zu verlieren, zu wenig investieren könnten. In Bereichen, in denen Kompetenzen knapp sind, etwa in der Computer- und Informationstechnologie, könnten Arbeitskräfte mit gerade erst erfolgter Fortbildung in Versuchung geraten, von Bord zu gehen.

Von Bildungseinrichtungen wie Kollegs und Volkshochschulen, Berufsschulen oder diversen kommerziellen Veranstaltern angebotene Fortbildung wiederum ist sehr viel weniger konsistent und gelegentlich sogar sehr schlecht. Es gibt viele Beispiele auf der ganzen Welt für qualitativ minderwertige Schulungsanbieter mit großen Namen wie Global Technology Institute, die ahnungslosen Studenten hohe Gebühren für dürftige Programme abknöpfen. Die Herausforderung für erwachsene Lernende besteht darin, die Qualität der Angebote und deren Relevanz für ihr berufliches Fortkommen zu beurteilen. Dies ist ein weiterer Grund, weshalb Programme, die eng mit Arbeitgebenden verknüpft sind, zumeist am effektivsten sind.

Gleichwohl hat der durch Technologie gestützte explosionsartige Zuwachs an Lernmöglichkeiten dabei geholfen, Fortbildung weltweit zugänglicher und kostengünstiger zu machen. Ein massenhaftes Angebot an Online-Kursen, Lehrvideos auf YouTube, TED-Talks und universitären Online-Programmen hat Wissen in globalem Ausmaß verfügbar gemacht. Interessanterweise sind die größten Märkte für Fernstudien Länder wie Indien, China und Brasilien, wo Studenten zu erschwinglichen Bedingungen Zugang zu Bildung allerhöchster Qualität haben können.[130] Solche Online-Lernangebote haben heute Millionen von Nutzern, wenngleich die Abschlussquoten für die meisten langfristigen Kurse unter zehn Prozent liegen.[131] Online-Programme mit gemeinsamem Kursbeginn, Peergroup und stärkerem Gemeinschaftssinn sind erfolgreicher dabei gewesen, dass Studenten den Kurs abschließen und ein Zertifikat über ihr erworbenes Wissen erhalten. Denn Online-Bildung, wie effektiv auch immer sie beim Vermitteln von Informationen sein mag, ist weniger nützlich und nachhaltig, wenn Menschen nicht in der Lage sind, Wissen aufzunehmen und sich anzueignen, und nicht über die Mechanismen verfügen, die Inhalte in der Praxis umzusetzen und ihren Leistungsstand nachzuweisen.

Alles in allem jedoch funktioniert die Erwachsenenbildung. Sorgfältige Studien, die den Einfluss von Erwachsenenbildung auf die Beschäftigungsaussichten evaluieren, haben die Vorteile nachgewiesen. Eine jüngere Studie hat die Ergebnisse von 207 Evaluationen von 857 Programmen zur Umschulung von Arbeitskräften zusammengefasst, die als »aktive Arbeitsmarktprogramme« bezeichnet wurden.[132] Ein wichtiges Ergebnis war, dass der Nutzen eines Programms kurzfristig (ein bis zwei Jahre Dauer) eher gering ist, aber auf längere Sicht (zwei oder mehr Jahre nach Abschluss) sehr erheblich für die Verbesserung der Beschäftigung. Kapitel 5 wird näher darauf eingehen, wie Umschulung den Arbeitskräften dabei helfen kann, mit Arbeitslosigkeit, technologischer Disruption auf dem Arbeitsmarkt und der Notwendigkeit, den Arbeitsplatz im Laufe eines langen Berufswegs zu wechseln, fertigzuwerden.

Eine große Herausforderung besteht darin, Menschen zur Teilnahme zu bewegen. Paradoxerweise sind diejenigen, die an Erwachsenenbildung teilnehmen, tendenziell jünger, gebildeter und finanziell gesicherter, also genau diejenigen, die es am wenigsten nötig haben. Dies spiegelt vor allem eine vorausgehende positive Bildungserfahrung wider, daher die Bereitschaft und Fähigkeit, sich später im Leben erneut fortzubilden. Es sind die älteren, weniger gebildeten Arbeiterinnen und Arbeiter, die am meisten profitieren, wenn sie von der Teilnahme überzeugt werden können, aber gerade sie sind es, denen es am nötigen Vertrauen und / oder an den Mitteln fehlt, den Schritt zu gehen. Paradoxerweise erhalten gerade die Ungelernten die geringste Erwachsenenbildung; Arbeitgebende fokussieren ihre Ressourcen auf die höher qualifizierten Arbeitskräfte. Nur zwei von fünf Erwachsenen in Industriestaaten haben jährlichen Zugang zu Bildungs- und Schulungsangeboten, und diejenigen mit niedriger Qualifikation haben eine dreimal geringere Wahrscheinlichkeit, daran teilzunehmen.[133] Beschäftigte in niedrig qualifizierten Jobs haben die geringste Aussicht, Zugang zu Schulungsangeboten ihrer Arbeitgebenden zu erhalten, vor allem wenn sie in kleinen oder mittleren Firmen arbeiten.

Dies ist besonders problematisch für Beschäftigte mit veralteten Qualifikationen oder in Jobs, die potenziell automatisierbar sind, etwa im Gastgewerbe oder in der Datenerfassung, in der Handelsvertretung, in Büros, im Fahrgewerbe, in der Produktion und Lagerhaltung. Es besteht ein hohes Risiko, dass ihre Fertigkeiten obsolet werden, und dennoch sind sie diejenigen, deren Teilnahme an einer Umschulung am unwahrscheinlichsten ist.[134] Diese Arbeitskräfte ausfindig zu machen und dabei zu unterstützen, sich neue Fertigkeiten anzueignen, sollte idealerweise geschehen, bevor sie arbeitslos werden. Einige Länder und Unternehmen sind gut darin (mehr dazu in Kapitel 5), aber die meisten sind es nicht.

Wir haben die Notwendigkeit erörtert, unser Bildungssystem auf ein frühkindliches und lebenslanges Lernen hin neu auszurichten, und wir haben gesehen, dass es viele effektive Wege gibt, das dafür Erforderliche bereitzustellen. Es bleibt jedoch eine wesentliche Frage.

Wer soll das bezahlen?

In fast allen Ländern ist weithin akzeptiert, dass Primar- und Sekundarbildung für alle zugänglich und frei sein sollte, aber wie wir bereits festgestellt haben, wird die frühkindliche Bildung traditionell als Aufgabe von Familien betrachtet. Angesichts neuerer Forschungsergebnisse zu ihrem erheblichen gesellschaftlichen Nutzen, etwa Erhöhung der Chancengleichheit, die sie mit sich bringt, und die relativ geringen Kosten ihrer Bereitstellung, gibt es sicherlich gute Argumente dafür, ihr mehr öffentliche Unterstützung zukommen zu lassen. Frühkindliche Bildung zu einem Schlüsselelement des Gesellschaftsvertrags zu machen, zumindest für die ärmsten Familien, ist ökonomisch wie gesellschaftlich sinnvoll.

Die Finanzierung von tertiärer und Erwachsenenbildung ist jedoch sehr viel komplexer. Der Staat profitiert zwar von produktiveren Arbeitskräften, die höhere Steuern zahlen und weniger an Sozialleistungen, Gesundheitsfürsorge und polizeilicher Überwachung kosten. Aber die Kosten für Tertiär- und Erwachsenenbildung können hoch sein, und die Vorteile, die dem Einzelnen daraus erwachsen, sind offensichtlicher als diejenigen, die der Gesellschaft entstehen. Zudem legt die Tatsache, dass Individuen, die an Erwachsenenbildung teilnehmen, im Ergebnis mit höheren Gehältern rechnen können, nahe, dass sie an den Kosten dieser Bildung beteiligt werden. Andererseits profitieren auch Arbeitgebende von höher qualifizierten Arbeitskräften, sodass die Last vielleicht bei ihnen liegen sollte. Aber wie wir bereits gesehen haben, investieren Arbeitgebende aller Wahrscheinlichkeit nach nicht in Fortbildung, wenn sie befürchten, dass ihre Angestellten die Firma am Ende für »fettere Weiden« verlassen werden. Diese Komplexitäten verweisen allesamt auf die Notwendigkeit einer Formel, nach der die vergleichsweise höheren Ausgaben, die die Erwachsenenbildung erfordert, irgendwie zwischen Individuen, Arbeitgebenden und der Gesellschaft aufgeteilt werden.[135]

Zugleich machen genau diese Komplexitäten – die Tatsache, dass die Bereitstellung und Finanzierung von Erwachsenenbildung bereits äußerst fragmentiert ist zwischen Individuen, Arbeitgebenden, Gewerkschaften, privaten Anbietern und dem Staat – eine Bewertung dessen, wie viele Mittel notwendig sind und wie diese derzeit verteilt sind, sehr schwierig. Die besten

Abbildung 7

Erwachsenenbildung wird aus verschiedenen Quellen finanziert.

Verteilung der Finanzierung von Erwachsenenbildung nach Finanzierungsquellen

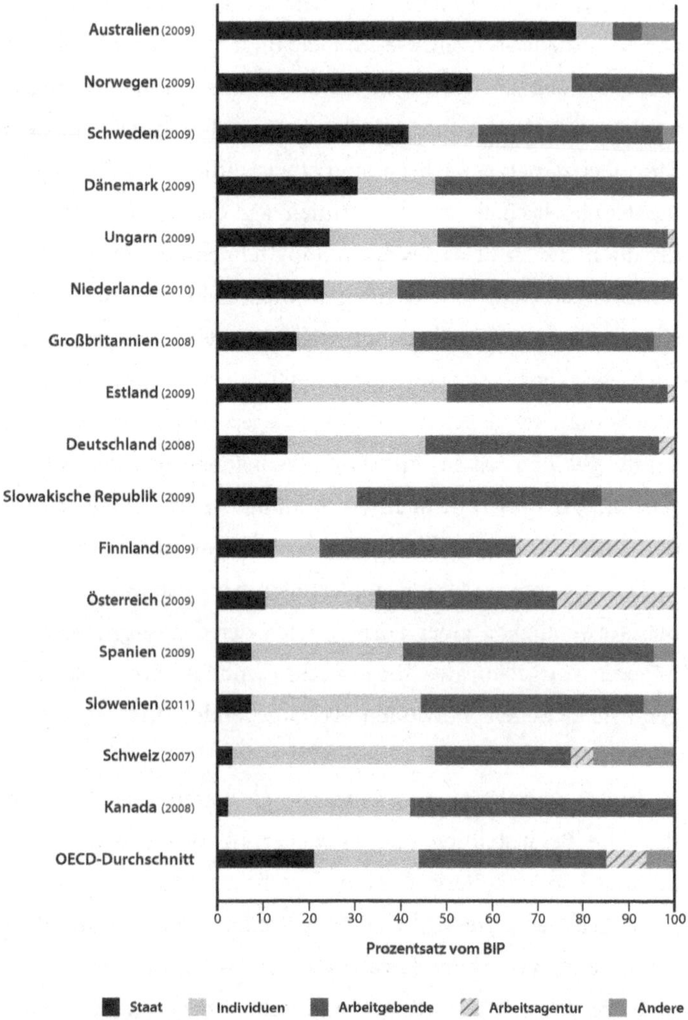

verfügbaren Daten für Erwachsene über 25 Jahren in ausgewählten Industriestaaten sind in Abbildung 7 dargestellt.

Im Schnitt geben diese Länder nur 0,9 Prozent ihres BIP für Erwachsenenbildung aus, verglichen mit 2,6 Prozent für Primarbildung, 1,3 Prozent für höhere Sekundarbildung und 1,6 Prozent für Tertiärbildung. Innerhalb der Erwachsenenbildung schwankt die öffentliche Finanzierung zwischen den verschiedenen Ländern erheblich – von zwei Prozent in Kanada bis zu 78 Prozent in Australien –, aber mehrheitlich bezahlt der Staat am wenigsten (22,1 Prozent im Durchschnitt), gefolgt von den Individuen (24,7 Prozent), während der größte Anteil auf die Arbeitgebenden entfällt (44,7 Prozent). Die Gesamtausgaben und die staatliche Unterstützung für Erwachsenenbildung sind in Entwicklungsländern deutlich niedriger, wo sich die Anstrengungen darauf richten, Primar- und Sekundarbildung bereitzustellen, und wo weniger Arbeitgebende in Fortbildung investieren.

Obwohl die Länder eine Vielzahl von Mechanismen nutzen, um Erwachsenenbildung zu fördern, geht es jedoch vor allem darum, Zuschüsse für Firmen und / oder Individuen zur Verfügung zu stellen. Viele bieten steuerliche Anreize, um Firmen zu ermutigen, ihre Beschäftigten zu schulen.[136] Einige Länder (Deutschland, Österreich, Singapur, die nordischen Staaten) führen Steuergutschriften ein, analog zu denen für Forschung und Entwicklung, wobei die Schulungskosten als Investition in Humankapital betrachtet werden, was die Steuerlast der Firmen senkt. Manche Länder (wie die USA und Großbritannien) stellen Individuen Kredite zu Vorzugsbedingungen zur Verfügung oder haben keine Altersbeschränkungen beim Anspruch auf

Ausbildungsdarlehen. Viele Länder besteuern auch Arbeitgebende durch Abgaben (0,1 bis 2,5 Prozent der Lohnausgaben), um Fortbildungsprogramme zu finanzieren, die der Staat bezahlt, die aber von den Arbeitgebenden angeboten werden. Um fortgebildete Arbeitskräfte zum Bleiben zu ermuntern, legen Arbeitgebende häufig fest, dass diejenigen, die vor Ablauf einer bestimmten Frist die Firma verlassen, die Kosten der erhaltenen Fortbildung zurückzahlen müssen. Singapur erstattet Arbeitgebenden inzwischen 90 Prozent der Fortbildungskosten für Beschäftigte über vierzig Jahren und übernimmt einen Teil der Gehälter derjenigen, die an einer Umschulung teilnehmen.

Unternehmen davon zu überzeugen, die Kompetenzen ihrer Beschäftigten zu verbessern, macht letzten Endes am meisten Sinn, da die Forschung zur Berufsausbildung zuverlässig ergibt, dass arbeitgebendenbasierte Fortbildung am effektivsten ist, aber Arbeitgebende haben nur bis zu einem bestimmten Punkt den Anreiz, ihre Beschäftigten fortzubilden. Um sie zu ermutigen, dies in dem Maße zu tun, wie es der Gesellschaft am nützlichsten sein könnte, brauchen sie so viele zusätzliche Anreize wie möglich, insbesondere in Arbeitsmärkten, in denen die Beschäftigten häufiger den Arbeitsplatz wechseln, etwa in den Bereichen Technologie oder Pflege. Das Argument für Anreize ist besonders stark mit Blick auf Arbeitskräfte aus benachteiligten Gruppen und solchen, die in kleinen und mittleren Unternehmen arbeiten, welche einfach nicht in der Lage sind, eigene Fortbildung anzubieten.[137]

Entscheidend ist, dass die Anreize direkt auf die spezifischen Bedürfnisse von erwachsenen Lernenden und potenziellen Arbeitgebenden fokussiert sind. Die Bereitstellung von Mitteln also nur auf die Anzahl der fortzubildenden Individuen zu gründen, was eine weitverbreitete Praxis ist, verfehlt das angestrebte Ziel. Im Gegensatz dazu erinnere ich mich an ein erfolgreiches Berufsausbildungsprogramm für Bauarbeitende in Nepal, bei dem die private Ausbildungsfirma ein Drittel der Gebühr erhielt, wenn sich Auszubildende anmeldeten, ein weiteres Drittel, wenn sie einen Job fanden, und das letzte Drittel, wenn sie ein Jahr in ihrem Job absolviert hatten. Estland wiederum gewährt die Mittel leistungsabhängig, wobei Faktoren wie die Abbrecherquote, die Qualität der Ausbildung und die Anpassung an die Bedürfnisse der jeweiligen Branche ins Gewicht fallen. In den USA bieten über 100 Schulungsanbieter und Universitäten einkommensabhängige Verträge an, bei denen Studierende kostenlos ausgebildet werden und sich verpflichten, ein Prozent ihres künftigen Einkommens zu bezahlen, um die Kosten zu begleichen.[138]

Einige wenige Länder wie Großbritannien und Singapur haben mit Programmen experimentiert, bei denen jede Bürgerin oder jeder Bürger einen Gutschein erhält, den sie oder er einzig für den Zweck der Erwachsenenbildung einsetzen kann. Singapurs FutureLearn-Programm beispielsweise zahlt jedem Singapurer 500 Dollar pro Jahr für Fortbildung, die er oder sie mit der Zeit ansammeln kann. Sowohl in Großbritannien als auch in Singapur hat es bei diesen Programmen jedoch Probleme mit Betrug gegeben. Korrupte oder falsche Anbieter haben staatliche Gutscheine von unwissenden Studierenden eingelöst, aber kaum eine oder gar keine Schulung geliefert. Singapur überwacht und reguliert Anbieter nun intensiver. Aber die Gesamtsumme, die für diese Experimente eingesetzt wurde, ist recht überschaubar, was den Umfang, in dem neue Fertigkeiten (statt neuer Hobbys) tatsächlich erworben werden können, sehr beschränkt.

Ein gerechteres System

Die derzeitigen Systeme der Finanzierung von Bildung sind hochgradig unausgeglichen, da sie denjenigen die meiste öffentliche Unterstützung zukommen lassen, die am längsten im System verbleiben. Betrachten wir beispielsweise die Situation in Frankreich: Im Durchschnitt haben Zwanzigjährige im Jahr 2018 von der Vorschule bis zur Universität ungefähr 120 000 Euro an öffentlicher Bildungsinvestition erhalten.[139] Aber jemand, der mit sechzehn aus dem Bildungssystem ausgeschieden ist, hat nur von 65–70 000 Euro Investition profitiert, während jemand, der auf eine der Top-Universitäten gegangen ist, 200–300 000 Euro an staatlichen Mitteln erhalten hat. Solche Disparitäten bei der Investition in die nächste Generation verstärken bestehende Chancenungleichheiten häufig noch. Wie könnte ein gerechteres System also aussehen?

Eine Lösung könnte sein, allen Achtzehnjährigen einen Anspruch auf lebenslanges Lernen zu garantieren. In Großbritannien könnte sich dies auf ungefähr 40 000 Pfund belaufen, in den USA auf grob geschätzt 50 000 Dollar. Es könnte ein Zuschuss oder ein Darlehen sein, das für den Universitätsbesuch oder eine Berufsausbildung in regulären und zertifizierten Institutionen genutzt werden könnte. Die Gesellschaft würde in junge Menschen investieren, indem sie ihnen die Mittel zur Erlangung von Qualifikationen zur Verfügung stellt, mit denen sie lebenslang ihre Bedürfnisse befriedigen können. Wenn sie als Darlehen bereitgestellt würden, könnten Regierungen rechtfertigen, dieses zu den Selbstkosten der eigenen Kreditaufnahme anzubieten, da es sich um eine Investition in Humankapital handelt, die künftige Steuereinnahmen erhöhen würde.[140] Anstatt das Studium mit einer Schuldenlast abzuschließen, würde jeder junge Mensch mit einem Anspruch ins Berufsleben starten, der ihm erlaubt, in die eigene Beschäftigungsfähigkeit zu investieren.

Tatsache ist, dass in Zukunft die meisten Menschen mehr Bildung in verschiedenen Stadien ihres Lebens erwerben müssen, um in der Lage zu sein, auf einem längeren Berufsweg erfolgreich zu sein. Die Anbieter dieser Bildung werden vielfältiger sein – Universitäten, Fortbildungs- und Berufsbildungseinrichtungen, Online-Anbieter, kommerzielle Schulungsanbieter und verschiedene Kombinationen aus ihnen –, idealerweise eng verbunden mit Arbeitgebenden. Anbieter werden sich an diese neue Welt anpassen müssen, indem sie Bildungskredite zur Verfügung stellen, die über Institutionen und Zeiträume hinweg aufaddiert werden können. Dies wird es dem Einzelnen ermöglichen, auf flexible Weise formale Qualifikationen zu erwerben und im Lauf der Zeit verschiedene Anbieter zu kombinieren. Vermehrt wird diese Bildung in Teilzeit erfolgen müssen, vermehrt wird sie teils online und teils im Klassenraum stattfinden, und die Stunden, zu denen sie angeboten wird, müssen flexibel sein, um den Bedürfnissen erwachsener Lernender zu genügen. Auch die Zertifizierung von Lernergebnissen wird sich weiterentwickeln müssen, um Online-Zertifikate, »Nano Degrees«, »Mini-Master« und eine Vielfalt von Berufsqualifikationen einzuschließen.

Um diesen Wandel zu ermöglichen, müssen alle (Individuen, Arbeitgebende, Schulungsanbieter) besser über aktuelle und künftige Arbeitsmarkttrends informiert sein – in anderen Worten: darüber, was sie in Zukunft tatsächlich zu erwarten haben, wenn sie auf Fortbildung verzichten. Neben dem Ausbau der Förderung frühkindlicher Bildung müssen Regierungen auch

Anreize und Zuwendungen bereitstellen, die die Ausgaben gegenüber dem derzeitigen unzureichenden Niveau erhöhen. Individuen werden in ihren Berufswechseln künftig durch Karriereberatung sowie durch Informationen darüber unterstützt werden müssen, wo die künftigen Arbeitsplätze sein werden und welche Schulungsanbieter sie am besten vorbereiten können. Und Arbeitgebende werden erkennen müssen, dass an einem sich schnell wandelnden Arbeitsplatz Anpassungsfähigkeit wichtiger ist als Erfahrung. Sie sollten mehr daran interessiert sein, was Arbeitskräfte in der Zukunft tun können, als daran, was sie in der Vergangenheit getan haben. Diese Art von Bildungschancen, die Bürgerinnen und Bürger auf ihre neue Realität vorbereiten, müssen im Zentrum eines neuen Gesellschaftsvertrags stehen.

4
GESUNDHEIT

Gesund zu sein, ist der wichtigste Faktor unseres Wohlbefindens. Physische und mentale Gesundheit (subjektives Wohlbefinden, wie es in der wissenschaftlichen Forschung heißt) rangieren weltweit an der Spitze jeder größeren Studie über Glücksempfinden. Letztlich ist dies der Grund, weshalb jede Gesellschaft danach strebt, Gesundheitsfürsorge für ihre Bevölkerung bereitzustellen. Und da die Kosten für das Gesundheitswesen reduziert werden, wenn eine große Bevölkerung ihre Ressourcen bündelt, und gesunde Arbeitskräfte zudem gut für die Wirtschaft sind, enthält der Gesellschaftsvertrag jeder Gesellschaft in der einen oder anderen Form Gesundheitsfürsorge.

Obwohl in vielen Ländern öffentliche Mittel für die Gesundheitsausgaben bereitgestellt werden, steht der Gesellschaftsvertrag in Gesundheitsfragen überall unter Druck. Die beiden dahinterstehenden Kräfte sind Alterung und Technologie. Menschen leben länger und benötigen mehr Versorgung, wenn sie älter sind. Zugleich bieten technologische Innovationen in Form neuer Medikamente, medizinischer Geräte und Behandlungen ein längeres und besseres Leben, sind aber häufig sehr kostspielig. Die meisten Menschen hegen heute die Erwartung, bis ins hohe Alter aktiv und unabhängig zu sein. Wie man diese steigenden Erwartungen erfüllen kann und zugleich den allgemeinen und gerechten Zugang zur Versorgung für diejenigen sicherstellt, die den größten Bedarf haben, ist eine der größten politischen Herausforderungen unserer Zeit.

Die großen Fragen, denen der Gesellschaftsvertrag in jedem Gesundheitssystem gegenübersteht, sind folgende: Wie viel medizinische Grundversorgung für alle können sich Gesellschaften leisten? Gibt es ein Minimum, das garantiert werden sollte, und wenn ja, wie sollen wir entscheiden, worin es besteht? Wie sollen die Kosten für die Bereitstellung zwischen Individuen, Familien, Arbeitgebenden und dem Staat geteilt werden? Und sollten Entscheidungen in Gesundheitsfragen den Individuen überlassen werden, oder sollte die Gesellschaft ein Wörtchen mitzureden haben, wenn es um breitere öffentliche Interessen geht?

Wie definieren wir ein Minimum an allgemeiner Gesundheitsfürsorge?

Fast jedes Land strebt danach, seinen Bürgerinnen und Bürgern ein Mindestmaß an bezahlbarer, qualitativ hochwertiger medizinischer Grundversorgung zur Verfügung zu stellen, aber in der Praxis variiert der Umfang dieser Versorgung enorm, je nachdem, was der Staat sich leisten kann oder will. Die Weltgesundheitsorganisation (WHO) hat vorgegeben, worin ihrer Ansicht nach eine universell verfügbare medizinische Grundversorgung bestehen sollte: pränatale Vorsorge, Immunisierung gegen und Behandlung von übertragbaren Krankheiten wie Pneumonie und Tuberkulose, Moskitonetze gegen Malaria, Behandlung kardiovaskulärer Krankheiten und Zugang zu Krankenhäusern, Ärzten und Medikamenten.[141] Diese Definition ist von den meisten Entwicklungsländern angenommen worden. Am anderen Ende des Spektrums ist der britische National Health Service verpflichtet, allen Bürgerinnen und Bürgern kostenlose medizinische Grundversorgung zur Verfügung zu stellen, und zwar von der »Wiege bis zum Grab«.

Die WHO empfiehlt den Regierungen, etwa fünf Prozent des BIP auszugeben, um dieses Minimum an universeller Grundversorgung zu gewährleisten,[142] und die meisten Länder erhöhen ihre Gesundheitsausgaben, ausgenommen jene einkommensschwachen, deren Bevölkerungen schnell wachsen und die weiterhin von Entwicklungshilfe abhängig sind, um den minimalsten Gesundheitsanforderungen gerecht zu werden. Die Pro-Kopf-Ausgaben schwanken enorm – von durchschnittlich 2937 Dollar in einkommensstarken Ländern bis zu lediglich 41 Dollar in einkommensschwachen.[143]

Ein Großteil der Gesundheitsausgaben betrifft das Personal, und überall gibt es Engpässe. Die Internationale Arbeitsorganisation (ILO) schätzt, dass 10,3 Millionen zusätzliche Arbeitskräfte im Gesundheitssektor notwendig sind, um den derzeitigen globalen Mangel zu beheben, davon 7,1 Millionen in Asien und 2,8 Millionen in Afrika.[144] Viele hoch qualifizierte Arbeitskräfte aus dem Gesundheitssektor der Entwicklungsländer emigrieren in Industriestaaten, wo die Nachfrage nach ihren Diensten steigt und Verdienst- und Karrieremöglichkeiten attraktiver sind. Internationale Vereinbarungen, um die Migrationsströme von Gesundheitspersonal so zu lenken, dass sie nicht zulasten der Gesundheitsdienste armer Länder gehen, waren nicht erfolgreich.[145] Weltweit mehr Gesundheitspersonal auszubilden und Wege zu finden, dessen Produktivität durch den Einsatz von Technologie zu erhöhen, ist folglich von entscheidender Bedeutung.

Wie sollte Gesundheitsversorgung zur Verfügung gestellt werden?

In allen Ländern wird ein gewisser Anteil der Gesundheitsversorgung privat finanziert, entweder direkt oder über Versicherungen. Wo Versicherungen nicht verfügbar sind oder kaum genutzt werden, werden größere Gesundheitskosten häufig von Familien und Gemeinschaften getragen. Doch für alle Regierungen ist es üblich, in der Gesundheitsversorgung stärker zu intervenieren als in anderen Bereichen des Gesellschaftsvertrags, entweder durch direkte Bereitstellung oder durch Regulierung.[146]

Dafür gibt es eine Reihe von Gründen. Einer ist, dass ein reiner Marktansatz in vielerlei Hinsicht nicht umsetzbar ist. Die meisten Patienten und Patientinnen haben schlicht nicht das Wissen, um fundierte Entscheidungen über ihre Gesundheitsbelange zu treffen, und verlassen sich deshalb überwiegend auf den Rat besser informierter medizinischer Profis. Und doch ist es nicht ungewöhnlich für diese medizinischen Profis, von ihrem Rat finanziell zu profitieren (in privaten Systemen) oder gegen die Kosten ihrer Beratung vollständig abgesichert zu sein (in öffentlichen oder versicherungsbasierten Systemen).

Ein weiterer Grund ist, dass die Krankenversicherung voller Fallstricke steckt; ganz offensichtlich liegt es im Interesse der Versicherer, diejenigen auszuschließen, die krank sind, um ihre eigenen Kosten zu senken. Um die Versicherten zur Vorsicht anzuhalten, greifen Versicherer auf Zuzahlung zurück, um die Kosten zu kontrollieren, leichtsinniges Verhalten zu reduzieren und größere persönliche Verantwortlichkeit zu fördern.[147]

Es gibt einen dritten wichtigen Grund, weshalb Regierungen in die Gesundheitsversorgung eingreifen: Viele Krankheiten sind ansteckend. Es liegt daher eindeutig im breiteren öffentlichen Interesse, Einzelne zu behandeln – durch Impfung, Informationsaustausch und die Bereitstellung von Sanitäranlagen und sauberem Wasser –, um der Verbreitung von Infektionen vorzubeugen. Selbstverständlich ist das Ziel dieser Art von Interventionen nicht (nur) die Verbesserung der Gesundheit einzelner Patientinnen und Patienten, sondern es geht auch darum, die Gesundheit der Gesellschaft insgesamt zu maximieren. Tatsächlich können im Kontext der öffentlichen Gesundheit die Interessen und Präferenzen von Individuen sogar für den größeren gesellschaftlichen Nutzen geopfert werden.

Die Covid-19-Pandemie hat die Frage in den Vordergrund gerückt, wann es für eine Gesellschaft legitim ist, das Verhalten von Einzelnen zum Wohl der öffentlichen Gesundheit einzuschränken. In vielen Ländern, beispielsweise in Asien, gab es eine weitverbreitete Akzeptanz für einschneidende Beschränkungen der Reisefreiheit und der Möglichkeit, Freunde und Verwandte zu treffen, für obligatorische Kontrollen und das Tragen von Masken. Andernorts, vor allem in den USA und einigen Teilen Europas, wehrten sich die Menschen gegen solche Einschränkungen oder konnten es sich (in vielen Entwicklungsländern) nicht leisten, die Regeln zu befolgen.[148] Diese Reaktionen spiegeln wider, wie verschieden Menschen den Gesellschaftsvertrag und den Zielkonflikt zwischen individueller Freiheit und öffentlicher Gesundheit bewerten.

In den Ländern, die Erfahrung mit einem höheren Niveau allgemeiner Bürgerbeteiligung hatten (höhere Wahlbeteiligung, größeres Vertrauen in Institutionen und eine größere Zeitungsleserschaft), gab es eine höhere Zustimmung für die obligatorischen Maßnahmen der sozialen Distanzierung und bessere Resultate in der Bekämpfung der Pandemie. Eine Simulation für Italien fand heraus, dass die Covid-19-bedingte Todesrate zehnmal niedriger gewesen wäre, wenn das ganze Land dasselbe Niveau von Bürgerbeteiligung gehabt hätte wie das engagierteste Viertel – selbst nach Bereinigung von Abweichungen aufgrund von Einkommen, Demografie und Gesundheitskapazitäten.[149] Tatsächlich zeigt die Analyse von Google-Daten zu Reisen, Restaurant-Reservierungen und Konsummustern, dass die Menschen in vielen Ländern bereits freiwillig soziale Distanzierung praktizierten, lange bevor Lockdowns verordnet wurden.[150]

Der Staat muss nicht unbedingt der Anbieter einer allgemeinen medizinischen Grundversorgung sein; in der Praxis greifen Länder auf verschiedene Ansätze zurück, und selbst innerhalb eines Landes gibt es häufig mehrere Wege, die Verfügbarkeit für verschiedene Gruppen zu finanzieren. Es gibt nicht den einen, optimalen Weg, um die Bereitstellung von Gesundheitsversorgung zu organisieren, und es ist möglich, gute (und schlechte) Gesundheitsergebnisse unter verschiedenen strukturellen Bedingungen zu erreichen.[151] Die meisten Industriestaaten haben öffentlich finanzierte Systeme, die eine gemeinschaftliche Krankenversicherung zur Verfügung stellen oder den Abschluss einer (stark regulierten) privaten Versicherung verlangen und für Bedürftige Zuschüsse bereitstellen. In einigen Ländern wie Großbritannien ist der Staat der Hauptanbieter, aber im größten Teil Kontinentaleuropas agiert er primär als Finanzier öffentlicher und privater Dienstleistungen. In Schwellenländern wie China und Indien bildet sich unterdessen ein Modell heraus, bei dem die Armen öffentlich finanziert werden und den Wohlhabenderen eine Versicherung angeboten wird. Alternativ können Arbeitgebende sich an der Gesundheitsversorgung ihrer Angestellten beteiligen, während der Staat für diejenigen einspringt, die nicht beschäftigt sind, wie in den USA.

Die meisten Entwicklungsländer sind gerade erst dabei, ihre allgemeinen Gesundheitssysteme aufzubauen.[152] Viele wählen ein zweigliedriges Modell, bei dem die Armen und die informell Beschäftigten durch ein öffentliches System versorgt werden, das von der Regierung verwaltet und mittels Steuern finanziert wird, manchmal ergänzt durch Beiträge aus den Privathaushalten. Die Angestellten im formellen Sektor hingegen leisten ihren Beitrag zu einem versicherungsbasierten System mittels der Lohnsteuer, während die Wohlhabenderen die Option haben, Versicherungsleistungen auf dem freien Markt zu erwerben. Es sind die ärmsten Länder – wo die staatlichen Kapazitäten begrenzt sind –, in denen die Menschen am meisten von privaten Krankenversicherungsangeboten abhängig sind. In einigen Ländern spielen auch Wohltätigkeitsorganisationen eine größere Rolle, häufig in Partnerschaft mit Regierungen und dem privaten Sektor.[153]

Ein Beispiel für das Bemühen, in einem großen Entwicklungsland eine allgemeine medizinische Grundversorgung bereitzustellen, ist Indien. 2018 wurde dort ein nationales Gesundheitsprogramm (mit dem Namen Ayushman Bharat) gestartet, das zwei separate Komponenten umfasst. Die erste zielt darauf, annähernd 150 000 öffentliche Gesundheits- und Wellnesszentren zu errichten, die eine umfassende Primärversorgung mit grundlegenden Dienstleistungen wie Impfungen und Behandlung ansteckender Krankheiten zur Verfügung stellen werden. Die zweite Komponente ist ein nationales Krankenversicherungssystem, das Versicherungsschutz in Höhe von 500 000 Rupien (circa 7 000 Dollar) pro Familie und Jahr für sekundäre und tertiäre Versorgung bei gesundheitlichen Problemen wie Herzerkrankungen oder Krebs bietet. Es zielt auf mehr als 500 Millionen Arme und Bedürftige im ganzen Land ab und ist damit das größte vollständig staatlich finanzierte Versicherungssystem der Welt.

Auch China hat ein staatliches versicherungsbasiertes Programm aufgelegt. Interessanterweise wird es durch einen florierenden privaten Markt ergänzt, der in vielen Fällen aus einem älteren, traditionelleren Ansatz hervorgegangen ist: In der Vergangenheit legten Dorfbewohner in China ihre Ressourcen zusammen, wenn jemand schwer erkrankt war. Die Ant Group (eine Tochtergesellschaft von Alibaba) hat diese Tradition für das digitale Zeitalter adaptiert und einen Online-Markt für Versicherung auf Gegenseitigkeit geschaffen. Die meisten Teilnehmer verfügen über ein geringes Einkommen, und das System zahlt einen Pauschalbetrag von etwa 45 000 Dollar für die Behandlung von einhundert schweren Krankheiten aus, wobei die Kosten zu gleichen Teilen von allen anderen Teilnehmenden geteilt werden.[154]

Die Gesundheitsausgaben werden weiter steigen

Der Betrag, den Länder für Gesundheit ausgeben, schwankt je nach Leistungsvermögen enorm, von durchschnittlich 200 Dollar pro Kopf und Jahr in Indien und 300 Dollar in China bis zu den europäischen Niveaus von 3 000 bis 6 000 Dollar (siehe Abbildung 8). OECD-Länder geben durchschnittlich etwa 4 000 Dollar pro Kopf für Gesundheit aus. Wie bereits erwähnt, sind

Abbildung 8

Die Gesundheitsausgaben pro Kopf schwanken stark zwischen den Ländern

Gesundheitsausgaben pro Kopf, 2018 (oder nächstliegendes Jahr)

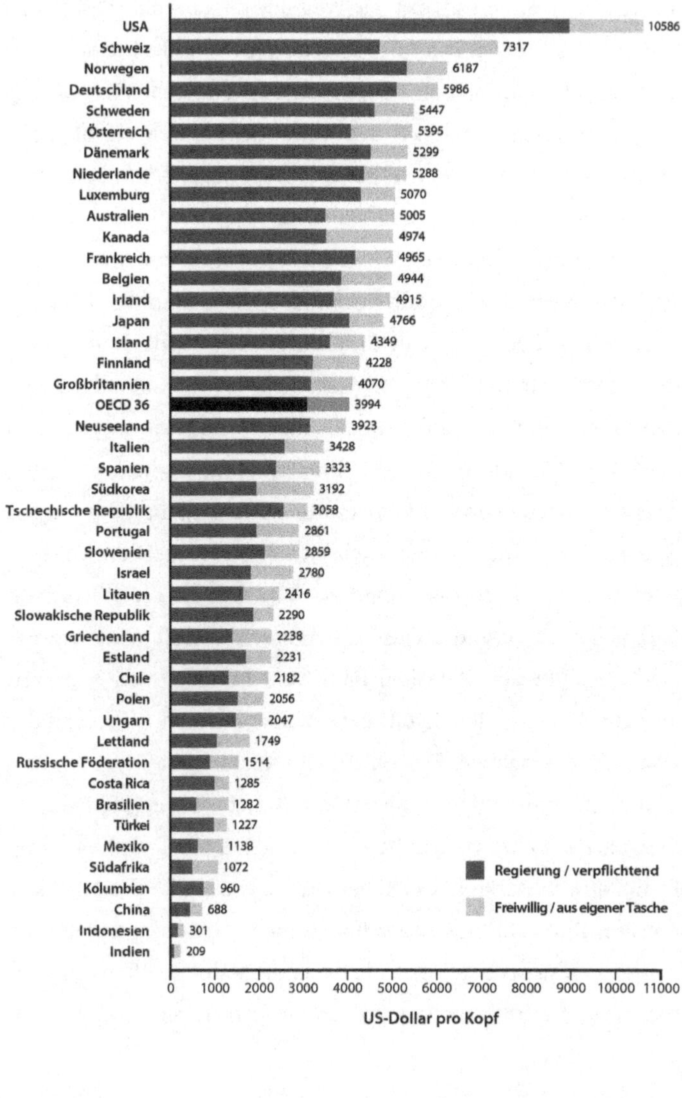

das meiste davon staatliche Ausgaben, wobei der private Anteil in Ländern mit niedrigen und mittleren Einkommen zumeist größer ist. Zweifellos ist am meisten ausgeben nicht gleichbedeutend mit am sinnvollsten ausgeben. Die USA geben weit mehr als irgendein anderes Land der Welt aus (etwa 11 000 Dollar pro Kopf und 17 Prozent ihres BIP), erzielen aber schlechte Resultate in Bezug auf den Zugang zur Versorgung. Die Lebenserwartung in den USA liegt derzeit ein Jahr unter dem Durchschnitt anderer Industriestaaten. Bei vielen von ihnen hat sich in den letzten Jahren die Lebenserwartung stabilisiert, während die USA das einzige Land sind, wo sie aktuell sinkt, vor allem bei Männern.[155]

Auch wenn die Gesundheitsausgaben zwischen den Ländern stark schwanken, deutet doch alles darauf hin, dass ein Merkmal allen gemeinsam ist: Die Ausgaben werden überall steigen. Zwischen 2000 und 2015 stiegen die Gesundheitsausgaben in den OECD-Ländern um drei Prozent, und es wird erwartet, dass sie zwischen 2015 und 2030 um weitere 2,7 Prozent steigen werden.[156] Darüber hinaus wachsen sie in den meisten Ländern schneller als die Bevölkerung und schneller als die Wirtschaft. Das bedeutet, dass die Gesundheit mit der Zeit einen immer größeren Teil der Staatshaushalte verschlingen wird – derzeit liegt ihr Anteil in der OECD bei durchschnittlich 15 Prozent der staatlichen Ausgaben. Der öffentliche Rückhalt dafür ist tendenziell hoch, aber einige Industriestaaten haben wenig Spielraum, die Steuern weiter zu erhöhen – in Ländern wie Frankreich und Dänemark verschlingt der Staat bereits die Hälfte des BIP. Die meisten Entwicklungsländer haben mehr Handlungsspielraum, zumal angesichts der Tatsache, dass eine stabilere öffentliche Finanzierung mit besseren Ergebnissen beim Erreichen einer allgemeinen Gesundheitsversorgung einhergeht.[157] Wir werden auf die Frage zurückkommen, wie diese Mehrausgaben verkraftet werden können, aber zunächst müssen wir ihre Gründe verstehen.

Die meisten Menschen gehen davon aus, dass die alternden Bevölkerungen der Hauptgrund für die steigenden Kosten und diese Steigerungen deshalb unvermeidlich sind. Es trifft in der Tat zu, dass Gesundheitssysteme tendenziell mehr für die Alten als für die Jungen ausgeben (siehe Abbildung 9). Dieser demografische Wandel ist vor allem für Länder mit mittlerem Einkommen von Bedeutung, deren Bevölkerungen rapide altern und in denen die Krankheitslast sich von Infektionskrankheiten (wie Malaria oder Tuberkulose) auf chronische Krankheiten (wie Herzinfarkte und Krebs) verlagert, deren Behandlung teurer ist. Die Alterung der Bevölkerung steigert in moderater Form auch die Kosten der Akutversorgung (da die Behandlung einer alten Person, die einen Unfall hatte, teurer ist), hat aber vor allem große Auswirkungen auf die Kosten der langfristigen Versorgung.[158] Dennoch geben die meisten Länder – mit Ausnahme des hochgradig ineffizienten US-Systems – nur vier- bis fünfmal so viel für den durchschnittlichen Achtzigjährigen aus wie für den durchschnittlichen Zwanzigjährigen (siehe Abbildung 9), was signifikant weniger ist, als man vermuten würde.[159] Die Alterung allein kann folglich nicht für den rapiden Anstieg der Gesundheitsausgaben verantwortlich sein.

In reicheren Ländern sind zwei andere Faktoren entscheidend, die zu Beginn des Kapitels genannt wurden: zum einen die steigenden Erwartungen in eine höhere (folglich teurere) Qualität der Versorgung. Einige der größten Zuwächse bei den

Abbildung 9

Die Gesundheitsausgaben steigen mit dem Alter

Gesundheitsausgaben pro Kopf nach Altersgruppen in acht einkommensstarken Ländern

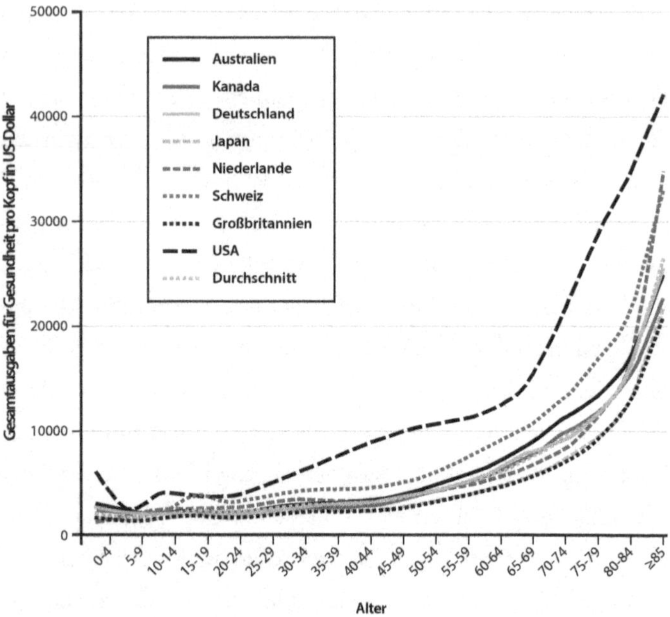

Gesundheitsausgaben sind in Ländern wie der Türkei, Südkorea und der Slowakischen Republik geplant, wo die öffentlichen Erwartungen am stärksten steigen. Aber der noch größere Verursacher steigender Gesundheitsausgaben ist die Technologie: Neue medizinische Technologien, etwa Medikamente oder Verfahren, die die Lebensqualität verbessern oder das Leben verlängern, sind tendenziell teurer.[160] Das liegt zum Teil daran, dass die Entwicklung neuer Medikamente und klinische Studien kostspielig sind, aber auch daran, dass der Wettbewerb in den Industrien, die neue medizinische Technologien produzieren, häufig schwach ist.

Es gibt den Ausspruch »Demografie ist Schicksal«. Damit ist gemeint, dass Altersstrukturen unmöglich schnell zu verändern und ihre Effekte somit unausweichlich sind. Aber dass Technologie die Gesundheitsausgaben in die Höhe treibt, ist keineswegs unausweichlich. Gesellschaften können darüber entscheiden, welche Art von Behandlung sie finanzieren wollen, wie die Preise für Medikamente und Technologie ausgehandelt werden, wie Gesundheitsdienstleistungen erbracht werden und ob preiswertere Eingriffe infrage kommen. Es ist deshalb möglich, die Kosten der Gesundheitsversorgung einzudämmen.[161] Viele Länder haben beispielsweise die Rollen erweitert, die Beschäftigte im lokalen Gesundheitswesen, Pharmazeuten und Krankenschwestern bei der Gesundheitsversorgung spielen, und damit den Bedarf an teureren Ärzten reduziert, ohne dass dies negative Folgen für den allgemeinen Gesundheitszustand mit sich gebracht hätte. Generika sind ein weiteres Mittel, um die Kosten zu kontrollieren.[162] Und auch die Art und Weise, wie Anbieter für Behandlungen bezahlt werden – ob für jeden Eingriff, für die Behandlung einer Krankheit, für individuelle Behandlung oder dafür, eine Person gesund zu erhalten –, hat erhebliche Auswirkungen.[163]

Aber die Kosten zu senken, bringt uns nicht weit. Die viel wichtigere Frage ist, wie Gesundheitstechnologien rationiert werden – welche Eingriffe als Teil des Gesellschaftsvertrags zur Verfügung gestellt werden und welche von Individuen bezahlt werden müssen, falls sie es sich leisten können.

Wie sollen Gesundheitssysteme Nachfrage rationieren?

Jedes Gesundheitssystem der Welt kämpft täglich mit der Frage, wie es am besten seine Ressourcen rationiert. Die Nachfrage nach Gesundheitsversorgung steigt stets, wenn die Einkommen steigen. Wie viel öffentlich ausgegeben werden kann, wird davon begrenzt, wie viel Steuern erhoben werden können. In Systemen, die vom privaten Sektor dominiert werden, entscheiden Individuen, wie viel sie ausgeben wollen (entweder direkt oder durch die Art der Versicherung, die sie abschließen), wodurch die Ressourcen über Marktmechanismen verteilt werden; anders gesagt, sie werden rationiert durch Einkommen und dadurch, was die Menschen sich leisten können. Es überrascht nicht, dass die Wohlhabenden in privaten Systemen eine bessere Versorgung erhalten als die Armen. In öffentlich finanzierten Systemen, die ein größeres Gewicht auf Gleichbehandlung legen, muss der Gesellschaftsvertrag entscheiden, wofür die Gesellschaft aufkommt und wie es erbracht wird. Er muss auch entscheiden, ob jedermann Anspruch auf die gleichen Leistungen hat oder ob Gesundheitsversorgung auf einer anderen Grundlage zugeteilt werden sollte – zum Beispiel an die, die den größten Bedarf haben, oder dort, wo es am kosteneffektivsten ist.

Die Mechanismen, die Gesundheitssysteme nutzen, um Versorgung zu rationieren, sind vielfältig.[164] Einige greifen auf Selbstbeteiligung zurück – lassen die Patientinnen und Patienten etwas zu ihrer Behandlung zuzahlen, damit sie angehalten sind, die Kosten zu berücksichtigen –, obwohl dies in der Regel die Armen am stärksten trifft. Einige nutzen Wartelisten, um zu priorisieren, wer zuerst behandelt wird. Indem man Menschen mehrere Wochen auf einen Termin warten lässt oder sogar Monate auf eine Behandlung, werden diejenigen, die es sich leisten können, dazu bewegt, sich privaten Optionen zuzuwenden. Zum Beispiel hat sich in Großbritannien die durchschnittliche Wartezeit für eine genehmigte Behandlung von 7,6 Wochen im Jahr 2008 auf 10,1 Wochen im Jahr 2019 verlängert. Und obwohl es in Schweden ein Gesetz gibt, das eine maximale Wartezeit von 90 Tagen festlegt, müssen mehr als 20 Prozent der Patientinnen und Patienten länger warten. In beiden Ländern ist die Nachfrage nach privater Krankenversicherung in dem Maße gestiegen, in dem die Wartezeiten im öffentlichen System länger wurden.[165] Die Rationierung durch Wartelisten fokussiert die Ressourcen auf diejenigen mit geringerem Einkommen, obwohl die Armen auch durch die Verzögerungen beeinträchtigt werden.

Schließlich müssen Entscheidungen darüber getroffen werden, für welche Technologie als Teil des Gesellschaftsvertrags gemeinschaftlich bezahlt wird und für welche nicht. Dafür greifen etwa zwei Drittel der Industriestaaten und eine wachsende Anzahl von Entwicklungsländern auf unabhängige Experten zurück, um zu beurteilen, wie wirksam eine Behandlung im Verhältnis zu ihren Kosten ist.[166] Dies erfolgt für gewöhnlich in zwei Schritten: erstens eine medizinische Beurteilung, ob eine Behandlung wirksam ist; zweitens eine Einschätzung, ob es im öffentlichen Interesse liegt, für die Behandlung zu bezahlen. Solche medizinischen Technologiebewertungen werden genutzt, um Positivlisten derjenigen Maßnahmen zu erstellen, für die bezahlt wird (etwa bestimmte Medikamente oder allgemeine Maßnahmenkategorien wie primäre Fürsorgeleistungen), und Negativlisten derjenigen, die nicht abgedeckt werden. Medizinische

Technologiebewertungen sind eine praktische Manifestation des Gesellschaftsvertrags in Bezug auf die Gesundheit.

Das, was aus dem Gesellschaftsvertrag ausgeschlossen wird, ist besonders aufschlussreich. Hochpreisige Medikamente mit geringem therapeutischem Wert werden selten den Anforderungen gerecht, ebenso wenig Operationen zur Gewichtsreduktion, bei denen das Risiko der unangemessenen Anwendung hoch ist. Desgleichen werden in vielen Ländern Heilkunde, Wellness-Behandlungen und nicht ärztliche Maßnahmen, etwa psychologische Behandlungen, ausgeschlossen. Zahnpflege wird häufig ausgeschlossen, ebenso kosmetische Eingriffe wie Kieferorthopädie oder Brustoperationen. Manche Länder beschränken den Zugang zu Behandlungen gegen Unfruchtbarkeit auf heterosexuelle Paare. Viele Länder zahlen nicht für Behandlungen, die die meisten Menschen sich leisten können, wie rezeptfreie Medikamente oder Brillen. Diese Kosten auf Einzelne zu verlagern setzt voraus, dass diese die Wirksamkeit der Maßnahme beurteilen und sich die Ausgaben leisten können.[167]

Die Entscheidung, welche Maßnahmen eingeschlossen sein sollen, ist komplizierter. Wie werden Nutzen und Kosten beurteilt? Länder verwenden verschiedene Kriterien, um den Nutzen einer Behandlung zu bewerten, beispielsweise ob sie das Sterberisiko oder den Erkrankungsgrad reduziert oder ob sie Langlebigkeit oder die Lebensqualität fördert. Zugleich erfolgen wirtschaftliche Evaluationen ihrer unmittelbaren Kosten und ihrer potenziellen Einsparungen in Form von geringeren Krankheitsausfällen oder höherer Produktivität. Da diese Beurteilungen Entscheidungen über Leben und Tod und über beträchtliche Finanzmittel mit sich bringen, können sie sehr kontrovers sein und zum Gegenstand eines umfangreichen Lobbyismus seitens kommerzieller Interessen wie auch vonseiten der Patienten und Patientinnen werden. Es ist deshalb wichtig, dass Entscheidungen von unabhängigen Experten getroffen werden und genauer Überprüfung und Transparenz unterliegen und dass Interessenkonflikte umsichtig gehandhabt werden.

Entscheidungsträger müssen unweigerlich zwischen einer Bandbreite möglicher Maßnahmen wählen. Um beispielsweise zu entscheiden, ob Mittel für ein neues Medikament bereitgestellt werden oder stattdessen für ein durch neue medizinische Technologie ermöglichtes Verfahren, ist es notwendig, eine gemeinsame Kennzahl zu haben, um ihre relative Wirksamkeit zu vergleichen. Eine der verbreitetsten ist der Kostenzuwachs pro qualitätskorrigiertem Lebensjahr (QALY), was im Wesentlichen ein Jahr bei guter Gesundheit bedeutet. Nach diesem Maßstab ist ein neues medizinisches Verfahren, das fünf QALYs hinzufügt, wertvoller als ein neues Medikament, das die gleichen Kosten verursacht, aber die Lebensqualität nur für sechs Monate verbessert. Die Berechnung nach Kosten pro QALY (oder Variationen davon) befähigt Gesundheitssysteme, zu priorisieren und öffentliche Gelder kosteneffektiver auszugeben, obwohl einige argumentieren, dass QALYs unfair seien, da die Gesundheit von Menschen je nach ihren Lebensumständen variieren kann.[168]

Wie viel sollte eine Gesellschaft also für ein weiteres Jahr bei guter Gesundheit bezahlen? Viele Länder vermeiden es, diese Frage zu beantworten, da eine exakte Zahl mit Sicherheit umstritten wäre und sie zudem fürchten, dass die Produzenten neuer Gesundheitstechnologien diese für ihre Preispolitik nutzen würden. Die WHO hat jedoch angezeigt, dass das Pro-Kopf-Einkommen eine gute Variable ist, um die Bezahlbarkeit eines jeden weiteren Lebensjahrs zu beurteilen.[169] Eine gesundheitliche Maßnahme, die ein- bis dreimal so viel wie das durchschnittliche Pro-Kopf-Einkommen kostet, kann als kosteneffektiv betrachtet werden, während eine, die gleich viel oder weniger als das durchschnittliche Pro-Kopf-Einkommen kostet, als sehr kosteneffektiv angesehen werden kann. Gesundheitsmaßnahmen, die mehr als dreimal so viel wie das durchschnittliche Pro-Kopf-Einkommen kosten, sollten als nicht kosteneffektiv gelten und daher vom Gesellschaftsvertrag ausgeschlossen werden.[170]

Während die Empfehlungen der WHO als Richtlinien für politische Entscheidungen sehr nützlich sind, haben nur sehr wenige Länder ähnlich klare Vorstellungen darüber, wo sie diesen wichtigen Schwellenwert ansetzen. Einige aber doch: In Ungarn und Südkorea beispielsweise finanziert der Staat medizinische Behandlungen, deren Kosten sich auf das Zwei- bis Dreifache des Pro-Kopf-Einkommens belaufen und die ein zusätzliches Jahr in guter Gesundheit erbringen. Den Schwellenwert an das Pro-Kopf-Einkommen zu koppeln bringt den großen Vorteil, dass Länder, wenn sie reicher werden, ein klares Kriterium haben, um zu entscheiden, welche zusätzlichen Gesundheitsmaßnahmen bezahlbar werden. Andere Länder legen einen einfachen finanziellen Schwellenwert für jedes zusätzliche Jahr an Lebensqualität fest, das durch eine Maßnahme gewonnen wird – 18 000 Euro in Polen, 26 500 Euro in der Slowakischen Republik und 20 000 bis 30 000 Pfund in Großbritannien.

In dieser Weise eindeutig zu sein, ist transparent und fair und erzielt mit den verfügbaren Ressourcen den größten Nutzen. Aus dem gleichen Grund besteht im Falle fehlender Eindeutigkeit das Risiko, dass diejenigen, die die Ressourcen verteilen, weniger leicht zur Rechenschaft gezogen werden können und eher anfällig sind für äußere Einflüsse. Selbst in Großbritannien, wo das National Institut for Health and Care Excellence (NICE), welches diese Entscheidungen trifft, einen eindeutig definierten Schwellenwert hat, kann politischer Druck dennoch zur Fehlallokation von Ressourcen führen. Beispielsweise führte die Lobbyarbeit von Krebspatienten und -patientinnen dazu, dass die Regierung den Cancer Drugs Fund einrichtete, um für teure Behandlungen aufzukommen, die nicht den Kriterien des NHS für Kosteneffizienz entsprachen. Die Behandlungen, die der Fonds finanzierte, brachten den Krebspatienten und -patientinnen etwa 5 600 zusätzliche Lebensjahre; wäre das Geld für andere Behandlungen ausgegeben worden, die den NHS-Kriterien entsprochen hätten, wären 21 645 zusätzliche Jahre gesunden Lebens gewonnen worden.[171]

Eine weitere schwierige Frage ist, wie die Gesundheitsausgaben über die Generationen verteilt werden sollen. Manche argumentieren, dass alle Menschen Anspruch auf eine »normale« Spanne gesunden Lebens haben (etwa siebzig Jahre), was der Grund dafür ist, dass vielen der Tod eines jungen Menschen oftmals nähergeht als der Tod einer Person, die alt geworden ist. Diese Idee der »gerechten Lebensspanne« ist von einigen dazu benutzt worden, der Behandlung junger Menschen, die es so gesehen eher verdient haben, eine höhere Priorität einzuräumen als der Behandlung Älterer, trotz der Tatsache, dass für gute Gesundheit im Alter mehr Fürsorge erforderlich ist.[172]

Ein Weg zur Vermeidung dieser utilitaristischen Art und Weise, den Lebenswert verschiedener Menschen zu vergleichen, besteht darin, über Rationierung als etwas nachzudenken, das wir über eine individuelle Lebensspanne hinweg vornehmen müssen, und nicht als Wettbewerb um Ressourcen zwischen Individuen zu irgendeinem bestimmten Zeitpunkt. Wenn jeder und jedem von uns von der Gesellschaft ein fester Betrag zur Verfügung gestellt würde, den wir im Lauf unseres Lebens für Gesundheitsversorgung ausgeben könnten, würden die meisten wohl früher anfangen, mehr Geld für die Verbesserung ihrer Gesundheit und ihres Wohlbefindens auszugeben, um ihre Lebensqualität und Langlebigkeit zu erhöhen, anstatt es aufzusparen, um dann mit dem zugeteilten Budget teure Behandlungen bezahlen zu können, die im Alter ein paar Monate hinzufügen. Die Idee einer Rationierung auf Lebenszeit kommt zu dem gleichen Ergebnis, ohne zu suggerieren, dass die Jungen mehr Behandlung verdienen als die Alten, weil sie »innerhalb eines Lebens und nicht zwischen den Leben agiert«.[173]

Wer sich auch dabei noch unwohl fühlt, sollte die sehr unterschiedliche Art und Weise bedenken, in der Akutversorgung in Großbritannien rationiert worden ist, verglichen mit dem Medicare-System, dem staatlichen Krankenversicherungsprogramm für Alte in den USA.[174] Die 1980er-Jahre waren für den NHS eine Zeit begrenzter Ressourcen, woraufhin die britischen Ärzte nicht die Qualität der Versorgung reduzierten, sondern die Prinzipien der Rationierung auf Lebenszeit und der Kosteneffektivität nutzten, um die Quantität durch Wartelisten zu begrenzen.[175] In Großbritannien wird akzeptiert, dass einige möglicherweise nützliche Behandlungen zu teuer sind, um ihre Bereitstellung zu rechtfertigen, sodass der NHS sie nicht anbietet, selbst wenn der Patient oder die Patientin willens und in der Lage ist, dafür zu bezahlen – wobei ihn nichts daran hindert, private Versorgung in Anspruch zu nehmen. In den USA hingegen betrachtet man die über Medicare Versicherten als diejenigen, die ihren Anspruch durch vergangene Beiträge erworben haben, sodass Rationierung inakzeptabel und Kosteneffektivität unerheblich ist. Während Medicare also den Älteren weiterhin großzügige Behandlung gewährt, gibt es eine zunehmende Rationierung für diejenigen, die auf Medicaid angewiesen sind, das staatliche Programm für die Armen, von dem vor allem einkommensschwache Frauen und Kinder profitieren, das aber auch für die Langzeitversorgung jener Älteren aufkommt, die die Kosten nicht tragen können. Infolgedessen gibt Medicaid ungefähr fünfmal mehr für jeden Alten in Langzeitversorgung aus als für jedes arme Kind.[176]

Eine digitalere Zukunft für die Gesundheit

Bisher haben wir uns auf die Art und Weise fokussiert, wie die Technologie die Kosten der Gesundheitsversorgung erhöht. Aber was ist mit Innovationen, die die Kosten senken könnten?

Die Covid-19-Pandemie erzwang in Ländern, die über die nötige Infrastruktur verfügten, eine schnelle Umstellung auf digitale Versorgung – etwa ärztliche Online-Sprechstunden und die Verwendung von Handy-Apps für die Kontaktverfolgung und Überwachung von Patienten und Patientinnen. Viele dieser digitalen Tools waren bereits in der Entwicklung, aber die Pandemie hat ihre Einführung beschleunigt. Für viele reichere Länder bieten diese und weitere neue digitale Lösungen eine gute Gelegenheit, die steigenden Kosten ihrer Gesundheitssysteme in den Griff zu bekommen. Für Entwicklungsländer, die sich noch in der Anfangsphase des Aufbaus ihrer Gesundheitssysteme befinden, könnten diese Tools hingegen transformativ sein.

Viele Entwicklungsländer werden nie in der Lage sein, eine flächendeckende Gesundheitsversorgung auf der Grundlage des vorherrschenden Modells zu erreichen, bei dem medizinische Behandlungen in zweckbestimmten, von hoch qualifizierten Ärzten geleiteten Einrichtungen durchgeführt werden. Digitale Technologien eröffnen die Möglichkeit völlig neuer Versorgungsmodelle, bei denen zum Beispiel Patienten und Patientinnen Zugang zu qualifizierten Informationen haben und ihre eigene Krankenakte kontrollieren, künstliche Intelligenz Diagnosen unterstützt und zahlreiche Abläufe von Robotern durchgeführt werden.[177]

Es ist heute möglich, Vitalparameter wie Körpertemperatur, Blutdruck und Sauerstoffsättigung zu sehr geringen Kosten zu Hause zu messen, wodurch der Besuch einer Klinik überflüssig wird. Dies ist besonders wichtig bei der Behandlung von chronischen Gesundheitsproblemen wie Diabetes, bei denen eine häusliche Versorgung effektiver und kostengünstiger ist als regelmäßige Besuche in einer medizinischen Einrichtung. Weniger komplexe Leiden, die man heute ambulant behandelt, werden zunehmend aus der Ferne per Smartphone zu Hause behandelt werden, und es wird möglich sein, die Behandlung von einem Arzt, einer Ärztin oder einer medizinischen Fachkraft zu erhalten, die sich an einem beliebigen Ort auf der Welt befindet. (Ein Effekt könnte sein, den Migrationsdruck zu verringern, der medizinische Arbeitskräfte auf der Suche nach besseren Verdienstmöglichkeiten zur Abwanderung zwingt.)

Tragbare Geräte werden es unterdessen ermöglichen, Patienten und Patientinnen aus der Ferne zu überwachen, wobei die von solchen Geräten gesammelten Daten zu einem wichtigen Hilfsmittel für Patienten und Patientinnen sowie medizinisches Fachpersonal werden. Elektronische Krankenakten, die über digitale Plattformen hinweg kompatibel sind, werden personalisierte Behandlungen ermöglichen. Indien nutzt diese Möglichkeit bereits, basierend auf dem weltweit größten biometrischen Identifizierungsprogramm, das der Umsetzung seines Krankenversicherungssystems dient. Stellen wir uns eine Welt vor, in der alle im Gesundheitswesen Beschäftigten mit einem Gerät ausgestattet sind, das Zugang zu den Gesundheitsdaten ihrer Patientinnen und Patienten hat, das auf die Eingabe der Daten von Schlüsselsymptomen mit Diagnose- und Behandlungsempfehlungen antwortet und das alle benötigten Medikamente sofort bestellen kann. In abgelegenen Gebieten Ruandas und Tansanias werden bereits Drohnen eingesetzt, um Impfstoffe und Blutkonserven zu liefern.

Einer der größten Kostenfaktoren für Gesundheitssysteme ist der Umstand, dass zwischen 30 und 50 Prozent der Patienten und Patientinnen, die Medikamente für Langzeiterkrankungen verschrieben bekommen, sich nicht an die Behandlung halten. Die Behebung dieses Problems würde dazu führen, dass weniger Medikamente verschwendet und weniger Patienten und Patientinnen ins Krankenhaus eingewiesen werden, sie schneller genesen und ihre Lebensqualität und Produktivität sich schneller verbessert.[178] Auch hier könnte Technologie helfen. SMS und Handy-Apps könnten eingesetzt werden, um Patienten und Patientinnen an die Einnahme ihrer Medikamente, an Übungen und Physiotherapie zu erinnern. Eine weitere vielversprechende

Maßnahme ist eine elektronische Pillendose, die Datum und Uhrzeit des Öffnens registriert und Patientinnen und Patienten daran erinnert, ihre Medikamente zum richtigen Zeitpunkt einzunehmen.

Aber der Gesellschaftsvertrag wird sich ändern müssen, wenn diese neue Welt der digitalen Medizin funktionieren soll. Die wahrscheinlich wichtigste Frage, die wir beantworten müssen, ist, wem die Patientendaten gehören, wer sie kontrolliert und wie Privatsphäre und Vertraulichkeit sichergestellt werden können. Dies ist ein drängendes Thema, da viele der weitreichenden Vorteile der Digitalisierung – was die Erforschung und Überwachung der öffentlichen Gesundheit betrifft – vor allem auf dem Sammeln und Teilen von Daten beruhen. Im Streben nach der Entwicklung besserer Behandlungen gab es bereits Fälle von Verletzungen der Privatsphäre.[179] Viele Menschen denken darüber nach, welche Prinzipien entwickelt werden müssten, um sicherzustellen, dass jedes Individuum die Kontrolle über seine eigenen Daten behält, während gleichzeitig der breitere öffentliche Nutzen realisiert werden kann.[180] Es gibt auch ein wachsendes Bewusstsein für die Notwendigkeit, sich mit der Ausrichtung der Algorithmen zu befassen, die von diesen Daten gespeist werden: Derzeit betrifft der größte Teil der Forschung, die ihrem Design zugrunde liegt, weiße Männer, wodurch sie für die Diagnose und Behandlung von Frauen und Menschen anderer ethnischer Gruppen möglicherweise ungeeignet sind.

Es ist wahrscheinlich, dass Länder zu unterschiedlichen Entscheidungen über die Balance zwischen individueller Privatsphäre und kollektivem Nutzen kommen werden. Während der Covid-19-Pandemie akzeptierten Bürgerinnen und Bürger in vielen asiatischen Ländern bereitwillig, dass ihre Regierungen zum Zweck der Kontaktverfolgung auf persönliche Daten zugreifen konnten, während in Europa dezentrale Systeme bevorzugt wurden, die ausdrücklich verhinderten, dass Regierungen eine zentrale Informationsquelle hatten. In demokratischen Ländern besteht zunehmend Konsens darüber, dass Bürgerinnen und Bürger die Kontrolle über ihre eigenen Daten haben sollten und ihre Zustimmung erforderlich ist, wenn sie für einen weitergehenden Zweck verwendet werden sollen. Doch gibt es große Unterschiede in der Praxis, und es ist offen, was am Ende dabei herauskommt. Möglicherweise ist ein Ansatz erforderlich, bei dem einige Daten (beispielsweise eine Krankheit zu haben, die stigmatisiert wird) stärker geschützt sind als andere, die eindeutig einem öffentlichen Zweck dienen (beispielsweise eine ansteckende Krankheit zu haben).

Trotz der Herausforderungen bietet die Digitalisierung eine echte Chance, eine bessere Gesundheitsversorgung zu geringeren Kosten bereitzustellen und zumindest die Ärztinnen und Ärzte von einigen der routinemäßigeren Versorgungsaspekte wie dem Messen des Blutdrucks oder der Temperatur von Patienten und Patientinnen zu befreien. So können sie sich auf die qualitativ hochwertigere menschliche Interaktion mit den Patientinnen und Patienten konzentrieren, die die Einhaltung der Behandlungspläne und letztlich bessere Ergebnisse sicherstellt. Diese Kombination aus »Hightech« und »Hightouch« kann der Weg sein, Kosten und Qualität in der zukünftigen Gesundheitsversorgung in Einklang zu bringen; aber wie erfolgreich und effizient die Versorgung auch sein mag, die besten Ergebnisse werden nicht durch die Behandlung von Krankheiten erreicht, sondern durch deren Prävention. Dies führt uns zum Kern des Gesellschaftsvertrags.

Individuelle und gesellschaftliche Verantwortung – wo ist die Balance?

Das Sprichwort »Vorbeugen ist besser als heilen« wird üblicherweise Benjamin Franklin zugeschrieben – und die Evidenz gibt ihm recht. In Industriestaaten liegt die durchschnittliche Rendite von Investitionen in präventive Gesundheitsmaßnahmen bei 14,3 Prozent.[181] Sind diese Maßnahmen staatlich oder durch Gesetze unterstützt, steigt die Investitionsrendite auf 27,2 Prozent. Wir wissen auch, dass ein Großteil der Verbesserungen bei der Kindersterblichkeit und der Lebenserwartung durch Faktoren wie Umwelt, Ernährung, Einkommen und Lebensstil bestimmt ist und sie nur zu einem Bruchteil durch das Gesundheitssystem beeinflusst werden. Es besteht kein Zweifel daran, dass der Einsatz öffentlicher Mittel zur Verbesserung der Ernährung, zur Förderung gesunder Verhaltensweisen und zur Früherkennung von Krankheiten zu den besten Investitionen gehört, die eine Gesellschaft tätigen kann.[182]

Während Infektionskrankheiten aufgrund wirksamer Maßnahmen des öffentlichen Gesundheitswesens zurückgehen, haben sich nicht übertragbare Leiden wie Herz-Kreislauf-Erkrankungen, Krebs, Atemwegserkrankungen und Diabetes zur weltweit häufigsten Todesursache entwickelt.[183] Viele von ihnen werden mit Rauchen, Alkohol und Übergewicht in Verbindung gebracht. Sie wirken sich nicht unbedingt auf die Gesamtausgaben für Gesundheit aus, denn wer raucht und oder fettleibig ist, stirbt tendenziell früher.[184] Dennoch verursachen diese und andere ungesunde Verhaltensweisen massive direkte Kosten für das Gesundheitssystem und haben verheerende Folgen für das Leben von Individuen.

Die wirtschaftlichen Kosten des Rauchens wurden weltweit auf über 1,4 Billionen US-Dollar geschätzt (das entspricht 1,8 Prozent des BIP im Jahr 2012), bestehend aus einer Billion US-Dollar Produktivitätsverlust und 422 Milliarden US-Dollar Behandlungskosten.[185] Der Alkoholkonsum verursachte in Ländern mit mittlerem und hohem Einkommen wirtschaftliche Kosten in Höhe von etwa 600 Milliarden US-Dollar (das entspricht einem Prozent des BIP im Jahr 2009). In Großbritannien kostet Fettleibigkeit den National Health Service jedes Jahr 5,1 Milliarden Pfund, wobei die weitergehenden Kosten für die Gesellschaft auf über 25 Milliarden Pfund geschätzt werden. Rauchen kostet den NHS 2,5 Milliarden Pfund, und die Kosten für die Gesellschaft belaufen sich auf über 11 Milliarden Pfund. Alkoholkonsum kostet die britische Gesellschaft etwa 52 Milliarden Pfund, wobei etwa drei Milliarden Pfund auf den NHS entfallen.[186]

Dies alles wirft eine wichtige Frage auf: Wenn uns eine gute Gesundheit am Herzen liegt, sollten wir dann nicht mehr Ressourcen und Maßnahmen darauf konzentrieren, die Lebensumstände der Menschen zu verbessern, Krankheiten vorzubeugen und individuelles Verhalten zu ändern? Wenn Menschen trinken und rauchen, sich nicht sportlich betätigen, sich schlecht ernähren, ihre Medikamente nicht einnehmen oder Arzttermine versäumen und dadurch anderen durch die höheren Steuern, die zur Finanzierung ihrer Gesundheitsversorgung erforderlich sind, Kosten aufbürden, hat die Gesellschaft dann nicht das

Recht, deren Verhalten zu beeinflussen? Hat sie nicht sogar eine Verantwortung einzugreifen? Sollten Gesundheitssysteme zum Beispiel Wege finden, die Einzelnen für die Kosten dieser Zivilisationskrankheiten mitverantwortlich zu machen?

Menschen, die sich risikoreich verhalten, die Kosten für ihre Gesundheitsversorgung aufzuerlegen, ist problematisch. Zunächst einmal ist es schwierig zu entscheiden, welche Verhaltensweisen als hinreichend riskant einzustufen sind. Das Essen von Junkfood? Sonnenbaden? Motorradfahren? Beim Motorradfahren oder Fallschirmspringen mag es sinnvoll sein, den Abschluss einer Versicherung zu verlangen, um dazu beizutragen, die Gesundheitskosten des Risikoverhaltens zu decken.[187] Aber diejenigen, deren Verhalten zu Drogensucht oder Alkoholismus führt, handeln häufig aufgrund von Umständen, die sich ihrer Kontrolle entziehen, oder aufgrund von genetischen Veranlagungen oder Umweltfaktoren.

Gleichwohl verpflichtet der Gesellschaftsvertrag in Ländern, in denen die Gesundheitskosten geteilt werden, Individuen generell dazu, Verantwortung für ihre eigene Gesundheit zu übernehmen. Die Förderung einer gesünderen Lebensweise, sowohl innerhalb als auch außerhalb des Gesundheitssektors, wird als ein legitimer Bereich für eine Gesellschaft angesehen, in das individuelle Verhalten einzugreifen.

Nicht jeder ist mit einem solchen »Paternalismus« einverstanden.[188] Einige argumentieren in der Tradition von John Stuart Mill, dass wahre Freiheit die Freiheit von allen Zwängen bedeutet, solange anderen kein Schaden zugefügt wird.[189] Andere, wie John Rawls und Amartya Sen, argumentieren, dass es bei der Freiheit darum geht, für sich selbst entscheiden zu können anstatt andere für sich entscheiden zu lassen, aber dass diese Art von Autonomie auch die Freiheit einschließt, vernünftige Einschränkungen des eigenen Verhaltens zu akzeptieren, durch die es allen besser geht.[190] Auf dieser Grundlage würde ein freies Individuum Eingriffen wie der Besteuerung ungesunder Produkte (z. B. Zigaretten), Gesetzen, die gesundes Verhalten vorschreiben (z. B. das Tragen von Sicherheitsgurten, Helmen oder Masken), Anreizen für gute Gesundheitsvorsorge (z. B. niedrigere Versicherungskosten für diejenigen, die regelmäßig Sport treiben) und sozialen Marketingkampagnen zur Förderung gesunden Verhaltens zustimmen, weil diese Maßnahmen der Gesellschaft als Ganzes zugutekommen. Der Staat muss möglicherweise nachweisen, dass die Menschen unzureichend informiert sind (z. B. durch die Kennzeichnung ungesunder Produkte), oder es kann ein breiteres öffentliches Interesse bestehen (z. B. die Verringerung von Kriminalität oder Verkehrsunfällen), um staatliches Eingreifen zu rechtfertigen.[191]

Meiner Ansicht nach gibt es eine Hierarchie dessen, was die Gesellschaft von den Einzelnen verlangen kann. Im Falle von Infektionskrankheiten oder einer Pandemie gibt es ein eindeutiges öffentliches Interesse und damit eine Rechtfertigung für strenge staatliche Maßnahmen, die sich womöglich über individuelle Präferenzen hinwegsetzen. Die Verhängung von Lockdowns, Reisebeschränkungen und das Tragen von Masken als Reaktion auf Covid-19 sind klare Beispiele dafür. Auf der nächsten Ebene stehen Verhaltensweisen, die nicht ansteckend sind (wie Rauchen oder Fettleibigkeit), aber Auswirkungen auf den Rest der Gesellschaft haben, weil sie zu höheren Ausgaben für Gesundheit oder Sozialhilfe führen. Ich finde es schwierig zu argumentieren, dass jemand, der süchtig nach Zigaretten ist oder mit Junkfood-Werbung bombardiert wird oder in einer Gemeinde ohne Zugang zu frischen Lebensmitteln oder Freizeiteinrichtungen lebt, »frei« ist. Zumindest hat die Gesellschaft das Recht, Verhaltensweisen zu unterstützen, die die Gesundheit der Bevölkerung als Ganzes verbessern. Dies wird manchmal als Änderung der Entscheidungsarchitektur bezeichnet – die Anreize, denen Menschen ausgesetzt sind –, weil die Gesellschaft jedem eine faire Chance auf ein gesundes Leben schuldig ist.

Es gibt verschiedene Möglichkeiten, wie der Staat dies tun kann. Die Besteuerung hat sich zum Beispiel als sehr effektiv erwiesen. In Entwicklungsländern führen Steueränderungen, die eine zehnprozentige Preiserhöhung mit sich bringen, im Durchschnitt zu einem Rückgang des Tabakkonsums um fünf Prozent,[192] des Alkoholkonsums um sechs Prozent[193] und des Konsums von zuckerhaltigen Getränken um 12 Prozent.[194] Eine Studie ergab, dass in den USA eine Steuer von einem Cent pro Unze auf zuckerhaltige Getränke über einen Zeitraum von zehn Jahren 23 Milliarden Dollar an Gesundheitskosten einsparen könnte.[195] In Großbritannien und Mexiko erwartete man ähnliche Vorteile, wenn Steuern zur Reduzierung von Fettleibigkeit und Diabetes eingesetzt würden.[196] Wenn alle Länder ihre Verbrauchssteuern erhöhen würden, um die Preise von Tabak, Alkohol und zuckerhaltigen Getränken um 50 Prozent anzuheben, könnten in den nächsten 50 Jahren weltweit über 50 Millionen vorzeitige Todesfälle verhindert und gleichzeitig über 20 Billionen Dollar an zusätzlichen Einnahmen erzielt werden.[197] Es ist auch möglich, Menschen dafür zu bezahlen, gesündere Entscheidungen zu treffen – in Lateinamerika beispielsweise werden

Geldtransfers manchmal von der Impfung der Kinder abhängig gemacht.

Auch andere Arten von Interventionen, die darauf abzielen, Verhaltensänderungen zu fördern, können gut funktionieren, auch wenn es immer am schwierigsten ist, in benachteiligten Bevölkerungsgruppen eine Wirkung zu erzielen. Ein Programm, das Menschen helfen soll, besser mit chronischen Krankheiten umzugehen, kam bereits über einer Million Menschen in 30 Ländern zugute. Die Teilnehmer treffen sich in Kleingruppen-Workshops, um den Umgang mit Schmerzen und Depressionen, Übungen, die richtige Anwendung von Medikamenten, Ernährung, die Bewertung neuer Behandlungen und die Kommunikation mit denjenigen zu lernen, die für sie sorgen. Eine strenge Evaluierung ergab, dass die Teilnehmenden im Vergleich zu Nichtteilnehmern weniger Krankenhausaufenthalte und -übernachtungen hatten und dass die Kosteneinsparungen erheblich waren.[198] Beratungsstellen, die Menschen durch regelmäßige Telefongespräche mit Beratern dabei helfen, mit dem Rauchen aufzuhören, haben sich in vielen Ländern und bei unterschiedlichen Bevölkerungsgruppen als wirksam erwiesen – und das zu sehr geringen Kosten. Schulbasierte Programme, die Bewegungs- und Verhaltensunterstützung zur Reduzierung der Kalorienaufnahme fördern, haben sich ebenfalls als kosteneffektiv bei der Verbesserung der qualitätskorrigierten Lebensjahre erwiesen.[199]

Viele Länder haben »Nudges« (Anstöße) eingesetzt, um die Menschen zu besseren Entscheidungen zu bewegen, obwohl die Beweise für die Nachhaltigkeit solcher Maßnahmen nicht eindeutig sind.[200] Dabei handelt es sich oft um unauffällige und scheinbar geringe Eingriffe in die Umgebung oder in die Art und

Weise, wie Optionen präsentiert werden, die darauf abzielen, die unbewussten Vorlieben und Verhaltensmuster von Menschen nutzbar zu machen. Die wahrscheinlich effektivsten Anstöße sind Standardoptionen, bei denen eine Person gefragt wird, ob sie ein gewünschtes Verhalten ablehnen möchte, anstatt sich dafür zu entscheiden.[201] Die menschliche Neigung zur Trägheit bedeutet, dass Individuen dazu tendieren, bei der Standardoption zu bleiben, welche auch immer es sein mag. So ist die Anzahl der Organspenden in Ländern mit Regelungen, die eine Zustimmung voraussetzen, solange die Menschen sich nicht anders entscheiden, etwa viermal höher. Standardoptionen haben sich auch als wirksam erwiesen, um die Inanspruchnahme von Grippeschutzimpfungen und HIV-Tests sowie die Einschreibung in Spar- oder Rentensysteme zu erhöhen. Solche Maßnahmen sind in der Regel effektiver, wenn sie eine einmalige Verhaltensänderung erfordern (z. B. eine Impfung), und weniger effektiv, wenn eine dauerhafte Verhaltensänderung erforderlich ist (z. B. eine Umstellung der Ernährung oder des Übungsprogramms). Oft funktionieren Anstöße am besten, wenn sie durch Gesetzesänderungen (etwa ein Rauchverbot in Gebäuden) und öffentliche Informationskampagnen (etwa Warnhinweise auf Zigarettenschachteln) ergänzt werden.

Aber auch wenn die Förderung gesünderer individueller Verhaltensweisen wichtig ist, zeigen viele Forschungsergebnisse, dass eine Reihe anderer sozialer Faktoren noch wichtiger ist. Ungesunde Lebensweisen sind eng mit dem Aufwachsen und Leben in Armut verbunden.[202] In jedem Land der Welt leben die Reichen länger und gesünder als die Armen. Dies spiegelt die Tatsache wider, dass sie bessere Chancen haben, eine gute Gesundheit zu erlangen. Diese Chancen beruhen auf einer Vielzahl von Faktoren: der Qualität der Erfahrungen, die ein Kind in den ersten Lebensjahren macht, der Bildung und dem Aufbau persönlicher und gemeinschaftlicher Resilienz, einer qualitativ hochwertigen Beschäftigung und guten Arbeitsbedingungen, einem ausreichenden Einkommen, um ein gesundes Leben zu führen, dem Leben in einer gesunden Umwelt und öffentlichen Gesundheitsmaßnahmen zu Themen wie Rauchen und Fettleibigkeit.[203] Wirksame Maßnahmen in diesen sechs Bereichen werden die Kosten für eine bessere Gesundheit für alle massiv senken. Gleichwohl hat keiner dieser Faktoren etwas mit der Qualität des jeweiligen Gesundheitssystems zu tun; stattdessen werden sie von den anderen Aspekten des in diesem Buch beschriebenen Gesellschaftsvertrags bestimmt.

Dieses Kapitel hat gezeigt, wie ein neuer Gesellschaftsvertrag im Gesundheitswesen gestaltet werden könnte. Im Mittelpunkt steht ein garantiertes Minimum an Primärversorgung und öffentlichen Gesundheitsleistungen für alle. Wenn die Einnahmen der Länder steigen, werden sie in der Lage sein, ein wachsendes Angebot an verbesserten Gesundheitstechnologien bereitzustellen. Die Kosten für solche Verbesserungen können durch die Beachtung von Kosteneffizienz und Gerechtigkeit in Verbindung mit digitalen Technologien, die auf eine individualisiertere, häusliche Versorgung abzielen, gehandhabt werden. Und individuelle Verhaltensänderungen können durch Steuerpolitik und Anstöße für eine gesunde Lebensweise gefördert werden. Doch hinter alldem steht der Gesellschaftsvertrag als Ganzes. Nur er kann sicherstellen, dass jede und jeder die Chance hat, ein gesundes Leben zu führen.

5
ARBEIT

Nach dem Fall der Berliner Mauer besuchte ich eine ehemalige Panzerfabrik in der Slowakei, die Teil des hochintegrierten Produktionssystems des sowjetischen Militärs gewesen war. Die Fabrik war der einzige Arbeitgebende der Stadt und bot nicht nur Arbeitsplätze, sondern finanzierte auch den örtlichen Kindergarten, Sportanlagen und das Gemeindezentrum. Die Ingenieure, die dort arbeiteten, hatten einen genialen Plan entwickelt, um mit dem Zusammenbruch der kommunistischen Wirtschaft fertigzuwerden – sie hatten die Produktion von Panzern auf Gabelstapler umgestellt. Die Beschäftigten begrüßten mich und meine Kollegen von der Weltbank am Fabrikeingang mit einem höchst ungewöhnlichen Ballett, aufgeführt von ihren neu produzierten Gabelstaplern, die elegant ihre Hubarme hoben und Pirouetten drehten, begleitet von klassischer Musik. Es war ein seltener Fall von erfolgreicher Umwandlung einer sterbenden Industrie in eine neue.[204]

In jeder Gesellschaft arbeiten leistungsfähige Männer und zunehmend Frauen, um sich und ihre Familien zu ernähren und Steuern für das Gemeinwohl zu zahlen. Dies ist die hauptsächliche Art und Weise, wie wir uns in den Gesellschaftsvertrag einbringen und zu unseren Gemeinschaften und der Gesellschaft insgesamt beitragen. Aber Arbeit ist auch ein wichtiger Teil der Selbstbestimmung, indem sie den Menschen ein Gefühl von Sinn und Selbstwert verleiht. Und indem wir in unseren Arbeitsjahren einen Beitrag zur Gesellschaft leisten, stellen wir sicher, dass die nächste Generation genauso von den Sozialleistungen profitieren kann wie wir und dass auch wir selbst im Alter wieder davon profitieren. Wie im ersten Kapitel gezeigt, geht es beim Wohlfahrtsstaat oft weniger darum, Geld von den Reichen zu den Armen zu transferieren (die Robin-Hood-Funktion), als vielmehr darum, den Menschen zu helfen, ihren lebenslangen Verbrauch auszutarieren und, was entscheidend ist, ihnen eine Absicherung zu bieten, wenn etwas schiefgeht (die Sparschwein-Funktion).

Der Zusammenbruch der Sowjetunion und der Fall der Berliner Mauer waren einschneidende Ereignisse, die das Leben von Millionen von Menschen betrafen und ganze Industrien und Gemeinwesen zwangen, sich anzupassen. Aber ökonomische Verwerfungen kommen häufig vor, manche plötzlich und dramatisch, andere eher schleichend und schwieriger zu erkennen, aber sie alle verursachen Perioden der Arbeitslosigkeit. Wenn dies geschieht, bestimmt der Gesellschaftsvertrag, wie die Gesellschaft die Menschen unterstützt, bis sie wieder arbeiten und ihren Beitrag leisten können.

In den kommenden Jahren ist mit weiteren ökonomischen Verwerfungen zu rechnen, nicht nur wegen der Covid-19-Pandemie und ihrer Folgen, sondern auch wegen des rasanten technologischen Wandels im Zusammenhang mit der digitalen Revolution und der Automatisierung. Die Angst vor diesen Verwerfungen beeinflusst bereits die Politik vieler Länder. Unterdessen beobachten wir in reichen wie in armen Ländern eine zunehmende Diversität der Arbeitskräfte bei gleichzeitig sinkender Arbeitsplatzsicherheit. Dies ist besonders verheerend für diejenigen gewesen, die in geografisch isolierten Industrien wie dem Bergbau arbeiten oder in größeren Industriestädten leben, die von einem einzigen Produktionsbetrieb dominiert werden, wie diejenige, die ich in der Slowakei besucht habe. Die moderne Wirtschaftsgeografie zieht Talente und Investitionen in die Großstädte, was zu Spannungen zwischen den urbanen Zentren und den Menschen in zurückgelassenen Regionen führt.[205] Diejenigen, die in solchen Regionen leben, haben oft das Gefühl, der Chance beraubt worden zu sein, Erfolg zu haben. Was sich in weiten Teilen Osteuropas nach dem Zusammenbruch der Sowjetunion ereignete, fand auch an Orten wie dem »Rust belt« in den Vereinigten Staaten, dem Nordosten Englands und in Regionen der Dritten Welt, die von der Rohstoffindustrie abhängig sind, statt.

Dieses Kapitel wird zeigen, wie sich der Gesellschaftsvertrag in Bezug auf die Arbeit ändern muss, wenn wir wirtschaftliche Schocks und technologische Veränderungen sowohl effizient als auch auf humane Weise bewältigen wollen. Das bedeutet, neu und anders über die Aufteilung von Risiken zwischen Individuen, Familien, Arbeitgebenden und der Gesellschaft als Ganzes nachzudenken.

Was ist aus der Arbeit geworden?

Das traditionelle Arbeitsmodell in Industriestaaten sieht vor, dass die meisten Erwachsenen einer Vollzeitbeschäftigung nachgehen und über irgendeine Form von Lohnsteuer verpflichtende Beiträge an die Gesellschaft leisten. Im Gegenzug erhalten sie eine Arbeitslosenversicherung, eine Altersrente und in einigen

Ländern eine Krankenversicherung. In einkommensschwachen Ländern hingegen arbeitet die Mehrheit der Bevölkerung im informellen Sektor ohne Zugang zu rechtsgültigen Verträgen, Arbeitslosengeld oder anderen Formen der Sozialversicherung.[206] Stattdessen müssen sie sich in Zeiten wirtschaftlicher Not auf ihre Familie und ihre Gemeinschaft verlassen. Aber die Frage, wer arbeitet, hat sich in jüngster Zeit dramatisch verändert, und das wiederum hat den Charakter der bestehenden Regelungen beeinflusst.

Traditionell bestand die Erwerbsbevölkerung hauptsächlich aus Männern im Alter zwischen 18 und 60 Jahren. Heute sind überall auf der Welt Frauen in großer Zahl in die Arbeitswelt eingetreten. Weniger junge Menschen sind erwerbstätig, da eine größere Zahl von ihnen in der Hoffnung auf höhere Löhne im späteren Leben länger in der Ausbildung verweilt; heute treten viele erst weit in ihren Zwanzigern ins Berufsleben ein. Mehr alte Menschen arbeiten, da das Rentenalter in vielen Ländern steigt und viele mehr ansparen müssen, um ihren Bedarf im Alter zu decken. Die heutige globale Erwerbsbevölkerung ist älter und diverser in Bezug auf Geschlecht und Arbeitsmuster.

Eine diversere Erwerbsbevölkerung hat dazu geführt, dass ein wachsender Anteil von Beschäftigten in flexibleren Arbeitsverhältnissen arbeitet. Tatsächlich ist dies in den letzten Jahrzehnten der Haupttreiber für die Zunahme an Arbeitsplätzen gewesen.[207] Jobs sind immer häufiger durch befristete Verträge, Teilzeitvereinbarungen und sogenanntes Gig-Working gekennzeichnet, bei dem, vermittelt über eine Onlineplattform, kurzfristige Dienstleistungen für verschiedene Arbeitgebende erbracht werden. Leistungen wie Sozialversicherungen sind oft nicht vorgesehen, sodass die Risiken eines Ausfalls ausschließlich vom Arbeitnehmenden getragen und nicht mit einem einzelnen Arbeitgebenden geteilt werden. Arbeitnehmende tragen zunehmend die Verantwortung dafür, wie viele Stunden sie arbeiten, wie sie ihre Kompetenzen auf dem Laufenden halten, wie sie sich über Wasser halten, wenn sie krank werden, und wie sie ihr Auskommen im Alter sichern.

Interessanterweise ist das Muster überall das gleiche. Wir neigen dazu, die informelle Wirtschaft der Gelegenheitsarbeit ohne Sozialleistungen mit Entwicklungsländern in Verbindung zu bringen, wo nur ein winziger Bruchteil der Arbeitskräfte im formellen Sektor, etwa in der Verwaltung oder in großen Unternehmen, beschäftigt ist. Doch die wachsende Informalität ist heute ein Kennzeichen sowohl der reichen als auch der armen Länder, da die Festanstellung in den Industriestaaten durch mehr Teilzeitarbeit, freiberufliche Tätigkeit und Null-Stunden-Verträge ersetzt wird – bei denen die Arbeitnehmenden verfügbar sein müssen, ihnen aber keine Stundenzahl und kein Lohn garantiert werden.

Die Arbeitsplatzstabilität, gemessen an der Dauer, die ein Beschäftigter in seinem aktuellen Job verbracht hat, ist in allen Industriestaaten gesunken.[208] Die stärksten Rückgänge gab es bei Arbeitnehmenden mit geringerer Bildung und ohne Abschluss der Sekundarstufe II (mehr als 9 Jahre Ausbildung). Auch die Unterbeschäftigung, bei der Arbeitnehmende lieber mehr Stunden arbeiten würden, hat zugenommen, insbesondere bei Jüngeren, Frauen und Beschäftigten ohne jede höhere Bildung. Jüngere ohne höhere Bildung sind besonders betroffen, sie sind oft unterbeschäftigt oder haben eine sehr schlecht bezahlte Arbeit. Junge Menschen mit höherer Bildung haben besser abgeschnitten, aber im OECD-Durchschnitt sind sie im Vergleich zu früher immer noch häufiger in schlecht als in gut bezahlten Jobs beschäftigt.

Dieses Phänomen wurde durch einen Abbau der Arbeitsmarktregulierung seit den 1980er- und 1990er-Jahren ermöglicht. In allen Industriestaaten hat das Streben nach Effizienz den Arbeitgebenden mehr Flexibilität bei der Einstellung und Entlassung von Angestellten und bei den Leistungen gegeben, die sie erbringen müssen. Sogar in Europa, das üblicherweise als die Region mit den am stärksten regulierten Arbeitsmärkten gilt, hat etwa ein Drittel der Arbeitnehmenden sogenannte alternative Arbeitsverträge, bei denen sie weniger verdienen und in der Regel keinen Anspruch auf Leistungen wie Boni, Gewinnbeteiligung, Überstundenvergütung, Schulungen und Karriereentwicklung haben.[209]

Ironischerweise sind diese alternativen Verträge größtenteils als Ergebnis der Bemühungen der Arbeitgebenden entstanden, die Einschränkungen eines stark regulierten formellen Sektors zu umgehen. Das Ergebnis ist ein zweigeteilter Arbeitsmarkt – ein stark regulierter formeller und ein weit weniger regulierter informeller. In den letzten Jahren wurde die Regierungspolitik in vielen Ländern darauf ausgerichtet, flexibles Arbeiten zu ermöglichen und zu fördern. Zum Beispiel haben die Hartz-Reformen in Deutschland, die im Jahr 2002 eingeführt wurden, die Zahl der Zeitarbeitenden auf etwa fünf Prozent aller Beschäftigten erhöht, was etwa einer Million Menschen entspricht.[210] Die meisten dieser befristeten Arbeitsverhältnisse dauerten weniger als drei Monate und waren in der Regel in schlecht bezahlten

Branchen wie dem Einzelhandel, dem Gast- und dem Baugewerbe angesiedelt. Null-Stunden-Verträge betreffen heute etwa drei Prozent der arbeitenden Bevölkerung in Großbritannien, 2,6 Prozent in den USA, vier Prozent in Finnland und 6,4 Prozent in den Niederlanden.[211]

In den USA hat die Zunahme von Outsourcing das Phänomen der Leiharbeit hervorgebracht, bei der Arbeitnehmende nicht bei dem Unternehmen angestellt sind, das von ihrer Arbeit profitiert. In der Wirtschaftswissenschaft besagt die »Theorie des Unternehmens«, dass der Grund für die Existenz von Unternehmen darin liegt, dass es nicht möglich ist, alles auszulagern, sodass es sinnvoll ist, Aktivitäten innerhalb einer Organisation zu bündeln. Viele Unternehmen haben mit der Auslagerung von Tätigkeiten begonnen, die nicht zum Kerngeschäft gehören, zum Beispiel Reinigung, Catering, Sicherheit, Buchhaltung und Lohnbuchhaltung, oft an Leiharbeitende. Zunehmend werden aber auch zahlreiche Kerntätigkeiten ausgelagert, sodass Programmierer, Produktdesignerinnen, Anwälte, Buchhalterinnen und Architekten auf der Basis von Werkverträgen arbeiten. Der Anteil der US-amerikanischen Beschäftigten mit alternativen Verträgen stieg von etwa 11 Prozent im Jahr 1995 auf 16 Prozent im Jahr 2015.[212] Dies hat sich sogar noch verschärft, da Onlineplattformen wie Uber und Deliveroo es Arbeitnehmenden ermöglicht haben, ihre Arbeitskraft an ein Unternehmen zu verkaufen und nicht einmal als Arbeitnehmende zu gelten, was jedoch vielerorts infrage gestellt wird.

Selbstständige und Gig-Beschäftigte stehen vielleicht am flexibelsten Ende des Beschäftigungsspektrums. Gig-Arbeit ist durch niedrige Löhne und geringe Arbeitszeiten gekennzeichnet und stellt einen kleinen (aber oft wachsenden) Anteil der Erwerbsbevölkerung dar – fünf Prozent in Italien, sieben Prozent in Großbritannien und 14 Prozent in den USA.[213] Die Mehrheit der Gig-Beschäftigten kann sich aussuchen, wann und wo sie arbeiten möchte. Umfragen zeigen, dass 80 Prozent von ihnen Gig-Arbeit nutzen, um ihr Einkommen aufzubessern, wenn es sinkt oder wenn sie es brauchen. Nur eine Minderheit (16 Prozent laut einer Erhebung) verlässt sich auf Gig-Arbeit als einzige Einkommensquelle.

Dieser Trend zu flexibleren Arbeitsmärkten geht einher mit dem Rückgang des Anteils der durch Gewerkschaften vertretenen Arbeitnehmenden. Die letzten Jahrzehnte waren weltweit durch einen stetigen Niedergang der Gewerkschaftsmacht gekennzeichnet, da sich die Mitgliederzahl von geschätzten 36 Prozent im Jahr 1990 auf 18 Prozent im Jahr 2016 halbierte.[214] Dieser Niedergang wurde durch viele Faktoren vorangetrieben, darunter der Rückgang der Industrie im Verhältnis zum Dienstleistungssektor, die Zunahme flexibler Arbeitsverhältnisse und das veränderte Verhalten junger Menschen. Heute variiert die Mitgliedschaft in Gewerkschaften enorm, von weit über 60 Prozent in den nordischen Ländern wie Dänemark, Schweden oder Finnland bis zu unter zehn Prozent in den meisten Entwicklungsländern.[215] Auch der Beschäftigungsschutz, definiert als Gesetzgebung, die Arbeitnehmende vor individueller und kollektiver Entlassung schützt, wurde tendenziell aufgeweicht.

Während die Arbeitsmarktreformen in vielen Industriestaaten auf Liberalisierung und Deregulierung abzielten, ging die Tendenz in vielen Entwicklungsländern mit einer Ausweitung von Arbeitsmarktregulierungen für den geringen Anteil von Beschäftigten im formellen Sektor in die entgegengesetzte Richtung. Diese Regulierungen sollen das Fehlen adäquater sozialer Sicherungssysteme ausgleichen und betreffen häufig Meldepflichten bei Vertragsbeendigung, die Regulierung befristeter Verträge sowie Abfindungsansprüche.[216] Tatsächlich reduzieren sie, um die fehlende Sicherheit wettzumachen, die Flexibilität, während sie nur einer Minderheit der Arbeitskräfte Schutz bieten – eine schlechte politische Entscheidung, die dazu neigt, die gleiche Art von gespaltenem Arbeitsmarkt wie in Europa zu schaffen, wo die Beschäftigten im formellen Sektor geschützt und diejenigen, die sich außerhalb befinden (oft die Jungen und Armen), ungeschützt sind.

Was bedeutet flexibleres Arbeiten für Arbeitnehmende?

Flexiblere Arbeitsregelungen sind ein wichtiger Grund, weshalb viele Arbeitsplätze geschaffen werden. Unternehmen sind bereit, Arbeitskräfte einzustellen, weil sie wissen, dass sie die Möglichkeit haben, diese zu entlassen, wenn die Nachfrage sinkt. Arbeitgebende in Branchen wie der Landwirtschaft oder dem Tourismus, die es mit einer zyklischen Nachfrage zu tun haben, können ihre Belegschaft erweitern, falls erforderlich, und reduzieren, wenn sie sie nicht mehr brauchen. Flexibilität ermöglicht mehr Effizienz und hat vermutlich dazu geführt, dass Unternehmen nach der globalen Finanzkrise im Jahr 2008 schneller wieder Arbeitskräfte eingestellt haben. Für einige Arbeitnehmende, zum Beispiel Frauen, bedeutet größere Flexibilität, dass sie ihre beruflichen Verpflichtungen mit anderen Aspekten ihres Lebens in Einklang bringen können.

Aber Flexibilität bedeutet auch weniger Sicherheit, da ein

größerer Teil der Risiken auf die Arbeitnehmenden abgewälzt wird. Die jüngste Covid-19-Pandemie hat die Gefahren dieser Situation aufgezeigt, bei der Arbeitnehmende in prekären Arbeitsverhältnissen, Selbstständige und Beschäftigte mit Zeitverträgen auf der ganzen Welt am ehesten ihre Existenzgrundlage verlieren. Prekarität hat erhebliche Folgen für die physische und psychische Gesundheit der Arbeitnehmenden. Angesichts unsicherer Einkommen treibt viele Beschäftigte heute die Sorge um, ihre Rechnungen nicht bezahlen und ihr Leben nicht planen zu können. Arbeitnehmende, die entlassen werden, sind anfälliger für neue Krankheiten, haben eine geringere Lebenserwartung, verdienen später im Leben weniger und haben weniger Vertrauen in andere Menschen.[217] Auch Unternehmen leiden unter den negativen Folgen von Entlassungen, etwa durch Rufschädigung, niedrigere Aktienkurse, höhere Personalfluktuation und schlechtere Leistung und Arbeitszufriedenheit bei der verbleibenden Belegschaft.[218] All dies ist schlecht für die Produktivität und die Fähigkeit, in Zukunft neue Arbeitsplätze zu schaffen.

Diese Trends wirken sich auch auf den allgemeinen Lebensstandard aus. Einerseits haben die neuen Beschäftigungsarten dazu geführt, dass die Preise in den Sektoren gesunken sind, in denen Arbeitsplätze flexibel sind und der Wettbewerb stark ist, etwa in den Bereichen Bekleidung, Kommunikation, Einrichtung, Gastronomie und bei den Fluggesellschaften, und zwar in einem solchen Umfang, dass die Durchschnittsperson sechs Wochen weniger im Jahr arbeiten und trotzdem die gleiche Menge dieser Güter konsumieren kann wie im Jahr 2000.[219] Auf der anderen Seite sind die Kosten für Grundbedürfnisse wie Wohnen, Bildung und Gesundheitsversorgung – Sektoren, in denen der

Wettbewerb eingeschränkt ist – viel schneller gestiegen als andere Verbraucherpreise und absorbieren einen wachsenden Anteil der Haushaltseinkommen.

Wohnen ist für die meisten Haushalte der größte Ausgabeposten, und dort, wo die besten Arbeitsplätze sind, müssen die Beschäftigten mehr dafür bezahlen. Doch vielerorts ist der soziale oder öffentliche Wohnungsbau im Niedergang begriffen, und die Immobilieninvestitionen des Privatsektors werden durch Bebauungspläne, Vorschriften und unzureichende Bereitstellung von Infrastruktur beschränkt. Eine durchschnittliche Person arbeitet vier Wochen länger, um die gleiche Menge an Wohnraum, Bildung oder Gesundheitsversorgung zu konsumieren wie noch vor zwei Jahrzehnten. Während wir elektronische Geräte, Daten und »Fast Fashion« billiger als je zuvor kaufen können, sind die Dinge, die für die Menschen am wichtigsten sind – etwa ein Zuhause zu haben und sich um die Gesundheit zu kümmern –, teurer geworden. In einigen Ländern, zum Beispiel in Großbritannien, haben die höheren Preise für den Grundbedarf alle Einkommenszuwächse der letzten zwei Jahrzehnte aufgezehrt. Diese Entwicklungen erklären zu einem erheblichen Teil, warum sich viele Haushalte trotz der Einkommenssteigerungen in vielen Ländern schlechter gestellt fühlen.

Ein gutes Beispiel für diese Zielkonflikte des Lebensstandards ist die Branche der Billigfluggesellschaften. Diese haben Millionen von Menschen Auslandsurlaube zugänglich gemacht. Die niedrigen Tarife wurden zum Teil dadurch erreicht, dass Arbeitsplätze in der Luftfahrt, die früher feste Vollzeitstellen waren, durch Leiharbeit, freiberufliche Tätigkeit und Null-Stunden-Verträge ersetzt wurden. In Europa hatten 20 Prozent des

Kabinenpersonals und 18 Prozent der Piloten vor der Covid-Pandemie keinen festen Vertrag mit einem einzigen Arbeitgebenden. 97 Prozent des Kabinenpersonals mit flexibleren Verträgen arbeiteten für eine Billigfluggesellschaft.[220] Diejenigen, die mit diesen Fluggesellschaften fliegen, profitieren eindeutig davon; diejenigen, die für sie arbeiten, haben Jobs, die sie sonst vielleicht nicht gehabt hätten, sind aber wahrscheinlich schlechter dran, als sie es mit einem traditionelleren Arbeitsvertrag gewesen wären.

Zusammenfassend lässt sich sagen, dass die Beschäftigten heute mit einer Welt konfrontiert sind, in der sie weniger Arbeitsplatzstabilität und mehr individuelle Risiken in Bezug auf Arbeitslosigkeit, Krankheit und Alter haben. Wenn sie gut ausgebildet und hoch qualifiziert sind und in einer Großstadt leben, haben sie wahrscheinlich gute Chancen. Sind sie das nicht, sind ihre Aussichten weniger gut und unsicherer. Aber diese Situation wird von einem weiteren Faktor überlagert, der die Zukunft der Arbeit dramatisch beeinflussen wird: die Automatisierung.

Wie sieht die Zukunft der Arbeit aus?

Seit die Ludditen in den soeben automatisierten Textilfabriken im England des 19. Jahrhunderts die Maschinen stürmten, wurde jede Welle technologischer Innovation von Ängsten vor dem Verlust des Arbeitsplatzes begleitet. Zweifellos ersetzt Technologie oft Arbeit (woraus viele der Produktivitätsgewinne herrühren), aber sie ergänzt auch Arbeit, indem sie neue Möglichkeiten schafft.

Die heutige Automatisierung und das maschinelle Lernen werden tendenziell einige Arbeitnehmende ersetzen – diejenigen, die repetitive und Routineaufgaben erledigen –, aber sie werden zugleich die Produktivität anderer erhöhen: derjenigen, zu deren Aufgaben Problemlösung, Kreativität und der Umgang mit Menschen gehören. Ein Arzt oder eine Ärztin mag sich bei der Diagnose von Brustkrebs auf eine Maschine verlassen, aber dadurch bleibt ihm oder ihr mehr Zeit, um mit der Patientin über Therapiepläne zu sprechen, was womöglich zu besseren Heilungsergebnissen führt. Tabelle 2 zeigt Beispiele für Aufgaben, die wahrscheinlich gleichbleiben werden, solche, die möglicherweise überflüssig werden, und neue Aufgaben, die künftige Jobchancen schaffen werden. Interessanterweise gehören zu den Aufgaben, die wahrscheinlich überflüssig werden, nicht nur geringer qualifizierte Jobs wie Datenerfassung und Fahrer, sondern auch traditionell höher qualifizierte Berufe wie Rechtsanwälte und Finanzanalysten.[221]

Befürchtungen, dass Roboter die meisten menschlichen Arbeitskräfte ersetzen werden und wir einen Weg finden müssen, Einkommen an eine zukünftige Masse von Arbeitslosen zu transferieren, sind wohl verfrüht. Während einer früheren Welle der Besorgnis über technologisch bedingte Arbeitslosigkeit schrieb der Nobelpreisträger Herbert Simon in den 1960er-Jahren: »Soweit es sich überhaupt um wirtschaftliche Probleme handelt, sind die Probleme der Welt für diese und die nächste Generation Knappheit, nicht unerträglicher Überfluss. Das Schreckgespenst der Automatisierung verschlingt auf beunruhigende Weise Kapazitäten, die für die wirklichen Probleme aufgespart werden sollten – wie Bevölkerung, Armut, die Bombe und unsere eigenen Neurosen.«[222]

Stattdessen sind die wirklich wichtigen Fragen die folgenden:

Tabelle 2

Stabile, neu entstehende und überflüssige Jobs

Stabile Aufgaben
Generaldirektoren, Generaldirektorinnen und Vorstände
Geschäftsführende und Betriebsleitende*
Software- und Anwendungsentwickler und -entwicklerinnen sowie Analysten und Analystinnen*
Datenanalysten und -analystinnen sowie Wissenschaftler und Wissenschaftlerinnen*
Vertriebs- und Marketingexperten und -expertinnen*
Handelsvertretende für Großhandel und Fertigung, technische und wissenschaftliche Produkte
Spezialisten und Spezialistinnen für Personalwesen
Finanz- und Anlageberatende
Datenbank- und Netzwerkprofis
Spezialisten und Spezialistinnen für Lieferketten und Logistik
Spezialisten und Spezialistinnen für Risikomanagement
Analysten und Analystinnen für Informationssicherheit*
Management- und Organisationsanalysten und -analystinnen
Ingenieure und Ingenieurinnen für Elektrotechnik
Spezialisten und Spezialistinnen für Organisationsentwicklung*
Anlagenbetreibende für chemische Verarbeitung
Lehrkräfte an Universitäten und Hochschulen
Compliance-Beauftragte
Energie- und Erdölingenieure und -ingenieurinnen
Robotik-Spezialisten und -Spezialistinnen sowie Robotik-Ingenieure und -Ingenieurinnen
Anlagenbetreibende von Erdöl- und Erdgas-Raffinerien

Neue Aufgaben
Datenanalysten und -analystinnen, Wissenschaftler und Wissenschaftlerinnen*
Spezialisten und Spezialistinnen für KI und maschinelles Lernen
Geschäftsführende und Betriebsleitende*
Big-Data-Spezialisten und -Spezialistinnen
Spezialisten und Spezialistinnen für digitale Transformation
Vertriebs- und Marketingexperten und -expertinnen*
Spezialisten und Spezialistinnen für neue Technologien
Spezialisten und Spezialistinnen für Organisationsentwicklung*
Software- und Anwendungsentwickler und -analysten*

IT-Dienstleistende
Spezialisten und Spezialistinnen für Prozessautomatisierung
Innovationsmanager und -managerinnen
Analysten und Analystinnen für Informationssicherheit*
Spezialisten und Spezialistinnen für E-Commerce und Social Media
Designer und Designerinnen von User Experience und Mensch-Maschine-Interaktion
Spezialisten und Spezialistinnen für Training und Entwicklung
Robotik-Spezialisten und -Spezialistinnen sowie Robotik-Ingenieure und -Ingenieurinnen
Spezialisten und Spezialistinnen für People & Culture
Beschäftigte in der Kundeninformation und im Kundendienst*
Designer und Designerinnen für Service und Lösungen
Spezialisten und Spezialistinnen für digitales Marketing und Strategie

Überflüssige Aufgaben
Sachbearbeitende für Dateneingabe
Sachbearbeitende für Buchhaltung, Buchführung und Lohnbuchhaltung
Verwaltungs- und Vorstandssekretärinnen und -sekretäre
Montage- und Fabrikarbeiter und -arbeiterinnen
Beschäftigte in der Kundeninformation und im Kundendienst*
Manager und Managerinnen für Unternehmensdienstleistungen und Verwaltung
Beschäftigte in der Buchhaltung und Wirtschaftsprüfung
Sachbearbeitende für Materialerfassung und Lagerhaltung
Geschäftsführende und Betriebsleitende*
Postbedienstete
Finanzanalysten und -analystinnen
Kassierende und Schalterbeamte
Mechaniker und Mechanikerinnen, Maschinenreparateure
Telefonverkäufer und -verkäuferinnen
Installateure und Installateurinnen sowie Reparateure und Reparateurinnen für Elektronik und Telekommunikation
Bankangestellte und verwandte Sachbearbeitende
Auto-, Transporter- und Motorradfahrer und -fahrerinnen
Personal für Verkauf und Einkauf, Makler
Tür-zu-Tür-Verkaufende, Zeitungs- und Straßenverkaufende und verwandte Jobs
Sachbearbeitende für Statistik, Finanzen und Versicherungen
Anwälte und Anwältinnen

* Erscheinen in mehreren Aufgabenbereichen. Dies spiegelt die Tatsache wider, dass die Nachfrage in einer Branche stabil oder rückläufig sein kann, in einer anderen aber erhöht ist.

Wie können wir die Vorteile der Flexibilität beibehalten und gleichzeitig die Risiken und die Unsicherheit für die Arbeitnehmenden verringern? Wie können wir den Beschäftigten unter veränderten Arbeitsverhältnissen Einkommenssicherheit und Sozialleistungen garantieren? Wie können wir mehr qualitativ hochwertige Arbeitsplätze schaffen? Wie können wir Arbeitnehmenden ermöglichen, sich fortzubilden und anzupassen, wenn sich die Arbeitsplätze verändern, was als Reaktion auf Automatisierung und maschinelles Lernen unweigerlich der Fall sein wird?

Wie sollte sich der Gesellschaftsvertrag verändern?

In den meisten Ländern sind die Systeme der Arbeitsregulierung und der sozialen Absicherung weder für die Art von Arbeitsverhältnissen, die sich auf dem heutigen Arbeitsmarkt immer mehr durchsetzt, noch für die beschleunigte Vernichtung und Erschaffung von Arbeitsplätzen, mit der wir es zu tun haben, gut gerüstet. Insgesamt hat sich die Waage zu sehr in Richtung Flexibilität geneigt – auf Kosten hinreichender Sicherheit und Unterstützung.

Die genaue Balance zwischen Flexibilität und Schutz schwankt derzeit zwischen einzelnen Ländern enorm, wie Abbildung 10 zeigt. Einige, darunter der größte Teil Europas, bieten geringe Flexibilität und hohen Schutz; andere, wie die Vereinigten Staaten, bieten hohe Flexibilität und geringen Schutz; die meisten Länder Asiens, Afrikas, des Nahen Ostens und Lateinamerikas wiederum bieten geringen Schutz und geringe Flexibilität im formellen Sektor und hohe Flexibilität für die Beschäftigten im informellen Sektor. Nur einige wenige Länder, darunter Dänemark, Neuseeland, Japan und Australien, befinden sich im »Sweetspot«, im optimalen Bereich hoher Flexibilität und hohen Schutzes. Diese Länder schaffen es, sowohl den Arbeitgebenden Flexibilität zu bieten, um ihre Belegschaft an wirtschaftliche Krisen anzupassen, als auch sicherzustellen, dass Arbeitnehmende dabei unterstützt werden, den Arbeitsplatz zu wechseln und zugleich einen angemessenen Lebensstandard aufrechtzuerhalten.

In den nordischen Ländern wechseln Arbeitnehmende problemlos von einem Arbeitsplatz zum andern.[223] In der Tat wird in Schweden, Dänemark und Finnland häufiger der Job gewechselt als irgendwo sonst in Europa. Das verleiht den Arbeitgebenden die Flexibilität, ihre Belegschaft zu verändern, um sich an Marktbedingungen anzupassen, wissend, dass ihre Beschäftigten leicht einen anderen Job finden werden. Sie können darauf vertrauen, weil ihre Regierungen mehr für Ausbildung und Umschulung ausgeben als die meisten anderen Länder – mehr als zehnmal so viel, gemessen am Anteil am Nationaleinkommen, als Länder wie die Vereinigten Staaten und Großbritannien.

Ein neuer Gesellschaftsvertrag, der Flexibilität und Sicherheit erfolgreich ausbalanciert, wird mehrere Dimensionen haben müssen, da die Verwerfungen, mit denen die Menschen konfrontiert werden können, variieren werden. Erstens wird ein wesentliches Merkmal eines jeden Systems darin bestehen, dass jedem ein Mindesteinkommen garantiert wird, um ein menschenwürdiges Leben zu führen – Unterkunft, Nahrung und medizinische Versorgung. Zweitens wird es auch denjenigen Sicherheit bieten müssen, die in nicht traditionellen, Teilzeit- und flexiblen Arbeitsverhältnissen arbeiten. Drittens muss die Unterstützung von Arbeitnehmenden, die von wirtschaftlichen Ver-

Abbildung 10

Die Balance zwischen Flexibilität für Arbeitgebende und Schutz für Arbeitnehmende variiert stark zwischen einzelnen Ländern

Index der Arbeitsmarktflexibilität im Verhältnis zur sozialen Absicherung nach Ländern

»Flexibilität« wird definiert als das Gegenteil von starren Stundenzahlen, Einstellungshürden, finanziellen Kosten von Entlassungen und Auflagen für Entlassungen. »Schutz« wird definiert als öffentliche Ausgaben für Gesundheit und Bildung, Sozialhilfe und Arbeitsvermittlung als Anteil am BIP, jeweils auf Basis der zuletzt verfügbaren Daten für jedes Land. Für eine vollständigere Aufstellung von Ländern siehe Original.

werfungen betroffen sind, auf die Art der Krise zugeschnitten sein, der sie ausgesetzt sind: In einigen Fällen können Arbeitnehmende vielleicht einen Job in derselben Branche, Funktion oder Region finden, während in anderen Fällen eine umfassendere Antwort erforderlich ist, die eine Unterstützung von Arbeitnehmenden bei der Umschulung und dem Erwerb neuer Fähigkeiten beinhaltet. Betrachten wir jeden dieser Aspekte – eine Einkommensuntergrenze, mehr Sicherheit unabhängig von der Art der Arbeit und eine stärkere Konzentration auf Umschulung und das Finden neuer Arbeit – der Reihe nach.

Eine Untergrenze für Einkommen festlegen

In traditionellen Gesellschaften sind diejenigen, die in eine schwierige Lage geraten, auf die finanzielle Unterstützung ihrer Familien und Gemeinschaften angewiesen, die mal verfügbar ist, mal nicht. In dem Maße, in dem der Wohlstand einer Gesellschaft steigt, finden sich verlässlichere und beständigere Wege, um die Betroffenen vor den katastrophalsten Folgen von Arbeitslosigkeit oder finanziellen Rückschlägen zu schützen, unter anderem durch die Festlegung einer Einkommensuntergrenze. Die Länder haben viele Wege gefunden, diese Untergrenze sicherzustellen.

In fast allen Ländern der Welt gibt es Mindestlöhne, die entweder durch Gesetze oder durch ausgehandelte Tarifverträge festgelegt werden.[224] Sie waren vor allem in Ländern von Bedeutung, in denen die Löhne vieler Arbeitnehmender stagnierten. Doch wenngleich Mindestlöhne eine Einkommensuntergrenze festlegen und die Beschäftigten vor Ausbeutung durch die Arbeitgebenden schützen, sind sie keine Einkommensgarantie;

vielmehr sollen sie sicherstellen, dass Arbeitnehmende für ihre Arbeit angemessen entlohnt werden. In der Tat ist es wichtig, dass Mindestlöhne nicht zu hoch angesetzt werden, da diejenigen Arbeitnehmenden, die nicht produktiv genug sind, um das Mindestniveau zu rechtfertigen, am Ende arbeitslos werden könnten. Für sie ist eine negative Einkommensteuer (oder ein Lohnkostenzuschuss) ein besserer Mechanismus, um einen angemessenen Lebensstandard zu gewährleisten und gleichzeitig den Anreiz zur Arbeitsaufnahme zu erhalten.

Neben Mindestlöhnen gibt es in den meisten Industrieländern eine Arbeitslosenversicherung, die diejenigen unterstützt, die ihren Arbeitsplatz verlieren. Diese zahlt von lediglich 30 Prozent des vorherigen Lohns (in Kasachstan und Polen) bis zu 90 Prozent (in Mauritius und Israel). Die Dauer der Leistungen reicht von 1,2 Monaten in Kasachstan bis zu unbefristeter Unterstützung in Belgien. Im Allgemeinen sind die Zahlungen in Industriestaaten großzügiger und beinhalten die Bedingung, für den Arbeitsmarkt zur Verfügung zu stehen und sich regelmäßig bei den Behörden zu melden. Das dänische »Workfare«-System (Arbeit und Sozialhilfe) beispielsweise bietet sehr großzügige Arbeitslosenleistungen (etwa 90 Prozent des vorherigen Lohns), verlangt aber auch eine Umschulung und nach deren Abschluss eine obligatorische Arbeitsvermittlung. Da die meisten Versicherungssysteme jedoch nur diejenigen unterstützen, die formelle Arbeitsverträge haben, bleiben drei Viertel der Arbeitnehmenden weltweit, vor allem in den Entwicklungsländern, nicht abgesichert, da sie im informellen Sektor beschäftigt sind.

Eine andere Möglichkeit, ein Mindesteinkommen sicherzustellen, sind Barüberweisungen an die ärmsten Haushalte.

In Mexiko und Brasilien wurden Programme gestartet, die armen Familien regelmäßige Geldtransfers unter der Bedingung gewähren, dass sie ihre Kinder in der Schule angemeldet oder an öffentlichen Impfprogrammen teilgenommen haben. In Afrika sind Barüberweisungen in der Regel nicht an Bedingungen geknüpft und dienen dazu, sehr niedrige Einkommen aufzustocken. Mehr als 130 Entwicklungsländer haben inzwischen irgendeine Form von Barüberweisung eingeführt, um den ärmsten Haushalten ein Sicherheitsnetz zu bieten, unabhängig davon, ob sie erwerbstätig sind oder nicht. Ermöglicht wurde dies durch die Verbreitung von Mobiltelefonen, die es den Regierungen erlauben, die ärmsten Haushalte zu identifizieren und die Gelder unter minimalem Verwaltungsaufwand direkt auf deren Bankkonten zu überweisen. In meinen Jahren bei der Weltbank, im britischen Entwicklungshilfeministerium und beim IWF habe ich die Einführung und strenge Evaluierung Dutzender dieser Programme verfolgt. Die Ergebnisse zeigen überdeutlich, dass sie effizient und effektiv Verarmung verhindert, die Ernährung optimiert, die Ausbildung der Kinder gefördert und die Gesundheit der ärmsten Familien der Welt verbessert haben.[225]

Einzelne Länder haben verschiedene Wege gefunden, um sicherzustellen, dass diese Leistungen an diejenigen gehen, die sie am meisten benötigen, und gleichzeitig den Anreiz zur Arbeitsaufnahme aufrechtzuerhalten. Das indische Guaranteed Employment Scheme (Beschäftigungsgarantie-Programm) bietet jedem Bürger und jeder Bürgerin einhundert Tage Arbeit zum Mindestlohn, in der Regel in gering qualifizierten Jobs, etwa auf dem Bau. Die Idee dahinter ist, dass sich nur die Bedürftigsten melden werden, weil die angebotene Arbeit hart ist. Idealerweise sollte jeder garantierte Mindestlohn bei steigendem Einkommen oder Vermögen des Empfängers auslaufen, um das sogenannte »eligibility cliff« zu vermeiden, bei dem Menschen schlechter gestellt sind, wenn sie von der Sozialhilfe in eine schlecht bezahlte Beschäftigung wechseln, wodurch der Anreiz zur Arbeitsaufnahme wegfällt.

In letzter Zeit wurde viel über die Bereitstellung eines bedingungslosen Grundeinkommens (BGE) diskutiert. Dieses zunehmend populäre Konzept ist eine Abkehr von der Idee der Zielgruppenansprache und der Zahlung eines Mindestlohns in Abhängigkeit von der Teilnahme am Arbeitsmarkt und der Anmeldung der Kinder zu Bildungs- oder Gesundheitsprogrammen. Stattdessen erhält jeder Erwachsene bedingungslos die gleiche Barzahlung. Befürworter argumentieren, dass das BGE nicht nur Arbeitnehmende stärkt, sondern auch den besten Schutz vor wirtschaftlichen Krisen bietet und daher in einer Welt, in der immer mehr Menschen durch die Automatisierung verdrängt werden, immer notwendiger werden wird.[226]

Es hat viele Experimente mit dem BGE gegeben.[227] Eines der am besten geplanten fand in Finnland statt; dabei erhielten 2000 Personen im Alter von 25 bis 58 Jahren bedingungslos 560 € pro Monat, die sie auch dann behalten durften, wenn sie einen Job fanden. Nach zwei Jahren zeigte sich keine Auswirkung auf die Beschäftigung – die Teilnehmenden hatten weder eine höhere noch eine geringere Wahrscheinlichkeit, einen Job zu finden, als jemand, der eine Arbeitslosenversicherung bezog –, obwohl die BGE-Empfänger beim Wohlbefinden etwas besser abschnitten als diejenigen, die eine herkömmliche Arbeitslosenversicherung erhielten. Da das BGE jedoch das Ziel der Regierung verfehlte –

Menschen bei der Jobsuche zu helfen, indem sie Unterstützung beim Erlernen neuer Fähigkeiten oder bei der Gründung einer neuen Firma erhalten (eher als sie glücklicher zu machen) –, wurde das Programm 2018 eingestellt. Die meisten Experimente in Industriestaaten zeigen ähnlich durchwachsene Ergebnisse.[228]

Ich bin der Meinung, dass die meisten Länder einen Gesellschaftsvertrag anbieten können, der viel besser funktioniert als das BGE. Eines der Hauptprobleme mit dem BGE ist, dass die Kosten unerschwinglich sind – sie belaufen sich auf 20 bis 30 Prozent des BIP, wenn das BGE auf großzügigem Niveau angesetzt wird – und ein unhaltbar hohes Steuerlevel erfordern.[229] Es wird einige wenige Fälle geben, in denen das BGE die beste Option sein kann – etwa in sehr armen Ländern, die keine institutionellen Kapazitäten haben, um Sozialleistungen gezielt einzusetzen, oder in denen das BGE eine schlechtere politische Lösung wie Energiesubventionen ersetzt (etwa im Iran, wo 2011 die Treibstoffsubventionen durch eine Barüberweisung an alle Haushalte ersetzt wurden).[230] Aber für die überwiegende Mehrheit der Länder sind gezielte Leistungen die bessere Option, wenn es darum geht, die Armut zu reduzieren. Idealerweise sollten diese mit der Gewährleistung einhergehen, dass jeder und jede Arbeitsfähige einer Beschäftigung nachgeht und somit einen Beitrag zur Gesellschaft leistet. Die Befähigung von Arbeitnehmenden kann durch höhere Mindestlöhne, Sozialleistungen, Gewerkschaften und Umschulungsprogramme erreicht werden.

Anstatt eine Einkommensuntergrenze festzulegen, halten es einige für besser, die Lebenschancen dadurch auszugleichen, dass man eine gerechtere Vermögensverteilung anstrebt. Thomas Piketty argumentiert zum Beispiel, dass Vermögen jährlich so stark besteuert werden sollten, dass alle 25-Jährigen einen Kapitalzuschuss von 120 000 € erhalten können.[231] Das einzige Land, das ein solches Modell ausprobiert hat, wenn auch in sehr bescheidenem Umfang, war Großbritannien, das zwischen 2002 und 2011 im Rahmen des Child Trust Fund-Programms der Labour-Regierung jedem Kind einen Betrag von 250 Pfund bewilligte. Kinder aus armen Familien erhielten weitere 250 Pfund, und alle konnten den Betrag aufstocken und schließlich im Alter von achtzehn Jahren nutzen. Es überrascht nicht, dass die Auswirkungen des Programms angesichts der eingesetzten Beträge relativ bescheiden waren.

Es gibt das Argument, dass der Transfer von Vermögenswerten – sei es in Form von Bargeld oder anderen Werten wie Land oder Maschinen, die helfen können, Einkommen zu generieren – in Verbindung mit einer verbesserten Gleichstellung eine nachhaltigere Wirkung hat als ein Einkommenstransfer, der die Menschen nur über Wasser hält. Ein Programm zum Transfer von Vermögenswerten in Bangladesch, bei dem vor allem arme Frauen Vieh oder andere Mittel erhielten, die Einkommen generieren, konnte die ärmsten Haushalte dauerhaft aus der Armut führen.[232] Entscheidend war, dass der Transfer von Vermögenswerten von einer umfassenden Beratung und Unterstützung der Frauen begleitet wurde, was der Schlüssel zum Erfolg war. Anstatt jemandem einen Fisch zu geben, ist es besser, ihm eine Angel zu geben; aber ihm oder ihr beizubringen, wie man damit fischt, ist genauso wichtig wie die Angel selbst.

Zusammenfassend lässt sich feststellen, dass eine gewisse Kombination aus Mindestlohn und Mindesteinkommensgarantie in allen Ländern möglich ist. In Entwicklungsländern haben sich Geldtransfermodelle als wirksames Mittel zur Unterstützung der ärmsten Haushalte erwiesen. In Industriestaaten haben Mechanismen, die die Löhne von Geringqualifizierten aufstocken (z. B. durch Steuergutschriften auf Arbeitseinkommen), um einen angemessenen Lebensstandard zu erreichen, ebenfalls gut funktioniert. Die Idee von Kapitaltransfers ist kaum erprobt und erfordert weitere Untersuchungen. Meiner Meinung nach wäre eine Kapitalausstattung für Bildung und Umschulung, wie sie in Kapitel 3 diskutiert wurde, ein akzeptablerer und langfristig effektiverer Weg, um in zukünftige Generationen zu investieren und Gerechtigkeit zu erreichen. Wie der große Wirtschaftswissenschaftler und Nobelpreisträger der London School of Economics Arthur Lewis sagte: »Das grundlegende Heilmittel gegen Armut ist nicht Geld, sondern Wissen.«[233]

Flexibel Beschäftigten Sicherheit bieten

Die Covid-19-Pandemie hat die Gefahren von prekärer Arbeit in Krisenzeiten offenbart. Plötzlich hatten große Teile der Bevölkerung kein Einkommen mehr, und die Regierungen der Industriestaaten mussten einspringen, um Selbstständige und flexibel Arbeitende zu unterstützen und zugleich den traditionelleren Arbeitgebenden finanziell unter die Arme zu greifen, damit sie ihre Beschäftigten halten konnten. Am meisten betroffen waren tendenziell die Jungen, die Geringqualifizierten sowie ethnische Minderheiten.[234] In den Entwicklungsländern verloren die Arbeitnehmenden, deren Jobs durch das Virus zerstört wurden, schlichtweg ihre Lebensgrundlage.

Wie bereits erwähnt, bevorzugen Arbeitgebende flexible Vereinbarungen, weil sie dadurch weniger für Sozialversicherung,

Abfindungen, Alters- und Gesundheitsvorsorge bezahlen müssen. In den Niederlanden zum Beispiel können die einem Arbeitgebenden entstehenden Kosten für einen abhängig Beschäftigten um 60 Prozent höher liegen als für einen ansonsten vergleichbaren unabhängigen Auftragnehmenden. Und flexibel Beschäftigte sind nicht nur bei wirtschaftlichen Verwerfungen, sondern auch im Alter besonders gefährdet, da sie in den meisten Ländern keine oder nur sehr geringe Beiträge in die Rentensysteme einzahlen. In Ländern wie den USA, in denen die Krankenversicherung oft an die Beschäftigung gekoppelt ist, können flexibel Beschäftigte von einer qualitativ guten Krankenversicherung ausgeschlossen werden, während diejenigen mit Vollzeitverträgen aus Angst, ihren Job zu verlieren, an diesen gefesselt sind.

Es gibt im Wesentlichen zwei Möglichkeiten, dieses Problem anzugehen: Wir können entweder die Arbeitgebenden dazu bringen, eine Sozialversicherung für flexibel Beschäftigte zu zahlen, die proportional zu deren Arbeitsvolumen ist, oder wir können die Last der Sozialversicherung ganz von den Arbeitgebenden abwälzen und sie stattdessen durch allgemeine Besteuerung finanzieren, sodass ihr Schutz allen gewährt wird, unabhängig von der Art ihrer Beschäftigung. Durch einen konsequenteren Ansatz bei der Besteuerung von Arbeit über alle Beschäftigungsarten hinweg wären beide Optionen gut für den Wettbewerb, die Innovation und die fiskalische Nachhaltigkeit und würden zugleich flexibel Beschäftigten mehr Sicherheit bieten. Und wenn wir darüber hinaus den so erworbenen sozialen Schutz zwischen Jobs, Sektoren und verschiedenen Beschäftigungsarten übertragbar machen, werden wir besser in der Lage sein, die großen Veränderungen zu bewältigen, die mit der Automatisierung auf uns zukommen. Viele Länder erproben derzeit Wege, dies umzusetzen.

Die Niederlande zum Beispiel haben Gesetze verabschiedet, um die Diskriminierung von Teilzeitbeschäftigten zu verhindern, und verlangen, dass diejenigen, die sie beschäftigen, ihnen Zugang zu Sozialversicherung und anderen Ansprüchen im Verhältnis zu den geleisteten Arbeitsstunden gewähren. Infolgedessen arbeiten in den Niederlanden 77 Prozent der Frauen und 27 Prozent der Männer in Teilzeit – die höchste Rate weltweit.[235] In ähnlicher Weise hat Dänemark vorgeschrieben, dass flexibel Beschäftigte Anspruch auf die gleichen Leistungen haben wie traditionellere Arbeitnehmende.

Es ist auch möglich, fairere Bedingungen für Freiberufler zu schaffen. In den meisten Ländern zahlen Freiberufler weniger in die Sozialversicherungssysteme ein als Festangestellte. Nehmen wir Großbritannien, wo Arbeitgebende für einen Angestellten 13,8 Prozent an Sozialversicherungsbeiträgen zahlen, für einen freiberuflich Tätigen hingegen nichts. Versuche, dies zu reformieren, wurden vereitelt, aber ein System, das die Beschäftigung von Freiberuflern in gleicher Höhe wie die von Angestellten besteuert, würde den Trend zu flexiblen Arbeitsformen verringern und das Reservoir an Mitteln, die in die Sozialversicherung fließen, erweitern.[236]

Eine wachsende Zahl von Regierungen führt Maßnahmen ein, um Arbeitgebende zu zwingen, flexibel Beschäftigten mehr Sicherheit zu bieten. So hat zum Beispiel der Staat Kalifornien erfolglos versucht, ein Gesetz zu verabschieden, das von Online-Dienstleistern wie Uber und Lyft verlangt, Leiharbeitende wie Angestellte zu behandeln. Oregon, New York City, San Francisco, Seattle und Philadelphia haben Gesetze verabschiedet, die Unternehmen dazu verpflichten, ihren Beschäftigten garantierte Arbeitszeiten und eine Vorankündigung von Zeitplänen anzubieten, um berechenbarere und zuverlässigere Einkommen zu gewährleisten. Es gibt auch partielle und freiwillige Optionen. Der Staat New York schuf den Black Car Fund, einen gemeinnützigen Versicherer, der Limousinenfahrern in New York ein Einkommen sichert, wenn sie verletzt werden.[237] Der Fonds erhebt einen Aufschlag von 2,5 Prozent auf die Fahrpreise und reduziert außerdem das Risiko, indem er seinen Mitgliedern Schulungen für sicheres Fahren anbietet.

Einige argumentieren, dass viele Arbeitnehmende gern Sicherheit gegen die Vorteile eintauschen, zu arbeiten, wann sie wollen. Sie verweisen insbesondere auf die jüngeren Gig-Beschäftigten, die online arbeiten, um ihr Einkommen aufzubessern. Aber es gibt auch Hinweise darauf, dass flexibel Beschäftigte in den USA und in Großbritannien traditionellere Arbeitsverhältnisse bevorzugen würden: Die meisten wären bereit, auf 50 Prozent ihres Stundenlohns im Tausch gegen einen unbefristeten Vertrag und auf 35 Prozent ihres Stundenlohns für eine einjährige anstelle einer einmonatigen Vereinbarung zu verzichten.[238] Eine Umfrage unter Gig-Beschäftigten in Großbritannien, Italien und den USA ergab, dass etwa 80 Prozent die Idee unterstützten, »gemeinsame Sicherheitskonten« mit ihren Arbeitgebenden einzurichten, um ihr Einkommen zu stabilisieren. Ihre nächste Priorität, was arbeitsbezogene Leistungen betrifft, waren in Italien und Großbritannien Renten und in den USA eine Krankenversicherung.[239]

McDonald's bot seinen 115 000 Beschäftigten in Großbritannien kürzlich die Möglichkeit, von ihren Null-Stunden-Verträgen in einen festen Vertrag mit einer garantierten Mindestanzahl von Stunden pro Woche zu wechseln.[240] Viele Beschäftigte mit Null-Stunden-Verträgen sind nicht in der Lage, Hypotheken oder Handyverträge zu bekommen, weil sie kein regelmäßiges Einkommen nachweisen können. Trotzdem, und im Gegensatz zur oben zitierten Studie, zogen es 80 Prozent der Beschäftigten vor, weiterhin mit flexiblen Verträgen zu arbeiten. Das sagt vermutlich mehr über die Besonderheiten der McDonald's-Belegschaft aus als über die Präferenzen von Arbeitnehmenden im Allgemeinen, aber das vielleicht interessanteste Ergebnis war, dass McDonald's eine Verbesserung sowohl der Mitarbeitenden- als auch der Kunden- sowie Kundinnenzufriedenheit feststellte, nachdem es seinen Beschäftigten die Möglichkeit gegeben hatte, zwischen flexiblen und sichereren Verträgen zu wählen.

Viele führende Unternehmen bewegen sich weg von einem engen Fokus auf die Maximierung des Shareholder-Value hin zu einem breiteren Fokus auf den Zweck des Unternehmens und die Berücksichtigung einer Vielzahl von Stakeholdern, einschließlich des Angebots von mehr Sicherheiten und Leistungen für die Beschäftigten.[241] Einige Ökonomen haben auf die Bedeutung hingewiesen, »gute Arbeitsplätze« zu schaffen oder »vorbildliche« Arbeitgebende zu ermutigen – also solche, die es sich leisten können, über dem Marktdurchschnitt liegende Löhne und Sozialleistungen zu zahlen, weil sie in Fortbildung und die Qualitätssteigerung der von ihnen angebotenen Jobs investieren.[242] Die Tatsache, dass viele Arbeitgebende genau dies tun und dabei wettbewerbsfähig bleiben, zeigt, dass es möglich ist. Doch wenngleich solche Initiativen gelobt und ermutigt werden sollten, bin ich der Meinung, dass moralisches Zureden nicht ausreicht – wir brauchen Gesetze oder Regeln, um die allgemeine Übernahme guter Praktiken in Bezug auf die soziale Verantwortung von Unternehmen, Sozialleistungen und Ausbildung zu erreichen und auf diese Weise gleiche Wettbewerbsbedingungen für alle Unternehmen zu schaffen.

Den Gewerkschaften kommt eine wichtige Rolle dabei zu, auf mehr Sicherheit für flexibel Beschäftigte zu drängen, die potenziell eine bedeutsame neue Klientel für sie darstellen, und es gibt einige Beispiele für flexible gewerkschaftliche Organisation. Im italienischen Bologna wurde eine Charta zwischen dem Verband der im Lieferdienst Beschäftigten, den Gewerkschaften und der Stadtverwaltung vereinbart, die Mindeststandards für Löhne, Arbeitszeiten und Versicherungen für Essenslieferdienste wie Deliveroo und Uber Eats festlegt. Als sich einige der Plattformen weigerten, die Charta zu unterzeichnen, organisierte der Bürgermeister einen Boykott, der sich als wirksam erwies.[243] In Indien hat die »Self-Employed Women's Association« (Vereinigung selbstständig beschäftigter Frauen) mehr als zwei Millionen Frauen dabei unterstützt, ihre bürgerlichen, sozialen und wirtschaftlichen Rechte zu erlangen, indem sie sowohl als Gewerkschaft als auch als Genossenschaft arbeitet. Die gleichen digitalen Technologien, die zu einem Anstieg der flexiblen Arbeit geführt haben, können von flexibel Beschäftigten auch genutzt werden, um sich als Reaktion darauf zu organisieren.

Arbeitnehmende bei der Anpassung unterstützen

Die Unterstützung von Arbeitnehmenden durch Mindestlöhne und Sozialleistungen, unabhängig von der Form ihrer Beschäftigung, ist ein wesentlicher Bestandteil eines neuen Gesellschaftsvertrags. Im Gegenzug haben diejenigen, die ihren Arbeitsplatz verlieren, die Verpflichtung, sich nötigenfalls umzuschulen und so schnell wie möglich in die Arbeit zurückzukehren, wenn sie körperlich und geistig dazu in der Lage sind. Wie sollte die Gesellschaft diejenigen, die arbeitslos sind, dabei unterstützen, in die produktive Arbeit zurückzukehren? Was passiert, wenn eine große Zahl von Arbeitnehmenden ihre Arbeit verliert, weil ihre Qualifikationen überholt sind? Ist es möglich, gering qualifizierte Arbeitnehmende oder solche in vom Niedergang betroffenen Regionen umzuschulen, um ihnen neue Chancen zu eröffnen?

Es gibt Hunderte von wissenschaftlichen Studien über die Wirksamkeit von Umschulungsprogrammen für Arbeitnehmende sowohl in Industrie- als auch in Entwicklungsländern.[244] Die Ergebnisse sind uneinheitlich, aber die Erkenntnisse darüber, was funktioniert, sind eindeutig. Maßnahmen, die sich auf die Vermittlung von Jobs konzentrieren – zum Beispiel Hilfe bei der Suche nach einem neuen Arbeitsplatz und die Überwachung des Verhaltens von Arbeitsuchenden –, sind effektiv, um Menschen, insbesondere Geringqualifizierte, kurzfristig wieder in Arbeit zu bringen, und ihre Umsetzung kostet nicht viel. Schulungsprogramme, die auf die spezifischen Bedürfnisse von Arbeitgebenden zugeschnitten sind, haben, in Kombination mit praktischer Erfahrung, eine größere Wirkung und sind effektiver als Schulungen im Klassenzimmer, die keinerlei Bezug zum privaten Sektor haben. Obwohl diese Art von Schulung kostspielig sein kann, ist der Nutzen, gemessen über mehrere Jahre, signifikant, insbesondere für Langzeitarbeitslose. Es hilft auch, wenn die Schulung zu irgendeiner Form der Beglaubigung oder formalen Qualifikation führt. Für gering qualifizierte Arbeitnehmende führen auch Programme, die den Teilnehmenden administrative Unterstützung bieten, tendenziell zu besseren Beschäftigungsergebnissen.[245]

Wir wissen auch, was nicht funktioniert. Arbeitnehmende einfach zur Schulung an Berufskollegs oder Fortbildungsinstitute zu schicken, ist in der Regel eine schlechte Investition. Staatliche Beihilfen, die Firmen ermutigen, von Verdrängung betroffene Arbeitnehmende einzustellen, können die Beschäftigung erhöhen, führen aber auch zu überflüssigen Ausgaben, da Arbeitgebende oft diejenigen rekrutieren, die sie ohnehin eingestellt hätten. Programme, die den öffentlichen Sektor einbeziehen, um künstliche Jobs für Arbeitslose zu schaffen, funktionieren ausnahmslos nicht. Die Schulung von Arbeitnehmenden, die bereits von Verdrängung bedroht sind, funktioniert weniger gut als eine Schulung im Vorgriff auf den technologischen Wandel.[246]

Ein gutes Beispiel für einen gut geplanten und umfassenden Ansatz zur Unterstützung von Arbeitnehmenden, die von Massenentlassungen bedroht sind, sind die schwedischen »Job Security Councils« (Räte für Jobsicherheit), die einzelnen Arbeitnehmenden Beratung, Schulung, finanzielle Hilfe und Unterstützung bei der Gründung neuer Firmen bieten, bevor ihr Arbeitsplatz verloren geht.[247] Die Räte arbeiten eng mit Gewerkschaften und Arbeitgebenden zusammen und richten sich an Arbeitnehmende, die aus technologischen oder wirtschaftlichen Gründen von Arbeitslosigkeit bedroht sind. Diese erhalten spezielle Coaches, die mit ihnen sechs bis acht Monate vor der Entlassung zu arbeiten beginnen. Die Unterstützungsmaßnahme wird durch eine Abgabe der Arbeitgebenden in Höhe von 0,3 Prozent der Lohnsumme finanziert. Die Erfolgsquote der Räte ist hoch: 74 Prozent der Arbeitnehmenden finden einen neuen Job oder eine Fortbildung, und 70 Prozent derjenigen, die Arbeit finden, können ihr Gehalt halten oder verbessern.[248]

Idealerweise sollten Länder strategisch darüber nachdenken, wo künftige Arbeitsplätze entstehen werden, und junge Menschen sowie aktuell Beschäftigte auf diese Zukunft vorbereiten. In den 1950er- und 1960er-Jahren hatte Personalplanung (wie sie damals genannt wurde) einen schlimmen Ruf, da Zentralplaner nach sowjetischem Vorbild präzise zu schätzen versuchten, wie viele Schweißer, Bäckerinnen, Lehrer und Krankenschwestern die Wirtschaft brauchen würde. Es überrascht nicht, dass sich ihre Vorhersagen als ungenau erwiesen, da sie nicht in der Lage waren, technologische Veränderungen vorherzusehen, in deren Folge Arbeitsplätze vernichtet würden. Dennoch ist es möglich, angesichts der wahrscheinlichen technologischen Entwicklung zumindest die Arten von Fähigkeiten zu identifizieren, die in Zukunft benötigt werden, wenn nicht gar bestimmte Jobs.

Dänemark zum Beispiel hat seine Strategie für Bildung und Mitarbeitendenschulung auf der Grundlage einer solchen Analyse entwickelt. Es gibt mehr als jedes andere Land der Welt (etwa 1,5 Prozent des BIP) für aktive Arbeitsmarktpolitik aus – für Programme, die Arbeitnehmenden dabei helfen sollen, ihre Fähigkeiten zu erneuern und beschäftigt zu bleiben. Der dänische »Workfare and Disruption Council« beschreibt sein Ziel wie folgt: »Wir müssen alle zu Gewinnern der Zukunft machen. Wir dürfen nicht gespalten werden in diejenigen, die vom Wandel profitieren, und diejenigen, die wegen ihm zurückbleiben.«[249] Daraus leitet sich ein umfassendes und zukunftsorientiertes Programm von der Grundschule bis zur Berufsbildung ab, mit einem starken Fokus auf Unterstützung derjenigen, die geringere Beschäftigungschancen haben – Behinderte, Migranten und Geringqualifizierte. Das System ist zwar großzügig, aber auch streng: Das Arbeitslosengeld läuft nach einem Jahr aus, und danach ist die aktive Teilnahme an einer Schulung oder Lehre von bis zu drei Jahren obligatorisch. Die Arbeitslosen werden von einem Sachbearbeitenden aktiv kontrolliert und unterstützt, und die große Mehrheit kehrt innerhalb eines Jahres in die Beschäftigung zurück, rechtzeitig, um nicht vom Arbeitsmarkt abgekoppelt zu werden.[250] Infolgedessen hat Dänemark seit Langem eine der niedrigsten Arbeitslosenraten der Welt und den höchsten Anteil der Erwerbstätigen an der Bevölkerung.

Es gibt auch immer mehr Belege dafür, dass die frühzeitige Einbindung der Beschäftigten in den Prozess der Technologieanpassung nicht nur gut für sie ist, sondern auch für die Produktivität und Effizienz des Unternehmens insgesamt.[251] So ergab beispielsweise eine Erhebung in 304 Pflegeheimen im Bundesstaat New York, die elektronische Krankenakten einführten, dass diejenigen Arbeitsplätze, an denen die Beschäftigten ermutigt wurden, bei der Einführung neuer Technologien mit Vorschlägen und Beteiligung an der Entscheidungsfindung und Problemlösung mitzuwirken, im Ergebnis eine weitaus höhere Produktivität aufwiesen.[252] Die erfolgreichsten Pflegeheime informierten ihre Beschäftigten frühzeitig über technologische Veränderungen und gaben ihnen die Möglichkeit, sich zu schulen und ihre Arbeitsabläufe so zu gestalten, dass sie die aus diesen Technologien erwachsenden Vorteile maximieren konnten – oder sich auf eine neue Stelle umschulen zu lassen, wenn die Technologie ihre bisherige Arbeit ersetzte.

Auch ein solcher Ansatz liegt nicht nur im Interesse der Arbeitnehmenden, sondern kann auch für die Arbeitgebenden von Vorteil sein. Wenn Unternehmen Angestellte entlassen und durch neue ersetzen, entstehen ihnen Abfindungs-, Anwerbungs- und Einarbeitungskosten. Selbst unter Berücksichtigung der Kosten für die Umschulung, einschließlich des mit ihr verbundenen Arbeitsausfalls, ergab eine Untersuchung in den USA, dass es für Arbeitgebende profitabler war, 25 Prozent ihrer eigenen Beschäftigten, deren Arbeitsplätze im Lauf des nächsten Jahrzehnts durch Technologie wegfallen würden, umzuschulen, als neue einzustellen.[253] Würden die Umschulungskosten branchenweit geteilt werden können, würde es für Unternehmen finanziell sogar Sinn machen, die Hälfte ihrer Arbeitskräfte umzuschulen, und wenn man die breiteren öffentlichen Vorteile der Aufrechterhaltung einer Dauerbeschäftigung berücksichtigt – fortlaufende Steuerzahlungen und geringere Sozialkosten –, wäre es sinnvoll, 77 Prozent der durch Technologie verdrängten Arbeitnehmenden umzuschulen.

Dieses Kapitel hat gezeigt, dass ein neuer Gesellschaftsvertrag rund um die Arbeit sowohl notwendig als auch möglich ist. In armen Ländern kann den Ärmsten ein Mindesteinkommen zur Verfügung gestellt werden, das im Lauf der Zeit steigen kann, wenn der gesellschaftliche Wohlstand zunimmt. In Industriestaaten sind Mindesteinkommen bereits möglich und können so gestaltet werden, dass sie einen Anreiz bieten für die Rückkehr in produktive Arbeit. Flexiblere Arbeit kann mit mehr Sicherheit in Einklang gebracht werden, wenn allen Beschäftigten, unabhängig von der Art ihres Arbeitsvertrags, Leistungen gewährt werden. Die Gewissheit, dass das Risiko geteilt wird, wenn man arbeitsunfähig ist, wird viel dazu beitragen, die Unsicherheit zu verringern. Und schließlich führen mehr Investitionen in Programme, die den Menschen helfen, lebenslang ihre Fähigkeiten zu erneuern, dazu, dass sie möglichst schnell in die Arbeit zurückkehren und somit länger einen Beitrag zur Gesellschaft leisten können.

6
ALTER

Wir alle werden (hoffentlich) alt. Wenn das der Fall ist, stehen die meisten von uns vor zwei großen Herausforderungen: Wie wir uns finanziell absichern, wenn wir nicht mehr arbeiten können, und wie wir versorgt werden, wenn wir nicht mehr unabhängig leben können. Die meisten Gesellschaften gehen davon aus, dass sie ein Mindestmaß an Unterstützung bereitstellen müssen, damit diejenigen, die nicht mehr in der Lage sind, zu arbeiten oder für sich selbst zu sorgen, auch im Alter noch ein menschenwürdiges Leben führen können. Wie bei allen Aspekten des Gesellschaftsvertrags ist die Schlüsselfrage, wie die Risiken des Alters zwischen Individuen, Familien, der Gesellschaft und dem Markt aufgeteilt werden. Aber was die Planung für das Alter so viel schwieriger macht als andere Aspekte des Gesellschaftsvertrags, ist der Umstand, dass kein Mensch weiß, wie lange er leben oder wie gesund er sein wird. Mein Großvater väterlicherseits war ein kluger Wissenschaftler, aber er hätte nie gedacht, dass er 94 Jahre alt werden würde; mein extravaganterer Großvater mütterlicherseits starb plötzlich im Alter von 72 Jahren, als er gerade einen neuen Kleiderschrank bestellt hatte, nachdem er die Orangenernte der Familienfarm verkauft hatte.

Historisch betrachtet arbeiteten die meisten Männer, die das 60. Lebensjahr überschritten hatten, weiter; der Begriff »Ruhestand« ist ein Phänomen des 20. Jahrhunderts. Traditionell wurden die Alten von den Frauen im Haus der Familie gepflegt. Aber die längere Lebenszeit, die steigende Erwartung, dass wir einen bedeutenden Teil unserer späten Lebensjahre nicht arbeiten werden, und die Tatsache, dass Frauen zunehmend außerhalb des Hauses beschäftigt sind, haben die Herausforderungen des Alters verschärft. Man sagt gemeinhin, dass der Respekt vor den Älteren zunimmt, je weiter man nach Osten kommt, aber selbst in Ländern wie Japan und Südkorea sind Mehrgenerationenhaushalte immer seltener, und die Älteren sind immer häufiger auf sich gestellt. Wie bei vielen Teilen des Gesellschaftsvertrags wird es zunehmend dem Einzelnen überlassen, die Risiken des Alters zu tragen.

Wie viel Altersrente und -pflege schuldet eine Gesellschaft dem Einzelnen? Wie lange sollte man arbeiten müssen, um Anspruch auf eine Rente zu haben? Sollte die Gesellschaft ein Mindesteinkommen garantieren, um zu verhindern, dass alte Menschen Not leiden? Wie können Alterspflege und Lebensabend so organisiert werden, dass sie sowohl human als auch finanziell tragbar sind? Die meisten Länder altern schneller, als sie Antworten auf diese Fragen finden. Es besteht die Gefahr, dass die Alten schon bald nicht mehr die Mittel oder die Fähigkeit haben, für ihre Zukunft selbst zu sorgen.

Altern und der sich verändernde Arbeitsmarkt

Der Anstieg der Lebenserwartung im Verlauf des letzten Jahrhunderts war eine große Errungenschaft, hat aber auch ein großes Problem mit sich gebracht: Diejenigen im erwerbsfähigen Alter müssen für eine wachsende Zahl von alten Menschen aufkommen. Japan hat den höchsten Anteil von über 65-Jährigen im Verhältnis zur Bevölkerung im erwerbsfähigen Alter (20 bis 64 Jahre), und dieses Verhältnis wird sich in den nächsten fünfzig Jahren in allen Industriestaaten verdoppeln, sodass dann jeder Erwerbstätige für mindestens eine alte Person aufkommen muss. Die meisten Länder mit mittlerem Einkommen haben derzeit viel jüngere Bevölkerungen, aber diese altern schnell und in einem viel früheren Entwicklungsstadium, weshalb sie über weniger Ressourcen verfügen, um mit der neuen Lage umzugehen. Einkommensschwache Länder in Afrika und Südasien haben eher junge Bevölkerungen, und hier besteht das Problem darin, genügend Jobs und Mechanismen zu schaffen, um ein angemessenes Alterseinkommen im späteren Leben sicherzustellen.

Gesellschaften treffen politische Entscheidungen über die Höhe der Rente, die dem Einzelnen zusteht, indem sie das Alter festlegen, ab dem die Menschen Anspruch auf eine Rente haben. Als Bismarck 1889 die erste gesetzliche Rentenversicherung in Deutschland schuf, wurde das Rentenalter auf siebzig Jahre festgelegt. Bei der damaligen Lebenserwartung bedeutete das, dass der Staat durchschnittlich sieben Jahre lang eine Rente auszahlen musste. Im Jahr 1916 wurde das deutsche Renteneintrittsalter auf 65 Jahre gesenkt, was heute bedeutet, dass der Staat im Durchschnitt etwa zwanzig Jahre lang eine Rente auszahlt. In den meisten Ländern gibt es ein ähnliches Muster: Das Rentenalter ist langsamer gestiegen als die Lebenserwartung, was bedeutet, dass der Ruhestand länger wird. In der Mehrheit der Länder mit mittlerem und hohem Einkommen können Arbeitnehmende heute damit rechnen, etwa ein Drittel ihres Lebens im Ruhestand zu verbringen (Abbildung 11). Einige der größten Zuwächse bei der

Abbildung 11

Arbeitnehmende verbringen mehr Lebenszeit im Ruhestand

Anteil des Ruhestands an der Lebenszeit eines Erwachsenen

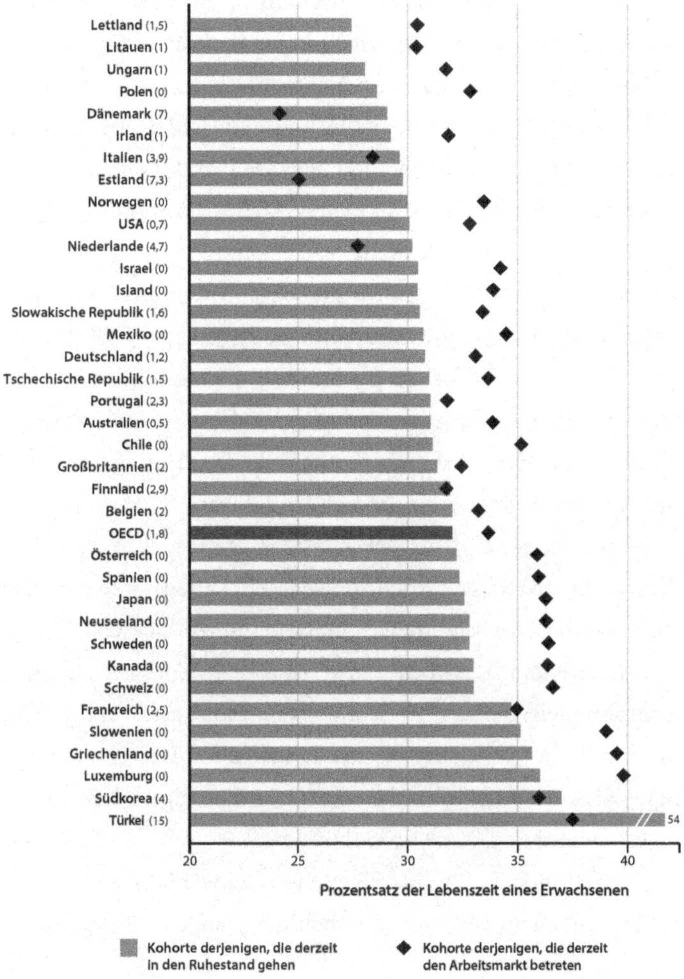

Anmerkung: Die Zahlen in Klammern beziehen sich auf den Anstieg des Renteneintrittsalters, um eine volle Rente zu erhalten.

Anzahl der Jahre, in denen nicht gearbeitet wird, hat es in Österreich, Belgien, Chile, Deutschland, Luxemburg, Polen, Slowenien und Spanien gegeben.

Das Grundproblem besteht darin, dass die Ruhestandsjahre im Verhältnis zu den Arbeitsjahren zu stark angestiegen sind, sodass der Betrag, den die Arbeitnehmenden während ihres Arbeitslebens in die Rentenversicherung einzuzahlen haben, nicht ausreicht, um die Anzahl der Rentenjahre abzudecken, die sie im Alter benötigen werden. Am deutlichsten wird dies in Umlagesystemen, bei denen die Renten ehemaliger Arbeitnehmender von den aktiven Arbeitnehmenden bezahlt werden. Da die alte Bevölkerung wächst und die arbeitende Bevölkerung schrumpft, wird die finanzielle Belastung für die arbeitende Bevölkerung immer größer. Bis 2060 werden alle G20-Länder eine schrumpfende Bevölkerung haben, und die Zahl der über 65-Jährigen, die von der Bevölkerung im erwerbsfähigen Alter unterstützt werden müssen, wird sich mindestens verdoppelt haben. Um dies zu finanzieren, werden die meisten Länder entweder die Steuern oder ihre Schuldenlast massiv erhöhen müssen.[254]

Das Problem liegt nicht darin, dass die Menschen zu lange leben, sondern darin, dass sie nicht genug ansparen und zu früh in Rente gehen. Gleichzeitig haben alternde Gesellschaften weniger Kinder und müssen daher mehr in die jüngere Generation investieren, damit diese produktiv genug ist, um es sich leisten zu können, eine wachsende Population älterer Menschen zu versorgen. In jedem Fall muss deutlich mehr angespart und investiert werden.

Das Problem ist umso größer, als die Rentensysteme nicht mit den Veränderungen der Beschäftigungsmuster und insbesondere mit der zunehmenden Bedeutung flexibler Arbeitsverhältnisse Schritt gehalten haben, wie im vorherigen Kapitel beschrieben. In vielen Ländern können Selbstständige aus den Rentensystemen aussteigen oder geringere Beiträge zahlen, wodurch ihre künftigen Leistungen sinken. Einige Rentensysteme bestrafen Arbeitnehmende, die häufig den Arbeitsplatz wechseln. Diejenigen, die nicht bei einem einzigen Arbeitgebenden bleiben, müssen oft eine private Altersvorsorge abschließen und sparen tendenziell zu wenig für den Ruhestand, wodurch sie sich im Alter selbst gefährden. Vor allem Frauen leiden unter dem Mangel an Rentenangeboten, die sich an flexible und Teilzeitarbeit anpassen können. Unterm Strich bedeutet all dies, dass eine Rentenreform unvermeidlich ist.

Die Herausforderung der Rentenreform

Wie bereits erwähnt, bewältigen die meisten Industriestaaten den finanziellen Druck der Alterung, indem sie die Risiken auf den Einzelnen verlagern. Bei einer traditionellen Rente, die als leistungsorientiertes System bekannt ist, verpflichtet sich der Arbeitgebende, einem Beschäftigten einen festen Rentenbetrag (die definierte Leistung) in Abhängigkeit von seinem Gehalt und seiner Beschäftigungsdauer zu zahlen. Der Arbeitgebende trägt das Risiko, dass die investierten Beiträge des Arbeitnehmenden die Kosten für die Rente nicht decken. Diese Renten werden heute durch beitragsorientierte Systeme ersetzt. Dabei steuert der Arbeitgebende einen bestimmten Betrag zu der Kapitalanlage bei, mit der der Arbeitnehmende seinen Ruhestand finanziert (der definierte Beitrag), aber der Arbeitgebende trägt keines der Risiken, wie gut sich diese Anlage entwickelt und ob sie ausreicht, um den Lebensabend des Arbeitnehmenden zu finanzieren. Nur wenige Menschen haben die finanzielle Expertise, um solche Risiken zu handhaben, und dennoch werden beitragsorientierte Renten allenthalben immer üblicher.[255]

In den Entwicklungsländern hingegen gibt es Renten nur im formellen Sektor, der in vielen Ländern nur einen sehr kleinen Teil der Wirtschaft ausmacht. Die Kosten für die Versorgung älterer Menschen tragen in der Regel die Familien und in geringerem Maße ehrenamtliche Organisationen. Das Problem besteht darin, dass die Bevölkerung in den Entwicklungsländern viel schneller altert, als sich die Rentensysteme verbreiten. Wenn nicht mehr Arbeitskräfte in das Rentensystem einbezogen werden, wird die Belastung der Familien und der staatlich finanzierten Auffangrenten zu groß werden. Die Entwicklungsländer müssen daher der Förderung des formellen Sektors, der Ausweitung der gesetzlichen Rentenversicherung und der Durchsetzung realistischer Erwartungen hinsichtlich des Rentenalters Priorität einräumen.

Trotz der jüngsten Reformen steht die Nachhaltigkeit der Renten in den meisten Ländern unter Druck, insbesondere in einer Welt mit Niedrigzinsen, in der die Renditen von Rentenanlagen gering sind. Es gibt drei mögliche Lösungen: Erhöhung des Renteneintrittsalters, Erhöhung der Beiträge oder Kürzung der Rentenansprüche. In den letzten Jahren haben einzelne Länder alle diese Optionen ausprobiert.[256] Eine Möglichkeit, die Beiträge zu erhöhen, besteht darin, Arbeitskräfte im erwerbsfähigen Alter zu »importieren«, indem man eine stärkere Zuwanderung zulässt, aber dies wirft andere politische und soziale Probleme auf.

Mit anderen Worten: Die Rentenreform erfordert die Neuverhandlung eines nicht mehr tragfähigen Gesellschaftsvertrags. Das bedeutet, dass der Einzelne bestärkt werden muss, mehr für das Alter zu sparen und länger zu arbeiten; dass es für flexibel Beschäftigte einfacher und selbstverständlicher werden muss, an der Altersvorsorge teilzunehmen; und dass Wege geschaffen werden müssen, damit der Einzelne seine Risiken besser verteilen kann. Nicht zuletzt bedeutet es, als Sicherheitsnetz eine Mindestrente für alle zu garantieren, um zu verhindern, dass die Schwächsten, insbesondere Geringverdiener und Menschen – vor allem Frauen –, deren Karriere unterbrochen wurde, im Alter in Not geraten. Ein ideales Rentensystem würde eine staatliche Mindestrente für alle bieten und eine Vielzahl von versicherungsbasierten Optionen ermöglichen, mit denen Arbeitnehmende ihr Einkommen im Alter ergänzen können.

Das Problem ist, dass Rentenreformen zutiefst umstritten sind; die Menschen geben im Allgemeinen nur sehr ungern etwas auf, von dem sie glauben, dass sie es verdient haben und dass es ihnen zusteht. Zudem handelt es sich um ein hochpolitisches Problem, aus dem einfachen Grund, dass die Alten häufiger wählen als die Jungen. In den OECD-Ländern beispielsweise lag die Wahlbeteiligung 2012/13 bei den über 55-Jährigen bei 86 Prozent, während nur 70 Prozent der jungen Erwachsenen zur Wahl gingen. Die Alten sind in der Regel auch bei der politischen Lobbyarbeit sehr effektiv. Es ist kein Zufall, dass mit dem Altersanstieg des Medianwählers in den Industriestaaten die öffentlichen Ausgaben für Renten um 0,5 Prozent des BIP gestiegen sind.[257]

In den meisten Ländern werden Reformen in Krisenmomenten durchgeführt, wenn der Druck auf die öffentlichen Haushalte steigt. Selbst dann ist das Erreichen eines politischen

Konsenses für eine Rentenreform in der Regel mit einer »Besitzstandsklausel« verbunden – frühere Zusagen werden eingehalten, und Änderungen gelten nur für künftige Generationen mit langen Übergangsfristen. Länder mit jüngeren Bevölkerungen in Afrika, dem Nahen Osten und Südasien wären gut beraten, frühzeitig zu handeln, bevor gewisse Interessengruppen unhaltbare Versprechungen festschreiben.

Länger arbeiten

Die gute Nachricht (zumindest aus Sicht der Altersvorsorge) ist, dass die Menschen schon jetzt länger arbeiten und davon ausgehen, dies auch in Zukunft zu tun. In der OECD beispielsweise ist die Beschäftigungsrate der 55- bis 64-Jährigen von 47,7 Prozent im Jahr 2000 auf 61,4 Prozent im Jahr 2018 massiv gestiegen, während sie sich bei den 25- bis 54-Jährigen nur wenig verändert hat.[258] Die Dauer des Arbeitslebens hat in Ländern wie Deutschland, Italien, Frankreich und Australien sowie bei höher gebildeten Arbeitnehmenden am stärksten zugenommen. Das Renteneintrittsalter steigt überall (Abbildung 12) und hat sich in einkommensstarken Ländern bis in die späten Sechzigerjahre und in einigen Fällen auf über siebzig Jahre erhöht. In den meisten Ländern mit mittlerem Einkommen ist ein Renteneintrittsalter knapp unter sechzig üblicher, da sie sich langsamer an die gestiegene Lebenserwartung angepasst haben.

Doch selbst diese Erhöhungen der Lebensarbeitszeit reichen nicht aus, um die Kosten für die zusätzlichen Ruhestandsjahre zu decken. Der naheliegendste Weg, um diese Lücke zu schließen, besteht darin, das Renteneintrittsalter direkt an die Lebenserwartung zu koppeln und so sicherzustellen, dass die Zahl der

Abbildung 12

Das Renteneintrittsalter steigt überall (aber nicht schnell genug)

Normales Renteneintrittsalter bei Männern, die mit 22 Jahren in den Arbeitsmarkt eingetreten sind und ein vollständiges Berufsleben absolviert haben

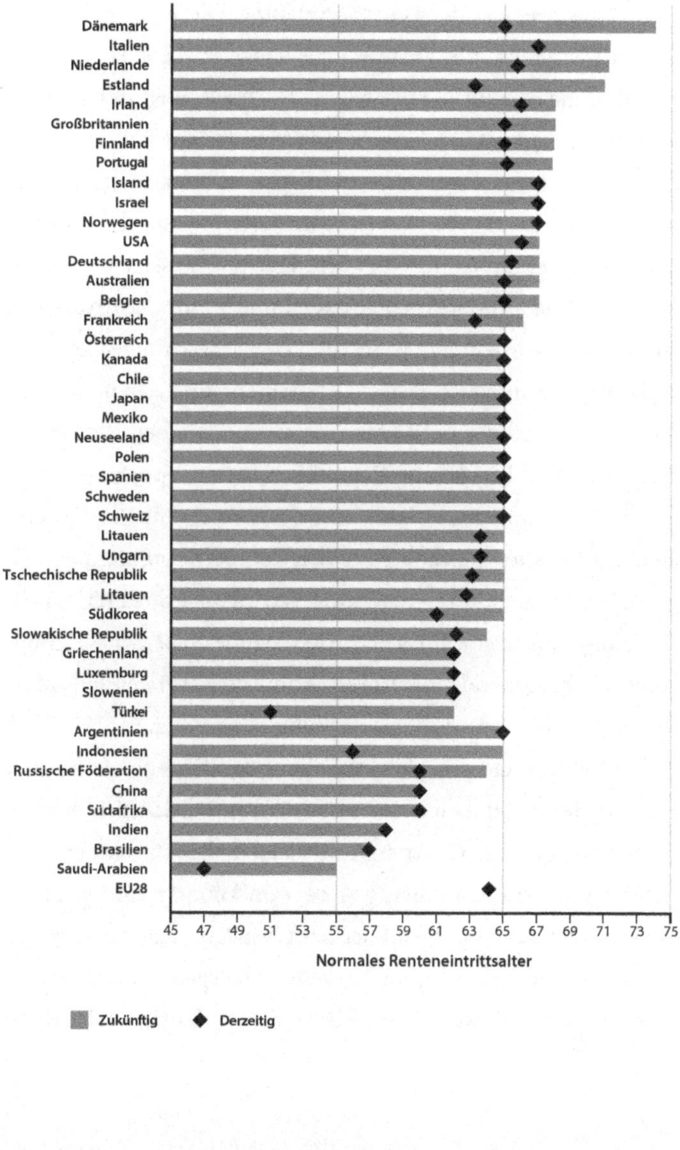

Arbeitsjahre immer im richtigen Verhältnis zur Zahl der Ruhestandsjahre steht. Viele Länder haben dies getan, darunter Dänemark, Estland, Finnland, Griechenland, Italien, die Niederlande und Portugal. In Portugal steigt das Renteneintrittsalter um zwei Drittel des Anstiegs der Lebenserwartung. Diese Formel erlaubt es den Menschen, die Vorteile eines längeren Lebens zu genießen und gleichwohl die finanzielle Nachhaltigkeit des Rentensystems zu verbessern. Unabhängig von der gewählten Formel können wir uns immer neue politische Auseinandersetzungen über die Anhebung des Renteneintrittsalters ersparen und den Menschen Zeit geben, ihre Erwartungen anzupassen, indem wir das Verhältnis proportional gestalten und somit die Anpassung automatisch vornehmen, wenn die Lebenserwartung steigt.

Dieser Ansatz war jedoch umstritten, und einige Länder haben aufgrund des politischen Widerstands einen Rückzieher gemacht. Die Slowakische Republik hat die Koppelung an die Lebenserwartung abgeschafft und das Renteneintrittsalter einfach auf 64 Jahre angehoben. Italien hat die Kopplung für einige Arbeitnehmende bis 2026 ausgesetzt. Auch Spanien hat die Kopplung ausgesetzt, und die Niederlande haben die Einführung vorübergehend eingefroren. Ähnliche Kehrtwenden gab es in Kanada, der Tschechischen Republik und Polen.[259]

Der Widerstand gegen die Anhebung des Renteneintrittsalters rührt in der Regel daher, dass es Bedenken hinsichtlich der Gerechtigkeit gibt. Ein Gegenargument lautet, dass die zusätzlichen Lebensjahre von Krankheit geprägt sein könnten und es daher unzumutbar sei, von Menschen zu erwarten, dass sie arbeiten, wenn sie nicht gesund sind. Tatsächlich belegen die Daten, dass dies nicht der Fall ist – diese Lebensjahre verlaufen in der Regel gesund, was darauf hindeutet, dass die Menschen durchaus in der Lage sind, länger zu arbeiten. Ein weiteres Argument ist, dass ärmere Menschen tendenziell früher sterben und dass diejenigen, die eher körperlich anstrengende Arbeiten verrichten, womöglich nicht imstande sind, länger zu arbeiten; daher sei eine Erhöhung des Renteneintrittsalters für diese Gruppen regressiv. Dies sind zwar stichhaltige Argumente, aber Berechnungen zeigen, dass die Gruppen, die verlieren, dies nur in geringem Umfang tun.[260] Dennoch ist es möglich, wenn auch kompliziert, sozioökonomische Unterschiede in der Lebenserwartung zu berücksichtigen, sodass Menschen mit höherem Gesundheitsrisiko bessere Leistungen angeboten werden könnten.[261]

Gerechtigkeit ist auch ein wichtiges Thema im Zusammenhang mit der Rente von Frauen. In vielen Ländern haben Frauen ein niedrigeres Renteneintrittsalter als Männer, obwohl sie zumeist länger leben. In Verbindung mit der Tatsache, dass sie in der Regel auch ein kürzeres Berufsleben haben und niedrigere Löhne als Männer erhalten, führt dies zu geringeren Renten. In Europa zum Beispiel sind die durchschnittlichen Renten von Frauen um 25 Prozent niedriger als die von Männern. Das ist der Grund, warum Altersarmut überwiegend Frauen trifft. Es gibt eine Tendenz, das Renteneintrittsalter für Männer und Frauen langfristig zu vereinheitlichen; zusammen mit Maßnahmen, Chancengleichheit für Frauen in der Arbeitswelt herzustellen, wird dies dazu beitragen, die Rentenlücke zu schließen.[262]

Alle ins Rentensystem einbeziehen

Je mehr Menschen in ein Rentensystem einzahlen und je mehr die Risiken geteilt werden, desto effizienter und nachhaltiger wird es sein. Um eine staatlich finanzierte Mindestrente für alle zu garantieren, muss daher jeder einen Beitrag leisten. Wie bei den in den vorherigen Kapiteln beschriebenen Mindestlöhnen und Gesundheitsansprüchen wird die Höhe dieser Mindestrente zwischen einzelnen Ländern stark variieren, je nachdem, was sie sich leisten können. Zumindest aber sollte sie ausreichen, um Altersarmut zu vermeiden, und um ihren Wert im Lauf der Zeit auf faire Weise zu erhalten, sollte die staatliche Rente an einen Mix aus Preisen, Löhnen oder Durchschnittseinkommen gekoppelt sein. Freiwillige Renten, die in der Regel eher unter den Bessergestellten verbreitet sind, würden dann zur staatlichen Mindestrente hinzuaddiert und zu einem Satz besteuert werden, der in etwa dem von normalen Ersparnissen entspricht, obwohl ein gewisser steuerlicher Anreiz zum Sparen für den Ruhestand wahrscheinlich sinnvoll ist.

Doch einige Probleme bleiben bestehen: Arbeitnehmende mit geringerem Einkommen haben nur begrenzte Möglichkeiten zu sparen, verfügen oft nicht über die erforderlichen finanziellen Kenntnisse und profitieren nicht von den steuerlichen Anreizen, die für Rentensparer mit höherem Einkommen gelten. Wie können sie in das Rentensystem einbezogen werden? Einige Länder, zum Beispiel Neuseeland, haben Anreize für Arbeitnehmende geschaffen, sich einem Rentensystem anzuschließen, indem sie ihre Beiträge ergänzen oder einen Anfangsbonus gewähren. Doch einer der effektivsten Wege, Menschen in das Rentensystem zu bringen, besteht darin, sie automatisch zu registrieren. Diese automatische Registrierung macht die Teilnahme an Rentensystemen zum Standard, mit der Option, später auszusteigen. Länder, die diesen Weg gewählt haben, wie Brasilien, Deutschland, Neuseeland, Polen, Russland, die Türkei und Großbritannien, konnten alle einen starken Anstieg der Rentenbeteiligung verzeichnen. In den Vereinigten Staaten wurde die Teilnahme an freiwilligen Betriebsrentenplänen zur Standardoption gemacht, woraufhin sich die Teilnehmerzahlen verdoppelten. Chile ist noch weiter gegangen und hat die Mitgliedschaft in einem Rentensystem zur Pflicht gemacht. Bei der automatischen Registrierung bleiben die meisten Arbeitnehmenden im Rentensystem (vor allem, wenn auch die Arbeitgebenden verpflichtet sind, Beiträge zu leisten), die Anmeldung ist einfach, und es gibt finanzielle Anreize, die einen Ausstieg zu verhindern suchen. Programme, die es den Arbeitnehmenden ermöglichen, ihre Beiträge regelmäßig zu erhöhen oder einen Teil jeder künftigen Gehaltserhöhung automatisch auf die Rente zu übertragen, haben sich ebenfalls bewährt.[263]

Die Rentensysteme müssen auch an die in Kapitel 5 beschriebene rasche Zunahme flexibler Arbeitsmuster angepasst werden. Die meisten Menschen sparen zu wenig für den Ruhestand, und diejenigen, die freiberuflich tätig sind, in Teilzeit arbeiten oder befristete Verträge haben, sind diesem Risiko besonders ausgesetzt. Bei Beschäftigten dieser Kategorien handelt es sich häufig um Frauen, um Junge oder Alte und um Menschen mit geringem Einkommen. Die Einbindung flexibel Beschäftigter in das Rentensystem vergrößert nicht nur den Kreis der Beitragszahler; indem von Unternehmen, die flexibel Beschäftigte einstellen, verlangt wird, dass sie für diese Rentenbeiträge leisten, kann auch der Anreiz für Arbeitgebende reduziert werden, nicht standardisierte Verträge zu nutzen, nur um diese Kosten zu sparen. Doch in dem Bestreben, die Selbstständigkeit attraktiv zu machen und damit die Versuchung zu verringern, in der informellen Wirtschaft zu arbeiten, verzichten viele Länder darauf, dass Selbstständige einkommensbasierten Rentensystemen beitreten müssen (Australien, Dänemark, Deutschland, Japan, Mexiko und die Niederlande), oder erlauben ihnen, geringere Beiträge zu leisten, was zu geringeren Altersrenten führt (Kanada, Frankreich, Italien, Südkorea, Norwegen, Polen, Slowenien, Schweden, die Schweiz und die Vereinigten Staaten).[264]

Ein inklusiveres System würde flexibel Beschäftigte automatisch in freiwillige Rentenversicherungen aufnehmen und von den Firmen, die sie beschäftigen, verlangen, dass sie zu ihren Renten beitragen, so wie sie es für den Rest ihrer Belegschaft tun. Für Teilzeit- und Zeitarbeitskräfte ist dies recht einfach; komplizierter ist es für Selbstständige, die keine Arbeitsverträge haben und womöglich für viele verschiedene Arbeitgebende arbeiten. Eine Option ist, dass der Arbeitnehmende sowohl den Arbeitnehmenden- als auch den Arbeitgebendenanteil zahlt (obwohl dies die Selbstständigkeit weniger attraktiv machen würde); eine andere ist, dass der Staat einen Beitrag zu den Renten derjenigen Selbstständigen leistet, die sehr wenig verdienen, um sie zu bestärken, für den Ruhestand zu sparen. Früher oder später ist es sinnvoll, dass die Rentensysteme die Deckung, die Beiträge und die Ansprüche von traditionell und flexibel Beschäftigten harmonisieren, und zwar aus einer Reihe von Gründen: Es würde die mit Altersarmut verbundenen Risiken reduzieren, für Gerechtigkeit sorgen, die Risiken effizienter verteilen und eine größere Mobilität der Arbeitnehmenden zwischen verschiedenen Beschäftigungsarten ermöglichen.

Eine andere Möglichkeit, die Zahl der Arbeitnehmenden, die

in die Rentensysteme einzahlen, zu erhöhen, besteht einfach darin, mehr Menschen in Arbeit zu bringen. In Kapitel 2 wurde beschrieben, wie der Erwerbsanteil von Frauen fast überall steigt, weil Mädchen ausgebildet werden, soziale Normen sich ändern und der Zugang zu Kinderbetreuung sich verbessert. Rasch alternde Länder wie Japan ermutigen aktiv mehr Frauen zum Arbeiten, indem sie das Kinderbetreuungsangebot ausbauen und jene Aspekte ihres Steuersystems ändern, die Frauen von der Arbeitsaufnahme abhalten.[265] Frauen dabei zu unterstützen, dass sie erwerbstätig bleiben, indem diskriminierende Maßnahmen beseitigt werden und in Betreuungsangebote für Kinder und ältere Menschen investiert wird, wird die Rentensysteme nachhaltiger machen. Ebenso sind Arbeitsmigranten wichtige neue Beitragszahler für die Rentensysteme; sie machen 65 Prozent des Wachstums der Erwerbsbevölkerung in den USA und 92 Prozent in der EU aus.[266] Zweifellos hat Migration soziale und politische Konsequenzen, aber sie kann auch Teil der Lösung sein, indem sie die Anzahl jüngerer Arbeitnehmender vergrößert, die in die Rentensysteme einzahlen.

Risiken teilen und den Ruhestand flexibler gestalten

Die meisten Menschen sparen nicht genug. Umfragen in 140 Ländern zeigen, dass die Hälfte der Erwachsenen in Industriestaaten und 84 Prozent in Entwicklungsländern nicht für das Alter vorsorgen.[267] Glücklicherweise haben sich die Möglichkeiten zum Sparen durch digitales und mobiles Banking, neue Sparprodukte und »Robo-Advisors« – algorithmenbasierte Anlagehelfer, die zu vergleichsweise geringen Kosten Beratung anbieten – enorm erweitert.

Auch Anstöße wurden wirksam eingesetzt, um das Sparen zu fördern. In Kenia beispielsweise wurden in einem Experiment, das im informellen Sektor Beschäftigte zum Sparen ermutigen sollte, drei verschiedene Maßnahmen ausprobiert, um zu sehen, welche am besten funktionierte: SMS-Erinnerungen, die so abgefasst waren, als ob sie vom Kind des Teilnehmenden stammten, eine goldfarbene Münze, die es den Teilnehmenden ermöglichte, ihre wöchentlichen Ersparnisse im Blick zu behalten, und ein Ausgleichsprogramm, das zu jedem beiseitegelegten Betrag zehn bis zwanzig Prozent hinzufügte. Interessanterweise verdoppelte die Goldmünze die durchschnittliche Sparquote und war effektiver als die Textnachricht oder der finanzielle Anreiz.[268] Auf den Philippinen baute eine Maßnahme auf einem weithin beobachteten Aspekt der menschlichen Psychologie auf: der Tendenz, Verluste mehr zu fürchten und zu vermeiden, als entsprechende Gewinne zu suchen und zu genießen. Die Teilnehmenden verpflichteten sich zum Sparen und mussten mit Bestrafung rechnen, wenn sie ihr Ziel verfehlten. Dies führte zu einem 81-prozentigen Anstieg der Ersparnisse. Entscheidungen über das Sparen sind zutiefst psychologisch, und diese Beispiele zeigen, wie verhaltensorientierte Maßnahmen helfen können.

Aber viele Menschen würden es einfach vorziehen, weniger Verantwortung für Anlageentscheidungen zu tragen und mehr Gewissheit über ihr Alterseinkommen zu haben. Mehrere Länder, darunter Kanada, Dänemark und die Niederlande, haben eine Alternative zu beitragsorientierten Systemen entwickelt, die dies leistet. Kollektive beitragsorientierte Systeme basieren auf Beiträgen von Arbeitnehmenden und Arbeitgebenden, aber nicht jeder hat seinen eigenen Rententopf, sondern die Beiträge fließen in einen kollektiven Topf. Der Vorteil besteht darin, dass das Anlagerisiko auf eine größere Gruppe verteilt wird, was die Volatilität reduziert und niedrigere Kosten ermöglicht. Eine Studie ergab, dass ein kollektives System über die letzten fünfzig Jahre konstant 28 Prozent des Gehalts erbracht hätte, während beitragsorientierte Systeme zwischen 17 und 61 Prozent erbrachten.[269]

Kollektive beitragsorientierte Systeme eignen sich möglicherweise nicht für jüngere Beschäftigte, die zu Beginn ihrer beruflichen Laufbahn ein risikoreicheres Anlageportfolio bevorzugen. Auch ist die maximale Rendite bei einem kollektiven System geringer. Andererseits sind sehr niedrige Renditen weit weniger wahrscheinlich. Ein weiterer Vorteil ist, dass im Gegensatz zu beitragsorientierten Systemen, bei denen den Einzelnen in der Regel geraten wird, ihren Rententopf mit zunehmendem Alter von renditestarken, aber riskanten Aktien in sicherere, wenn auch weniger ertragreiche Anleihen umzuschichten, dies bei einem kollektiven System nicht notwendig ist. Ebenso wird das Risiko reduziert, dass eine Rente negativ beeinflusst wird, wenn ein Beitragszahler zu einem Zeitpunkt in den Ruhestand geht, an dem sich die Märkte schlecht entwickeln.

Was für die berufliche Laufbahn gilt, die inzwischen mehr dem Klettern auf einen Baum als dem Erklimmen einer Leiter gleicht, sollte auch für den Ruhestand gelten. Für viele Menschen ist ein abrupter Übergang von der Vollzeitarbeit in den Ruhestand unattraktiv und wenig überraschend mit einem sehr hohen Sterberisiko verbunden, insbesondere bei Männern. Anstatt mit 65 Jahren von der Karriereleiter zu springen, ist es besser, allmählich den Baum hinunterzuklettern. Die Rentensysteme sollten es den Menschen ermöglichen, schrittweise in den Ruhestand zu gehen und flexibel oder in Teilzeit zu arbeiten, ohne dass sich dies nachteilig auf ihre Rentenregelungen auswirkt. In Schweden zum Beispiel kann eine Person, die das Rentenalter erreicht, den Gesamtbetrag, 75 Prozent, 50 Prozent, 25 Prozent oder gar nichts von ihrer Rente beziehen. Welcher Betrag auch immer zurückbehalten wird, wächst weiter an, und wenn die Person weiterarbeitet, kann sie Beiträge leisten, die ihr Einkommen im Alter aufstocken.

Die meisten Arbeitnehmenden geben an, dass sie einen Übergang in den Ruhestand bevorzugen würden, der für einen gewissen Zeitraum Teilzeitarbeit erlaubt, aber nur wenige Arbeitgebende bieten diese Option an.[270] Die Abschaffung des gesetzlichen Renteneintrittsalters, die Einführung flexibler Arbeitszeiten und -plätze (einschließlich der Ermöglichung von Heimarbeit) sowie Programme für lebenslanges Lernen für ältere Arbeitnehmende, wie in Kapitel 5 beschrieben, tragen alle zu einer Verlängerung des produktiven Arbeitslebens bei.[271]

Es ist vorstellbar, dass ältere Arbeitnehmende mit der Zeit Einkommen aus einer Vielzahl von Quellen beziehen – eine staatliche Mindestrente, eine freiwillige Arbeitgebendenrente, persönliche Ersparnisse und Teilzeitarbeit. Abbildung 13 zeigt, wie Ältere in verschiedenen Ländern bereits über viele verschiedene Einkommensquellen verfügen. In Frankreich, Italien und Deutschland stellt der Staat den Großteil des Einkommens für über 65-Jährige bereit. In der Türkei sind die vom Arbeitgebenden bereitgestellten Renten am wichtigsten. In Ländern wie Chile, Südkorea und Mexiko beziehen die über 65-Jährigen den größten Teil ihres Einkommens aus der Weiterarbeit. Eine

Abbildung 13

Ruheständler beziehen ihr Einkommen aus einer Vielzahl von Quellen

Einkommensquellen von über 65-Jährigen

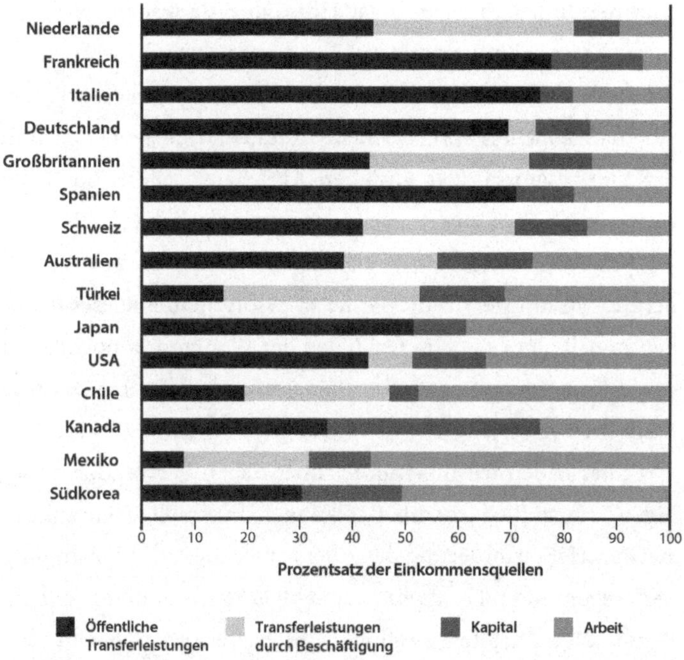

solche Diversifizierung des Alterseinkommens sollte zunehmend üblich werden.

Wer kümmert sich um die Alten?

In Ägypten stand meine Großmutter einem Mehrgenerationenhaushalt vor, der den Mittelpunkt einer weitverzweigten Familie bildete. Mittagessen gab es von etwa 14 Uhr (die Zeit, zu der sie am liebsten aß) bis etwa 18 Uhr, wenn zuerst die Enkel und Urenkel von der Schule nach Hause kamen und später die Erwachsenen von der Arbeit zurückkehrten. Manchmal gesellten sich noch einige ihrer siebzehn Geschwister oder deren Nachkommen hinzu. Sie hatte zwar Hilfe, aber sie war für die Führung dieses komplexen Haushalts verantwortlich, wozu auch die Rolle der Chefdiplomatin für die Lösung von Konflikten, der maßgeblichen Sprecherin in Familienangelegenheiten und der Organisatorin aller größeren Aktivitäten zählte. Sie liebte es, in Gesellschaft zu sein, aber das war mit erheblicher Verantwortung verbunden. Als sie alt wurde, kümmerten sich die Generationen um sie, für die sie selbst gesorgt hatte. Dieses Familienmodell gibt es in einigen Teilen der Welt immer noch, doch es wird zunehmend durch Kernfamilien und alleinlebende ältere Menschen ersetzt.

Bisher haben wir uns mit der finanziellen Versorgung derjenigen befasst, die nicht arbeiten können; nun wollen wir uns der zweiten Herausforderung des Alters zuwenden: der Versorgung derjenigen, die nicht mehr unabhängig leben können. Wie zu Beginn dieses Kapitels erwähnt, wurden ältere Menschen in allen Gesellschaften im Laufe der Geschichte zumeist von Frauen in ihren Familien versorgt, und das ist in den meisten Teilen der Welt immer noch der Fall. Aber da die Familien kleiner werden, mehr Frauen in den Arbeitsmarkt eintreten, sich die sozialen Einstellungen sowohl der Älteren als auch ihrer Kinder verändern und die Alterung der Gesellschaft die Dauer der Altenfürsorge verlängert, haben viele Länder damit zu kämpfen, dies zu bewältigen. Japan experimentiert mit Robotern, die eine Reihe von Dienstleistungen für ältere Menschen erbringen können.

Viele europäische Länder erleichtern die Zuwanderung von Pflegekräften. Neue Modelle des Zusammenlebens, der gemeindenahen Pflege und des »Altwerdens zu Hause« werden ausprobiert.

In jüngerer Zeit hat sich der Trend zum westlichen Kernfamilienmodell jedoch umgekehrt, da junge Menschen in Europa und den USA sich nicht in der Lage sehen, einen eigenen Haushalt zu gründen. Im Jahr 2011 lebten 48 Prozent der 18- bis 34-Jährigen in der Europäischen Union noch bei ihren Eltern. Auch in den USA stieg der Anteil der 18- bis 34-Jährigen, die bei ihren Eltern leben, auf einen historischen Höchststand von 36 Prozent.[272] Dieses Phänomen wird durch steigende Wohnkosten und die in Kapitel 5 beschriebene Zunahme prekärer Arbeit bei jungen Menschen angetrieben. Der Anteil der »Bumerang-Kinder« ist besonders hoch in Ländern, die eine Phase akuter finanzieller Notlage durchlebt haben, wie Italien und Spanien nach der Finanzkrise 2008, als viele junge Menschen arbeitslos wurden und sich gezwungen sahen, ins Elternhaus zurückzukehren. Unterdessen hat in vielen Ländern die Steuer- und Wohnungspolitik dazu geführt, dass Wohneigentum als Quelle des Renteneinkommens erschlossen wurde, weshalb die Älteren Wohnraum erworben und angehäuft haben, während die Jüngeren es sich nicht leisten können, ohne Hilfe der Eltern eine Wohnung zu kaufen. Daher die Begriffe »Generation Miete« und »Generation Wohneigentümer«.

Interessanterweise stehen Familien sowohl in Industriestaaten als auch in Entwicklungsländern vor ähnlichen Herausforderungen und müssen Einkommen und Risiken innerhalb der Haushalte bündeln, um mit wirtschaftlicher Unsicherheit, prekären Arbeits- und Rentenverhältnissen, steigenden Wohnkosten und der Abkehr der Politik von der massiven Förderung von Wohneigentum und sozialem Wohnungsbau fertigzuwerden. Junge Menschen können immer seltener ohne elterliche Hilfe in ein unabhängiges Leben starten, während Ältere mit unzureichender Rente mitunter gezwungen sind, bei ihren Kindern zu wohnen oder Vermieter zu werden, um ihr Einkommen aufzubessern. Angesichts dieses vielfältigen Drucks erweisen sich Mehrgenerationenhaushalte wie der meiner Großmutter als ein Ausweg für Familien, um ihren Lebensstandard zu halten.

Dennoch werden in den kommenden Jahrzehnten viele ältere Menschen, vor allem Frauen, allein leben. Der Grund ist einfach: Wir leben länger.

Alt werden im 21. Jahrhundert

Im 21. Jahrhundert wird ein sehr langes Leben die Norm sein. Für Männer wird die Wahrscheinlichkeit, 85 Jahre alt zu werden, von heute 50 Prozent auf 75 Prozent im Jahr 2100 steigen, für Frauen von 64 auf 83 Prozent.[273] In Ländern wie Kanada, Frankreich, Italien, Japan, Großbritannien und den USA haben diejenigen, die nach dem Jahr 2000 geboren wurden (wie meine Kinder), eine 50-prozentige Chance, ihren 100. Geburtstag zu erleben.[274]

Die überwiegende Mehrheit der Älteren möchte so lange wie möglich selbstständig zu Hause oder in der Familie leben. Ob sie dies erfolgreich tun können, hängt davon ab, wie sie altern und ob sie während dieser zusätzlichen Lebensjahre gesund sind oder nicht. Die Altersforschung kommt zunehmend zu dem Ergebnis, dass die zusätzlichen Lebensjahre tatsächlich gesunde sind.[275] Dennoch brauchen viele alte Menschen Hilfe bei alltäglichen Verrichtungen wie Baden oder Essenszubereitung. Die geringste Wahrscheinlichkeit, bei guter Gesundheit zu altern, haben Menschen mit geringem Einkommen, die früher im Leben mit Entbehrungen konfrontiert waren; mit anderen Worten: Diejenigen, die am ehesten Hilfe benötigen, sind diejenigen, die es sich am wenigsten leisten können, dafür zu bezahlen. Und obwohl häusliche Pflege meist günstiger ist als institutionelle (außer für diejenigen mit dem akutesten Bedarf), ist selbst eine Grundversorgung für ältere Menschen mit geringem Einkommen oft unerschwinglich.[276]

Die meisten Industriestaaten bieten ihren älteren Bürgerinnen und Bürgern, die es sich nicht leisten können, institutionelle Versorgung an; die meisten Entwicklungsländer übertragen diese Verantwortung den Familien und Gemeinden. Die Herausforderung für die Zukunft besteht darin, eine Reihe von Maßnahmen zu ergreifen, die die häusliche Pflege so lange wie möglich unterstützen. Dazu gehören die Erleichterung der Pflege durch Angehörige, die Unterstützung professioneller Pflegekräfte bei Hausbesuchen und der kreativere Einsatz von Technologie. Entscheidend ist auch eine bessere Koordination und Integration von Gesundheits- und Altenpflege, einschließlich ihrer Finanzierung. In den meisten Ländern ist die Altenpflege vom Gesundheitswesen getrennt, was zu vielen Ineffizienzen führt – am offensichtlichsten, wenn alte Menschen in teuren Krankenhausbetten landen, obwohl sie mit ein wenig Unterstützung besser zu Hause aufgehoben wären.[277]

Diese Maßnahmen werden für Entwicklungsländer immer relevanter, vor allem in Asien, wo die Alterung rapide voranschreitet und das familiäre Unterstützungssystem weniger robust wird, da die Menschen weniger Kinder haben, die jüngeren

Generationen mobiler sind und mehr Frauen arbeiten. China hat zum Beispiel Unterstützung für häusliche Pflegekräfte eingeführt, einschließlich Schulungen und finanzieller Zuschüsse, und lokale Gemeinden bieten Essensdienste sowie Unterkünfte für ihre älteren Mitglieder an.[278]

Grundsätzlich müssen wir, um das Altern zu Hause praktikabel zu gestalten, unbezahlte Pflegearbeit zu etwas machen, das wertgeschätzt und bezahlt wird, unabhängig davon, ob sie von einer Fachkraft oder einem Familienmitglied geleistet wird. Einige wohlhabende Länder wie die Niederlande und die nordischen Staaten kommen für den langfristigen Pflegebedarf aller ihrer Bürgerinnen und Bürger unabhängig vom Einkommen auf, aber die meisten Länder beschränken die öffentliche Unterstützung auf diejenigen, die sich eine Altersversorgung nicht leisten können. Die Ausweitung dieser finanziellen Unterstützung auf Menschen, die ihre eigenen älteren Angehörigen pflegen, mag seltsam erscheinen, aber sie ist im Vergleich zur institutionellen Pflege humaner (sowohl für die älteren Menschen als auch für die Pflegenden), effektiver und kosteneffizienter. Die Pflege durch Angehörige reduziert Einsamkeit und Depressionssymptome.[279] Ein gut konzipiertes Langzeitpflegesystem hat den zusätzlichen Vorteil, dass es mehr Arbeitsplätze im Pflegesektor schafft und gleichzeitig mehr Frauen in die Lage versetzt, weiterhin zu arbeiten und somit über ihre Steuern und Rentenbeiträge ebenfalls zur Finanzierung der Altenpflege beizutragen.

In allen Ländern sind es die Frauen, die am meisten von der staatlichen Unterstützung für informelle Pflegekräfte profitieren.[280] Sie tragen den größten Teil der Last der Altenpflege in Form von Einkommensverlusten und psychischen Erkrankungen, was ironischerweise zu ihrer eigenen Verarmung beitragen kann, wenn sie selbst alt sind.[281] Politische Maßnahmen, die informelle Pflegekräfte unterstützen, etwa Geldleistungen, Rentengutschriften, Kurzzeitpflege, um informellen Pflegekräften Pausen zu gönnen, und flexible Arbeitszeitregelungen, die es Arbeitnehmenden ermöglichen, sich für die Pflege von Angehörigen freizunehmen, sind allesamt von Vorteil und helfen insbesondere Frauen. Es wird nicht überraschen, dass Länder mit den bestausgestatteten Systemen für die Langzeitpflege (wie die Niederlande, Dänemark, Schweden und die Schweiz) auch die höchsten Frauenerwerbsquoten und die geringste Ungleichheit zwischen den Geschlechtern haben.

Auch Technologie kann helfen. In Kapitel 4 wurde beschrieben, wie Telemedizin und häusliche Gesundheitsüberwachung durch intelligente Geräte und tragbare Technologien es ermöglichen, viele Beschwerden aus der Ferne zu behandeln, sodass die Patienten und Patientinnen zu Hause bleiben können. Japan investiert stark in Pflegeroboter, um nicht wie Europa eine große Zahl von ausländischen Pflegekräften »importieren« zu müssen. Pflegeroboter können Vitalwerte messen, den Notdienst rufen, Menschen an die Einnahme ihrer Medikamente oder an Übungen erinnern und sogar einfache Gespräche führen.[282] Sie können Stürze erkennen und Hilfe herbeirufen. Sprachgesteuerte Technologien und autonome Fahrzeuge können älteren Menschen helfen, Geräte selbstständig zu bedienen und mobil zu bleiben. Während des Lockdowns als Reaktion auf Covid-19 haben wir gesehen, wie Technologie älteren Menschen in Isolation helfen kann, mit Angehörigen und Freunden in Kontakt zu bleiben.

Doch wenngleich Technologie einige der eher physischen Aspekte der Pflege ersetzen kann, muss sie doch durch menschliche Interaktion ergänzt werden. Wenn wir es mehr alten Menschen ermöglichen wollen, unabhängig zu Hause zu leben, ist es entscheidend, dass wir uns auch mit der Einsamkeit auseinandersetzen. Japan hat hier einige der interessantesten Modelle entwickelt: Zum Beispiel sind Gemeinden für die Organisation von »Salons« zuständig, die älteren Menschen die Möglichkeit bieten, sich zu geselligen Anlässen, kulturellen oder Bildungsangeboten oder körperlicher Betätigung zu treffen. Studien haben gezeigt, dass die Teilnahme an einem Salon zu einer Halbierung der Pflegebedürftigkeit und zu einem Rückgang der Demenzerkrankungen um ein Drittel führt.[283] Experimente, bei denen Alt und Jung zusammengebracht wurden, etwa der Besuch von Schulkindern in Pflegeheimen und von älteren Menschen in Klassenzimmern, haben sich für beide als vorteilhaft erwiesen.[284]

In Würde sterben

Einer der schlimmsten Aspekte der Covid-19-Pandemie war, dass einige Menschen allein in Krankenhäusern starben, obwohl sie es zweifellos vorgezogen hätten, zu Hause bei ihren Angehörigen zu sterben. Das Sterben in einem Krankenhaus ist in hohem Maße mit Medikamentierung verbunden, mit Eingriffen, die nicht unsere Lebensqualität verbessern, sondern uns einfach mehr Zeit verschaffen.[285] Aus Sicht des Gesellschaftsvertrags besteht die Herausforderung hier nicht darin, die Kosten zu senken – hohe medizinische Ausgaben am Lebensende fallen in der Regel bei Menschen mit chronischen Erkrankungen an, die in der Regel eine kürzere Lebenserwartung haben[286] –, sondern darin, wie ein guter Tod ermöglicht werden kann, der für die meisten Menschen ein schmerzfreier Tod im Kreise ihrer Lieben ist. Tatsächlich bewegen sich viele Länder weg von der Institutionalisierung und zurück zum Tod zu Hause, unterstützt, wenn nötig, durch Hospizbetreuung. Bei den Medicare-Versicherten in den Vereinigten Staaten sank die Zahl der Todesfälle im Krankenhaus zwischen 2000 und 2015 von 33 auf 20 Prozent, während die Zahl der Todesfälle zu Hause oder in der Gemeinschaft von 30 auf 40 Prozent stieg.[287]

Das klare und frühzeitige Wissen um die Präferenzen von Sterbenden macht einen großen Unterschied für ihr Wohlbefinden und das ihrer Familien. Patientenverfügungen oder vorherige Anweisungen sorgen für diese Klarheit, verringern die Entscheidungslast für die Angehörigen und minimieren Rechtsstreitigkeiten und Traumata für die Hinterbliebenen. Sie führen zu einer geringeren Zahl von Krankenhausaufenthalten, besseren psychologischen Ergebnissen und einer größeren Zufriedenheit mit der Qualität der Pflege. Trotz all dieser Vorteile hat nur eine Minderheit der Erwachsenen solche Verfügungen getroffen.[288] In vielen Ländern ist es tabu, über den Tod zu sprechen, aber Anstöße, etwa die verbindliche Einführung von Patientenverfügungen bei Krankenhausaufenthalten, könnten helfen. Wie auch immer wir dies erreichen, ein neuer Gesellschaftsvertrag in alternden Gesellschaften muss Klarheit über die Versorgung am Lebensende beinhalten.

Sich das Alter leisten können

Prognosen zu den Kosten des Alterns steigen in der Regel exponentiell an und lösen erhebliche Unruhe aus. Ausgehend von aktuellen Trends wird prognostiziert, dass die Gesundheits- und Rentenausgaben im Jahr 2100 in den Industriestaaten 25 Prozent und in den Entwicklungsländern 16 Prozent des BIP verschlingen werden.[289] Die Verschuldung und das Steuerniveau, die notwendig sind, um ein Viertel des Nationaleinkommens für die Alterung auszugeben, sind wahrscheinlich nicht tragbar, weshalb wir einen neuen Gesellschaftsvertrag rund um das Alter brauchen. Wenn jetzt vernünftige Entscheidungen getroffen werden, wird es möglich sein, die ältere Generation in humaner und nachhaltiger Weise zu unterstützen. Wie wir gesehen haben, stellt dies eine besonders große Herausforderung für Industriestaaten dar, die bereits große ältere Bevölkerungen mit fest verwurzelten Ansprüchen haben. Für Länder mit niedrigem und mittlerem Einkommen, deren Renten- und Pflegesysteme noch im Aufbau begriffen sind, besteht die wichtigste Lehre darin, hier von Anfang an Automatismen und Nachhaltigkeit zu verankern, bevor die Ansprüche zu kostspielig werden.

Um die finanzielle Absicherung des Alters sicherzustellen, wird es einer Kombination aus längerem Arbeitsleben und an die Lebenserwartung gekoppeltem Renteneintrittsalter, einer staatlich garantierten Mindestrente, einer für alle Arbeitnehmenden (traditionelle wie flexible) obligatorischen Einschreibung in beschäftigungsbasierte Rentensysteme und einer besseren Risikoverteilung bedürfen. Die Finanzierung der staatlichen Mindestrente aus Steuern auf Einkommen und Konsum (etwa die Mehrwertsteuer) würde die Kosten gerechter verteilen. Die Alternative – die Erhebung zusätzlicher Lohnsteuern bei einer schrumpfenden Erwerbsbevölkerung – würde sich auf die Schaffung neuer Arbeitsplätze negativ auswirken.

Alternde Bevölkerungen werden auch mit niedrigeren Zinssätzen in Verbindung gebracht, da mehr Menschen versuchen, für den Ruhestand zu sparen, wenn die Nachfrage nach wirtschaftlichen Investitionen schwach ist. In den Industriestaaten, insbesondere in Japan und Europa, dürfte die Alterung die Zinssätze um 0,75–1,5 Prozent gesenkt haben, und dieser Effekt wird wahrscheinlich anhalten, es sei denn, eine geänderte Politik schafft größere Anreize für Investitionen.[290] Niedrige Zinssätze verringern die Renditen von beitragsorientierten Systemen und bedrohen die Solvenz von leistungsorientierten Systemen. Andererseits senken sie auch die Kosten der Staatsverschuldung, was es den Regierungen leichter macht, öffentliche Ausgaben, etwa höhere öffentliche Investitionen, zu finanzieren, die wiederum zu höheren privaten Investitionen führen können.

Familien werden immer eine wichtige Rolle bei der Betreuung älterer Menschen spielen, aber die Gesellschaft muss sie dabei unterstützen, dies leisten zu können. Als Japan seine Langzeit-Pflegeversicherung einführte, lautete der Slogan »Von der Betreuung durch die Familie zur Betreuung durch die Gesellschaft«.[291] Regierungen geben sehr unterschiedliche Beträge für die Betreuung älterer Menschen aus – sie reichen von zwei Prozent des BIP im schnell alternden Japan bis zu etwa 0,5 Prozent in Italien und noch weniger in Australien, in Ländern also, in denen die Betreuung informell von Familien geleistet oder von Einzelpersonen bezahlt wird.[292] Wie sollte dies finanziert werden? Pflegekosten sind in hohem Maße unvorhersehbar (wie mein 94-jähriger Großvater feststellte) und daher ein klassischer Fall für die Streuung von Risiken durch Versicherungen, entweder über den Staat oder über private Anbieter.[293]

In der Praxis gibt es drei Modelle. Die nordischen Länder haben allgemeine steuerfinanzierte Systeme, die unabhängig vom Einkommen eine umfassende Deckung der Pflegekosten bieten. Andere Länder haben spezielle Sozialversicherungssysteme, die entweder eine umfassende (Niederlande oder Japan) oder eine partielle (Südkorea und Deutschland) Abdeckung der Pflegekosten anbieten. In Japan zum Beispiel zahlen die meisten Menschen nur zehn Prozent der Kosten für die häusliche Betreuung bis zu einem monatlichen Höchstbetrag, während diejenigen mit hohem Einkommen zwanzig Prozent zahlen. Die dritte Möglichkeit ist, dass der Staat Geldleistungen zur Deckung des Pflegebedarfs bereitstellt, wie es in Italien der Fall ist. Großbritannien und die USA wenden eine Variante dieses Modells an, bei der die Geldleistungen gezielt nur den Ärmsten zugutekommen, während die Wohlhabenden ihre Pflegekosten selber zu tragen haben. In den Entwicklungsländern gibt es so gut wie keine Risikostreuung, und die Pflegekosten werden durch informelle Vereinbarungen – mit anderen Worten durch unbezahlte Familienangehörige – übernommen.

Wie bei der Rente liegt der Schlüssel zur nachhaltigen Finanzierung der Langzeitpflege in der Verbreiterung der Beitragsbasis. In Japan und Deutschland zum Beispiel ist jeder verpflichtet, in die öffentlich finanzierte Pflegeversicherung einzuzahlen – sowohl Erwerbstätige als auch Rentner. Private Pflegeversicherungen funktionieren nicht besonders gut, weil vor allem diejenigen eine Versicherung abschließen, die wissen, dass sie mit hoher Wahrscheinlichkeit pflegebedürftig werden, was sie für den Versicherer unrentabel macht, und weil die meisten Menschen kurzsichtig sind, was die langfristigen Pflegekosten angeht. Deutschland war das erste Land, das eine private Pflegeversicherung verpflichtend gemacht hat; Japan folgte und hat sie für alle über Vierzigjährigen zur Pflicht gemacht, und Singapur hat eine automatische Anmeldung mit einer Ausstiegsoption eingeführt. Doch viel mehr Länder mit einer alternden Bevölkerung sollten eine Pflichtversicherung für die Altenpflege in Betracht ziehen.

Das Alter wird bei uns allen ein größerer Teil des Lebens sein. Der neue Gesellschaftsvertrag, um den es in diesem Kapitel geht, würde sicherstellen, dass diejenigen, die länger arbeiten können, dies tun und dafür mehr Sicherheit im Alter und ein System erhalten, das es ihnen erlaubt, so lange wie möglich unabhängig zu Hause zu leben. Die Verantwortung für die Versorgung derjenigen, die nicht mehr selbstständig leben können, würde sich von einer überwiegend von Frauen getragenen zu einer von allen Gesellschaftsmitgliedern geteilten Aufgabe verlagern. Und die Risiken von Armut und Unsicherheit im Alter würden durch eine gemeinsame Verpflichtung zur Unterstützung der älteren Generation abgelöst werden. Schließlich war sie es, die uns großgezogen und die Infrastruktur und die Institutionen aufgebaut hat, die uns heute produktiv machen – ein wichtiger Faktor, den es zu bedenken gilt, wenn wir uns dem Gesellschaftsvertrag zwischen den Generationen zuwenden.

7 GENERATIONEN

Würden Sie lieber heute ein durchschnittliches Einkommen verdienen oder über das gleiche Einkommen zu Zeiten des Mittelalters verfügen, was Sie zu einem wohlhabenden Grundbesitzer gemacht hätte? Vor diese Wahl gestellt, entscheiden sich die meisten Menschen für die Gegenwart statt für die Vergangenheit. Warum? Weil selbst für jemanden mit einem Durchschnittseinkommen die vielen Vorteile und Annehmlichkeiten des modernen Lebens – von medizinischer Versorgung und sozialen Freiheiten bis zu Sanitäranlagen und Mobiltelefonen – schwerer wiegen als alle Vorteile, die sich aus Landbesitz und Leibeigenen ergeben könnten. Das spiegelt den Erfolg unseres generationenübergreifenden Gesellschaftsvertrags wider. Mit anderen Worten: Den meisten Menschen geht es viel besser als ihren entfernten Vorfahren. Tatsächlich ist der Zeitpunkt (und der Ort) unserer Geburt wahrscheinlich der ausschlaggebende Faktor für den Lebensstandard, den wir genießen, und die Chancen, die wir haben.

Trotz dieses Erfolgs auf lange Sicht gesehen sind junge Menschen heute in vielen Ländern wütend über die Welt, die sie erben, und von der Unaufhaltsamkeit des Fortschritts nicht überzeugt. Diese Wut hat zwei Dimensionen.[294] Erstens sind die jüngeren Generationen in einigen Ländern über Entscheidungen der Babyboomer (die zwischen dem Ende des Zweiten

Weltkriegs und den frühen 1960er-Jahren Geborenen) verärgert, die ihnen eine unbezahlbare Ausbildungs- und Wohnraumsituation sowie unsichere Einkommensaussichten beschert haben. Mit anderen Worten: Sie sind unzufrieden mit der Verteilung von Ressourcen und Chancen zwischen den derzeit lebenden Generationen. Zweitens machen sich jüngere Menschen auch Sorgen über die Auswirkungen von Entscheidungen, die im Verlauf des letzten Jahrhunderts getroffen wurden und die Zukunft des Planeten betreffen. Dabei geht es um die Verteilung von Ressourcen und Chancen zwischen denen, die bisher gelebt haben, und denen, die in Zukunft leben werden, einschließlich der noch nicht Geborenen. Beide dieser Sorgen werden durch den Gesellschaftsvertrag vermittelt.

Innerhalb von Familien ist der Gesellschaftsvertrag zwischen den Generationen leicht zu verstehen. Eltern wollen ihren Kindern die Fähigkeiten und Mittel zur Verfügung stellen, um ein gutes Leben zu führen; Kinder wollen, dass ihre Eltern einen angenehmen Lebensabend haben. Wenn Eltern dazu in der Lage sind, hinterlassen sie ihren Nachkommen vielleicht ein Erbe, um ihnen mehr Chancen zu ermöglichen; Kinder wiederum werden sich oftmals um ihre Eltern kümmern und sie in ihren späteren Jahren unterstützen. Ganz gewiss möchten keine Eltern ihren Kindern Schulden hinterlassen. Die Praxis, Kinder für die Schulden ihrer Eltern haftbar zu machen, die es unter anderem im alten Mesopotamien und im feudalen England gab, wurde längst weltweit verboten.[295]

Auf gesellschaftlicher Ebene ist der Gesellschaftsvertrag zwischen den Generationen komplexer. Das Erbe, das wir künftigen Generationen hinterlassen, hat viele Dimensionen; dazu gehören der Bestand an menschlichem Wissen und kulturellen Gütern, Erfindungen, Infrastruktur, Institutionen und der Zustand der Umwelt. Heutige und künftige Generationen verdanken den Anstrengungen ihrer Vorfahren eine ganze Menge, die in Bildung investierten, Technologien entdeckten, Institutionen und Unternehmen aufbauten, die Wohlstand schufen, und manchmal Kriege für nationale Unabhängigkeit und Freiheit führten. Die meisten würden zustimmen, dass wir auch den zukünftigen Generationen, denen wir nie begegnen werden, etwas schulden und dass jede Generation der ihr folgenden mindestens genauso viel und möglichst mehr Wohlstand hinterlassen sollte, als sie selbst zur Verfügung hatte.

In diesem Kapitel wird untersucht, wie es um den Gesellschaftsvertrag in Bezug auf Lebensstandard, Verschuldung und Umwelt bestellt ist – und was sich ändern muss, wenn wir die Kluft, die sich zwischen den heute lebenden Generationen auftut, schließen und gemeinsam unseren Verpflichtungen gegenüber den künftigen Generationen nachkommen wollen.

Unterschiede des Lebensstandards zwischen Generationen und Ländern

In Schwellenländern wie Brasilien, China, Indien und Südafrika glauben die meisten Menschen, dass es der nächsten Generation besser gehen wird als ihren Eltern (Abbildung 14). In reicheren Ländern wie Frankreich, Deutschland, Italien, Südkorea und Großbritannien hingegen glaubt die Mehrheit, dass es der nächsten Generation schlechter gehen wird.

In den Entwicklungsländern sind die wirtschaftlichen Wachstumsraten höher, es gibt noch großen technologischen Nachhol-

Abbildung 14

Werden junge Menschen ein besseres oder schlechteres Leben haben als ihre Eltern?

Antworten nach Land auf die Frage: Wird die heutige Jugend ein besseres oder schlechteres Leben als ihre Eltern haben, oder wird es in etwa gleich bleiben?

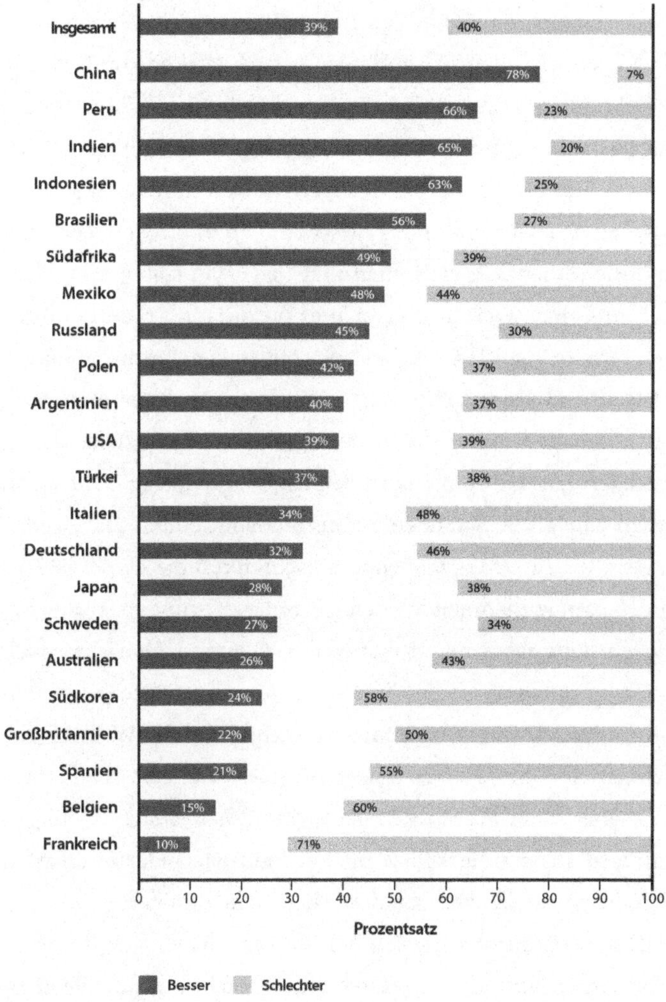

bedarf, und die Bevölkerungen sind noch jung und können von der demografischen Dividende profitieren – dem Wachstum, das sich daraus ergeben kann, dass die Mehrheit der Bevölkerung im erwerbsfähigen Alter ist. Das alles sind gute Gründe, um zu erwarten, dass es den jüngeren Menschen tatsächlich besser gehen wird als ihren Eltern. In den Industriestaaten sind junge Menschen jedoch mit ganz anderen Aussichten konfrontiert. Die Babyboomer profitierten von jahrzehntelangem, anhaltendem Wirtschaftswachstum, sicheren Arbeitsplätzen mit Sozialleistungen und großen Verbesserungen im Gesundheits- und Sozialwesen. Die Generation X (zwischen 1966 und 1980 Geborene) und die Millennials (zwischen 1981 und 2000 Geborene) sahen sich mit einer Welt flexiblerer und prekärerer Arbeit konfrontiert, wie in Kapitel 5 beschrieben, mit steigenden Immobilienpreisen und einer Periode fiskalischer Sparmaßnahmen nach der Finanzkrise 2008, die in vielen Ländern die Sozialausgaben reduziert hat. Obwohl erst in den Zwanzigern, tragen viele von ihnen eine große Schuldenlast aus Studienkrediten und Kreditkarten, die ihre Möglichkeiten einschränkt, eine Hypothek für ein Haus aufzunehmen oder eine Familie zu gründen. Währenddessen steht die Generation Z (die nach 2000 Geborenen, auch Zoomer genannt) an der Spitze der Jugendproteste gegen den Klimawandel. Die Einkommenszuwächse und die Wahrscheinlichkeit eines gesicherten Alters, die ältere Generationen erfahren haben, sind ins Stocken geraten und haben sich in einigen Ländern sogar umgekehrt. In den Industrieländern verlagern sich die Armutsrisiken von den Alten zu den Jungen.[296]

Der Pessimismus hinsichtlich der Aussichten junger Menschen in vielen Industriestaaten basiert nicht nur auf allgemeinen wirtschaftlichen Trends, sondern auch auf alltäglichen Erfahrungen. In fast allen Industriestaaten haben Millennials und die Generation X nur ein geringfügig höheres oder gleich hohes Realeinkommen wie ihre Vorgänger im gleichen Alter und sind früher im Leben höher verschuldet, als ihre Eltern es waren.[297] Diese Verschlechterung der Aussichten ist in Großbritannien und in den von der Eurokrise schwer getroffenen Ländern wie Griechenland, Italien und Spanien besonders gravierend gewesen. Eine Ausnahme bilden die nordischen Länder, die in der Lage waren, steigende Realeinkommen und verbesserte Lebensbedingungen für die nächste Generation zu schaffen.

Staatsverschuldung: Das Erbe der nächsten Generation

Während Eltern zwar ihre Schulden nicht mehr an ihre Kinder vererben können, hinterlassen Gesellschaften den jüngeren Generationen sehr wohl ein Erbe an Staatsschulden, das durch künftige Steuern zurückgezahlt werden muss.[298] Wo diese Schulden zur Finanzierung neuer Produktionskapazitäten (besser ausgebildete Menschen, neue Technologien, bessere Infrastruktur) verwendet wurden, sollten die höheren Einkommen, die aus diesen Investitionen resultieren, die Rückzahlung leicht machen, aber wo die Schulden zur Finanzierung von nicht nachhaltigem Konsum oder von Fehlinvestitionen mit geringer oder gar keiner Rendite aufgenommen wurden, sind künftigen Generationen zusätzliche Lasten aufgebürdet worden.

Nach der Finanzkrise von 2008 häuften viele Industriestaaten beträchtliche Schulden an, um die eingetretene massive Rezession abzufedern. Diese öffentliche Verschuldung reichte von etwa 50 Prozent des BIP bis zu 90 Prozent, wobei Japan und Italien mit Schulden von weit über 100 Prozent des BIP die großen Ausreißer waren. Viele Entwicklungsländer nutzten unterdessen die sehr niedrigen Zinssätze, um sich auf den globalen Finanzmärkten zu verschulden. Investoren, die in einer Welt niedriger Zinsen höhere Renditen erwirtschaften wollten, vergaben bereitwillig Kredite an viele afrikanische, asiatische und lateinamerikanische Volkswirtschaften, die infolgedessen einen viel leichteren Zugang als je zuvor zu günstigeren Kreditkonditionen hatten.

Viele begannen jedoch bereits, sich über die Last künftiger Generationen, diesen riesigen Schuldenberg zurückzahlen zu müssen, Gedanken zu machen, als die Covid-19-Pandemie aufkam. In deren Folge erreicht die Verschuldung heute sowohl in den Industrie- als auch in den Entwicklungsländern ein Niveau, das es in der Geschichte der Menschheit noch nie gegeben hat, nicht einmal nach dem Zweiten Weltkrieg. Die Industriestaaten haben sich stark verschuldet, um die wirtschaftlichen Folgen der Pandemie zu bewältigen. Da die Zinssätze niedrig sind, scheint die Bedienung dieser Schulden derzeit noch erschwinglich. Die Entwicklungsländer konnten sich nicht so hoch verschulden, und einige einkommensschwache Länder haben von einem Schuldenmoratorium profitiert, aber das aktuelle Bild ist ernüchternd (Abbildung 15). Länder wie Japan, Italien, Griechenland, Venezuela und der Libanon haben Staatsschulden, die zum Teil doppelt so hoch sind wie ihre Wirtschaftsleistung. Die jungen Menschen dieser Länder werden einen erheblichen Teil ihres zukünftigen Einkommens für die von ihren Regierungen eingegangenen Verpflichtungen aufwenden müssen.

Die offensichtliche Frage lautet: Wie werden künftige Genera-

Abbildung 15

Das Schuldenniveau ist in vielen Ländern hoch

Schulden als Anteil am BIP

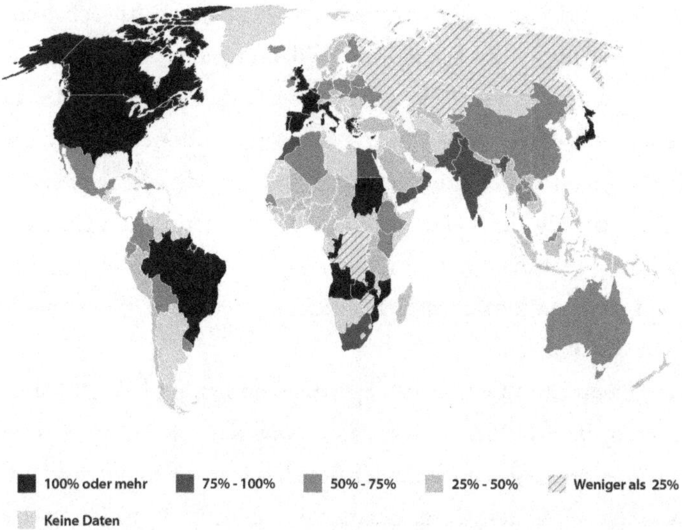

tionen diese Schulden zurückzahlen? In früheren Phasen hoher Verschuldung haben die Länder diese mit drei Strategien zurückgezahlt: schnelleres Wirtschaftswachstum; Sparmaßnahmen, die entweder durch höhere Steuern oder Kürzung der öffentlichen Ausgaben auferlegt wurden; oder indem sie die Zinsen künstlich niedrig hielten und eine höhere Inflation zuließen – was Ökonomen finanzielle Repression nennen. Die letztgenannte Strategie bestraft Sparer und den privaten Sektor und zwingt alle, eine höhere Inflation zu erdulden, um die Schuldner und den Staat zu entlasten.

Zweifellos ist schnelleres Wachstum am attraktivsten, aber auch schwierig zu erreichen. Als ich beim IWF war, haben wir viel Zeit damit verbracht zu bewerten, ob Länder ihre Schulden zurückzahlen können. Wir fanden heraus, dass selbst eine sehr kleine (0,5 Prozent) Veränderung des Wirtschaftswachstums eine enorme Wirkung auf die Schuldentragbarkeit haben würde, vor allem wegen der Macht der Aufzinsung. Viele der in diesem Buch skizzierten Maßnahmen – mehr Investitionen in Bildung, Ermöglichung des Eintritts von Frauen in den Arbeitsmarkt, Verlängerung der Lebensarbeitszeit – würden dazu beitragen, künftiges Wachstum zu erhöhen, die Produktivität zu steigern, und es damit künftigen Generationen erleichtern, diese Schulden zu schultern.

Die anderen Optionen – Sparmaßnahmen und Weginflationieren der Schulden – sind unattraktiv. Nach Covid-19 werden die meisten Regierungen unter Druck stehen, mehr auszugeben, vor allem für den Gesundheitssektor und die Beseitigung der Ungerechtigkeiten, die die Pandemie offenbart hat. Und finanzielle Repression ist in einer Welt globalisierter Finanzmärkte schwieriger zu orchestrieren. Der einzige Lichtblick ist, dass die Zinssätze niedrig bleiben dürften, was die Bedienung dieser Schulden erschwinglicher macht. Vielleicht werden wir also in der Lage sein, diese höhere Verschuldung vorerst aufrechtzuerhalten, aber nur, wenn wir in der Zwischenzeit genügend tun, um klug zu investieren und künftigen Generationen zu ermöglichen, wirtschaftlich erfolgreich zu sein, denn nur so werden sie in der Lage sein, unsere Rechnungen zu begleichen.

Das Umwelterbe

Ökonomen neigen dazu, über das Erbe jeder Generation in Begriffen verschiedener Arten von »Kapital« nachzudenken, die die produktive Kapazität – den Wohlstand – eines Landes bestimmen. Diese sind dreifach: humanes Kapital (die ausgebildeten Menschen und die Institutionen und sozialen Strukturen, die sie schaffen); produziertes Kapital (Technologien, Maschinen, Infrastruktur); und natürliches Kapital (Land, Klima, Biodiversität). Während Veränderungen des Humankapitals und des produzierten Kapitals oft reversibel sind (Menschen können ihre Meinung ändern und im Laufe der Zeit mehr oder weniger investieren), können Veränderungen des Naturkapitals irreversibel sein. Wenn eine Art erst einmal verschwunden oder ein Gletscher geschmolzen ist, dürfte es unmöglich sein, das Rad zurückzudrehen; daher sollte die Ausbeutung des natürlichen Kapitals eingedenk dieses Risikos der Unwiederbringlichkeit erfolgen, einschließlich der Folgen für hochgradig interdependente Ökosysteme.

Im Fall des Klimas wissen wir, dass wir der nächsten Generation einen heißeren Planeten hinterlassen als den, den wir geerbt haben. Wissenschaftler schätzen, dass die menschlichen Aktivitäten die Erdtemperatur bereits um etwa ein Grad Celsius über das vorindustrielle Niveau erhöht haben.[299] Diese Erwärmung wird über Jahrhunderte anhalten. Was das für die Zukunft unseres Planeten bedeutet, ist höchst ungewiss, und die potenziell kumulativen Auswirkungen noch höherer Temperaturen sind es noch mehr. Wir wissen, dass diese Auswirkungen, vermittelt durch die Gewässer der Welt, zunehmend in Form von Stürmen, Überschwemmungen, Dürren, Wüstenbildung, Versauerung der

Ozeane und des Anstiegs des Meeresspiegels zu spüren sein werden. Das alles hat Folgen für das Wohlergehen von Natur und Mensch.

Wir wissen auch, dass wir der nächsten Generation eine geringere Artenvielfalt hinterlassen und dass diese schneller verloren geht als je zuvor in der Geschichte der Menschheit. Die Aussterberaten sind zwischen hundert- und tausendmal höher als im Durchschnitt der vergangenen mehreren Millionen Jahre. Im Durchschnitt gab es in den letzten vierzig Jahren einen Rückgang von 60 Prozent bei Säugetieren, Vögeln, Fischen, Reptilien und Amphibien. Etwa eine Million Tier- und Pflanzenarten sind vom Aussterben bedroht.[300]

Was würde eine rein ökonomische Analyse darüber aussagen, wie wir mit dem intergenerationellen Erbe von Kapital oder Wohlstand umgegangen sind? Eine Möglichkeit, diese Frage zu beantworten, besteht darin, zu messen, wie viel Kapital wir künftigen Generationen übergeben und wie sich dieses Kapital im Laufe der Zeit entwickelt hat. Ein Versuch, dies für 140 Länder zwischen 1992 und 2014 zu tun, ist in Abbildung 16 dargestellt.[301] Sie zeigt, dass jeder Mensch in der Zukunft doppelt so viel produziertes Kapital erben wird, 13 Prozent mehr humanes Kapital, aber 40 Prozent weniger natürliches Kapital. Haben es künftige Generationen durch dieses Vererbungsmuster besser?

Den Aktionen junger Menschen auf der ganzen Welt nach zu urteilen, sind sie davon nicht überzeugt. »Ihr werdet an Altersschwäche sterben, wir werden am Klimawandel sterben«, stand auf einem Plakat, das ein studentischer Demonstrant beim Klimastreik in London am 20. September 2019 trug. In über 150 Ländern auf der ganzen Welt fanden 2500 Demonstrationen

Abbildung 16
Globales Erbe von produziertem, humanem und natürlichem Kapital

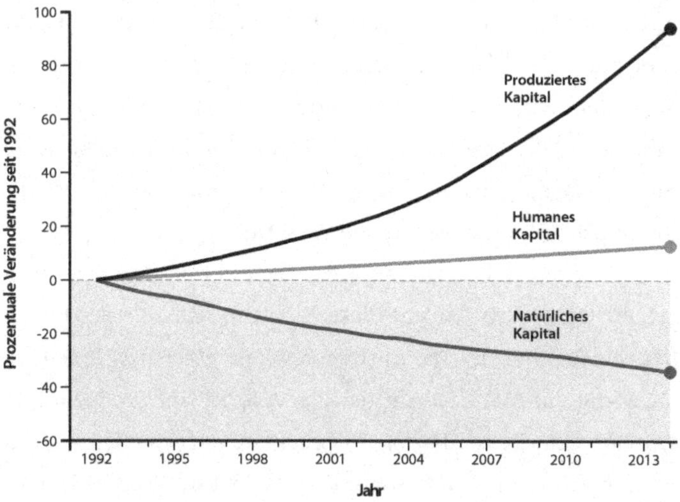

statt, um Maßnahmen zum Schutz der Umwelt zu fordern. Junge Menschen waren in der Mehrheit und schwänzten die Schule, um teilzunehmen; einige taten dies wöchentlich als Teil der »Fridays for Future«-Bewegung, die von Greta Thunberg aus Schweden ins Leben gerufen wurde. Dies war wohl der sichtbarste Ausdruck der Überzeugung vieler junger Menschen, dass die älteren Generationen ihnen die Zukunft stehlen, aber ist das eine berechtigte Kritik?

Eine rein ökonomische Analyse würde die Frage so formulieren: Haben wir künftigen Generationen genug humanes und physisches Kapital zur Verfügung gestellt, um sie für den Raubbau an der natürlichen Umwelt zu entschädigen? Oder haben wir zu viel in humanes und physisches Kapital und zu wenig in natürliches Kapital investiert? Das Problem für den Ökonomen ist, dass sich ein Großteil des Wertes der Umwelt nicht in Marktpreisen widerspiegelt. Vielerorts können die Menschen Flüsse verschmutzen, Wälder abholzen oder CO_2 fast zum Nulltarif ausstoßen, sodass die Tendenz besteht, zu wenig in die Natur zu investieren, da die Rendite dieser Investition in marktbasierten Berechnungen nicht auftaucht. Wie sonst also könnten wir die Rendite des natürlichen Kapitals messen?

Der Ökonom Partha Dasgupta, der viel über Umweltfragen geforscht hat, hat sich mit dieser Frage auseinandergesetzt. Er hat die Rendite des natürlichen Kapitals geschätzt, indem er die Menge an Biomasse, die der Planet jedes Jahr produziert, in Relation zum Bestand setzte.[302] Er kommt auf eine Rendite von etwa 19 Prozent pro Jahr, weit mehr als die fünf Prozent Durchschnittsrendite von produziertem Kapital, etwa Wohnraum und Unternehmensanteile. Nach diesen Berechnungen hat die Welt zu viel in produziertes Kapital und zu wenig in natürliches Kapital investiert, das eine viel höhere Rendite hat, wenn der wahre Wert der Umwelt für die Gesellschaft richtig gemessen wird. Dasgupta argumentiert auch, dass Investitionen in die Umwelt Variabilität und Unsicherheit reduzieren, auch in Bezug auf die Erträge anderer Investitionen. Mehr Hummelarten zu haben, diversifiziert zum Beispiel das Risiko und stellt eine Art Versicherung für unser Ökosystem dar.

Eine Gesamtbeurteilung des Gesellschaftsvertrags zwischen den Generationen müsste zu dem Schluss kommen, dass wir den künftigen Generationen enormen menschlichen und materiellen Wohlstand in Form von Wissen, Technologie, Infrastruktur und Institutionen hinterlassen haben. Aber wir haben ihnen auch eine erschöpfte natürliche Umwelt mit schwerwiegenden Folgen für das Klima und die Artenvielfalt hinterlassen. In den Industriestaaten gibt es außerdem Anzeichen dafür, dass sich die Verbesserung des Lebensstandards verlangsamt hat und dass künftige Generationen vermutlich nicht mehr die gleichen Zuwächse erleben werden wie frühere Generationen. Und alle Länder häufen Schulden an – zur Bewältigung der Covid-19-Pandemie ebenso wie zur Bewältigung der Überalterung –, die auf künftigen Generationen lasten werden. Wie könnte ein nachhaltigerer Gesellschaftsvertrag zwischen den Generationen aussehen?

Nachhaltigkeit zwischen den Generationen definieren

Es gibt viele Definitionen eines nachhaltigen Gesellschaftsvertrags zwischen heutigen und künftigen Generationen. Im Jahr 1987 definierte die Brundtland-Kommission, die von den Vereinten Nationen eingesetzt worden war, um eine globale nachhaltige Entwicklung zu fördern, diese als »Entwicklung, die die Bedürfnisse der Gegenwart befriedigt, ohne zu riskieren, dass künftige Generationen ihre eigenen Bedürfnisse nicht befriedigen können«.[303] Vier Jahre später schrieb der Ökonom Robert Solow: »Nachhaltigkeit ist ein Appell, unsere Bedürfnisse nicht in einer Weise zu befriedigen, dass wir unsere Nachfolger verarmen lassen«.[304] Da es darum geht, das Wohlergehen zwischen den heutigen und den künftigen Erdbewohnern zu teilen, bedeutet Nachhaltigkeit, die Vorzüge des heutigen Konsums und die Investitionen und Vorkehrungen für die nachfolgenden Generationen gegeneinander abzuwägen. Das Problem ist, dass künftige Generationen im heutigen ökonomischen und politischen System nicht vertreten sind und sich nicht daran beteiligen können, die Sicherung ihrer Interessen im Gesellschaftsvertrag auszuhandeln.

Wie also sollte der Gesellschaftsvertrag Menschen berücksichtigen, die noch nicht existieren? Moralphilosophen neigen der Auffassung zu, dass wir dem Wohlergehen künftiger Generationen das gleiche Gewicht beimessen sollten wie dem der heute Lebenden, da wir andernfalls einfach aufgrund des Geburtsdatums diskriminieren. Ökonomen vertreten im Allgemeinen eine andere Auffassung: Bei der Abwägung von Kosten und Nutzen einer Handlungsweise messen sie künftigen Generationen in der Regel weniger Gewicht bei als den heutigen. In der Sprache der Ökonomie diskontieren sie das Einkommen künftiger Generationen im Verhältnis zum Einkommen der heute Lebenden, das heißt, sie reduzieren seinen Wert, sodass ein Nutzen in der Zukunft weniger zählt als ein Nutzen heute.[305]

Anhänger dieser sozialen Diskontierungsrate argumentieren, dass künftige Generationen wohlhabender sein werden als wir und Zugang zu vielen Technologien haben werden, die wir uns nicht einmal vorstellen können, was tatsächlich in den letzten Jahrtausenden der Menschheitsgeschichte der Fall gewesen ist. Sie argumentieren auch, dass es heute viele Mittellose gibt, von denen man nicht verlangen sollte, Opfer für das hypothetische Wohlergehen derer zu bringen, die noch gar nicht existieren. Die Gegner argumentieren, dass die Diskontierung die Optionen (möglicherweise sogar die Existenz) künftiger Generationen zu sehr einschränkt, dass einige der Verluste, die wir ihnen aufbürden, unersetzlich und unumkehrbar sein könnten und dass es zu viele Risiken und Unwägbarkeiten gibt, die bei Entscheidungen, die so weit in die Zukunft reichen, berücksichtigt werden müssen.

Die Frage, ob das Einkommen künftiger Generationen diskontiert werden soll, mag als müßiger und abstruser ökonomischer Streit erscheinen, sie ist aber der zentrale Punkt, der über die Dringlichkeit von Maßnahmen gegen den Klimawandel entscheidet.[306] Ich möchte diese Debatte über die Diskontierung anhand von Beispielen mit Marshmallows, Marmelade und Swimmingpools illustrieren.

In einem berühmten Experiment, das 1972 an der Stanford University durchgeführt wurde, wurden Kinder mit einem Marshmallow allein in einem Raum gelassen und ihnen wurde gesagt, dass sie ein zweites Marshmallow bekommen würden, wenn sie fünfzehn Minuten warten und es nicht essen würden.[307] Die Kinder, die zwischen drei und fünf Jahre alt waren, zappelten, hielten sich die Augen zu und versuchten sich abzulenken, um der Versuchung zu widerstehen. In ihrem späteren Leben zeigte sich, dass diejenigen, denen es gelungen war, die Befriedigung ihres Verlangens nach Marshmallows hinauszuzögern, bessere Testergebnisse erzielten. Man könnte sagen, dass diese Kinder, die künftigen Konsum höher bewerteten als die unmittelbare Befriedigung, eine niedrigere Diskontierungsrate für zukünftige Vorteile verwendeten als diejenigen, die die Marshmallows verschlangen. Die Lektion für unsere Zwecke lautet, dass diejenigen, die in der Lage sind, sich zurückzuhalten, am Ende besser abschneiden können, insbesondere wenn sie Investitionen tätigen, die hohe Renditen bringen – wie die Verdoppelung des Marshmallow-Konsums in nur fünfzehn Minuten oder Bildung oder Infrastruktur, die künftigen Generationen zugutekommen.

Wenden wir uns der Marmelade zu. In Lewis Carrolls Buch *Alice hinter den Spiegeln* von 1871 verspricht die weiße Königin Alice »anderntags Marmelade«, aber das Versprechen ist leer, denn »die Regel heißt: gestern Marmelade und morgen Marmelade – aber niemals heute Marmelade«.[308] Der große Ökonom des 20. Jahrhunderts, John Maynard Keynes, nutzte diese Geschichte, um die Gefahren der Besessenheit von der Zukunft zu illustrieren: »Der ›zielstrebige‹ Mensch versucht immer, für seine Handlungen irgendeine nicht vorhandene Unvergänglichkeit vorzutäuschen, indem er ihre Bedeutung permanent in die Zukunft verschiebt. Er liebt nicht seine Katze, sondern die Kätzchen seiner Katze; in Wirklichkeit auch nicht die Kätzchen, sondern die Kätzchen der Kätzchen, und immer so weiter bis zum Ende des Katzentums. Für ihn ist Marmelade nicht Marmelade, es sei denn, es handelte sich um Marmelade von morgen und niemals um Marmelade von heute.«[309]

Die Lektion lautet hier, dass der Appell an die Menschen, insbesondere an arme Menschen mit unmittelbaren Bedürfnissen, heute etwas zu opfern, grundsätzlich im Widerspruch zum Zweck unserer Wirtschaft stehen kann, der darin besteht, sicherzustellen, dass jede und jeder genug hat, um in Würde zu leben. Keynes argumentierte, dass übermäßiges Sparen zu Stagnation führen kann und dass jetzt mehr zu konsumieren manchmal der beste Weg ist, um eine wirtschaftliche Katastrophe zu vermeiden.

Kommen wir noch auf die Swimmingpools zu sprechen. Als ich 1992 am ersten großen Umweltbericht der Weltbank mitgearbeitet habe, führten wir eine Debatte darüber, ob ein Swimmingpool ein Ersatz für einen See sein könnte. Zweifellos kann ein Swimmingpool einige der Zwecke erfüllen, die ein See bietet – etwa ein Ort zum Schwimmen und zur Erholung zu sein –, aber andere nicht, etwa ein Ökosystem für Wildtiere, ein Wassereinzugsgebiet oder ein Süßwasserspeicher zu sein. Mit anderen Worten, einige Güter lassen sich leicht ersetzen: Wenn wir zum Beispiel das gesamte Kupfer der Welt verbrauchen, gibt es andere Materialien, die ausreichend ähnliche Eigenschaften haben, sodass wir sie an seiner Stelle verwenden können. Aber andere sind nicht leicht zu ersetzen, oder wir wollen sie vielleicht wegen ihres intrinsischen Wertes erhalten; in diesem Fall sollte unser Kalkül anders aussehen. Die Lehre daraus lautet, dass wir bestrebt sein sollten, der nächsten Generation nicht genau das gleiche Erbe an Ressourcen zu hinterlassen, welches wir geerbt haben, sondern stattdessen eine vergleichbare Auswahl an Möglichkeiten.

Welche Schlussfolgerungen können wir aus diesen Geschichten von Marshmallows, Marmelade und Swimmingpools ziehen? Die Geschichte lehrt uns, dass eine Diskontierung auf der Grundlage, dass künftige Generationen wahrscheinlich wohlhabender sein werden, legitim ist, auch wenn wir die Behauptung, dass ihr Wohlergehen weniger wert ist als unseres (was Ökonomen als Zeitpräferenz bezeichnen), für nicht zutreffend halten; ein gerechter Gesellschaftsvertrag sollte nicht danach unterscheiden, wann wir leben. Dennoch ist es sinnvoll, dass wir uns beschränken, um renditestarke Investitionen in Bereiche wie grüne Technologien zu tätigen, weil es den Spielraum für weitere Marshmallows morgen erhöht. Auch sollte heute etwas Marmelade gegessen werden, wenn die Menschen andernfalls hungern müssten. Und obgleich wir versuchen sollten, die

Chancen für Wohlbefinden heute und über die Zeiten hinweg auszugleichen, kann die Art dieser Chancen variieren, wenn wir glauben, dass Güter und Dienstleistungen Ersatz füreinander sein können. Einfach gesagt: Wir sollten heute etwas Marmelade essen, Marshmallows auf morgen verschieben und anerkennen, dass Swimmingpools nur begrenzte Möglichkeiten haben.

Das übergreifende und unvermeidliche Problem ist natürlich, dass wir nicht wissen, auf welche Chancen künftige Generationen erpicht sind oder zu welchen Technologien sie Zugang haben werden, sodass es mit Unsicherheit behaftet ist, jetzt Entscheidungen für sie zu treffen. In einer solchen Lage ist es für gewöhnlich am besten, Entscheidungen zu treffen, die Optionen offenhalten und die im Lichte verschiedener möglicher Zukunftsszenarien belastbar sind. Wenn man Entscheidungen über sehr lange Zeithorizonte hinweg trifft, ist es auch am besten, sie unter verschiedenen ethischen und praktischen Annahmen zu testen.[310] Zum Beispiel könnten sie im Kontext unterschiedlicher Szenarien eines künftigen technologischen Fortschritts oder der Gefahren katastrophaler Ereignisse getestet werden. Dieser vorbeugende Ansatz ist sinnvoll, wenn wir nicht über alle notwendigen Informationen verfügen, wenn wir keine vollständige Kenntnis zukünftiger Präferenzen und möglicher Ergebnisse haben und wenn wir irreversible Verluste vermeiden wollen.

Wo wir die Linie ziehen, hängt bis zu einem gewissen Grad von unseren aktuellen Umständen ab. Stellen wir uns zum Beispiel diese Frage: Ist es gerecht, von heutigen Generationen Opfer für die Zukunft zu verlangen, wenn so viele Menschen immer noch in Armut leben? In vielen Entwicklungsländern ist man der Ansicht, dass die vergangene Umweltzerstörung die

Anhäufung von Wohlstand in den Industriestaaten ermöglicht hat und deshalb die reichen Länder die Verantwortung für die Behebung des Problems tragen sollten. Aber auch wenn die Bedürfnisse der heutigen Armen dringend sind und jetzt angegangen werden müssen, ist das keine Ausrede dafür, sich nicht auch mit den Risiken des Klimawandels zu befassen. Die Antwort besteht darin, angesichts des Wohlstands verschiedener Länder und ihres relativen Beitrags zur Umweltzerstörung einen gerechten Weg der Lastenteilung zu finden.[311] Ein gerechter Lastenausgleich steht im Mittelpunkt der Verhandlungen über den Klimawandel, und viele der effizienteren Lösungen beinhalten den Ressourcentransfer von reichen zu armen Ländern, um die Emissionen zu geringeren Kosten zu reduzieren.[312]

Die Beseitigung von Umweltschäden

Stellen Sie sich vor, Ihre Urgroßeltern würden eine Zeitreise aus der Vergangenheit machen, um Sie jetzt zu treffen. In den allermeisten Fällen hätten sie sicherlich eine positive Sicht auf das Erbe, das sie uns hinterlassen haben. Wir haben so viel mehr materiellen Wohlstand, als sie sich je hätten vorstellen können; viel weniger von uns leben mit den Risiken von Hunger und Armut; unser Zugang zu Information und Bildung ist so viel größer als je zuvor, und die meisten von uns genießen politische und soziale Freiheiten, um die sie uns beneiden würden. Sie mögen die durch Kriege verlorenen Menschenleben, die zerstörten Wälder und Arten und die Klimagefahren bedauern, aber im Großen und Ganzen würden sie glauben, dass sie uns eine bessere Welt hinterlassen haben als diejenige, die sie selbst geerbt haben.

Was würden wir sagen, wenn wir in die Zukunft reisten, um

unsere Urenkel zu treffen? In Bildung und physisches Kapital haben wir weiterhin investiert, und der Nutzen, insbesondere für die Entwicklungsländer, war enorm. Aber wir haben wahrscheinlich zu wenig in natürliches Kapital investiert und diese Ressourcen, vor allem seitens der Industriestaaten, überall auf der Welt zu sehr ausgebeutet. Einiges davon kann durch neue Technologien und Fähigkeiten kompensiert werden, durch die es künftigen Generationen besser gehen wird, aber einige Verluste an natürlichem Kapital müssen rückgängig gemacht werden, um das Wohlergehen künftiger Generationen zu sichern, insbesondere dort, wo wir vor potenziellen Kipppunkten und irreversiblen Verlusten stehen. Viele junge Menschen teilen heute entschieden diese Ansicht und sind zu Umweltaktivisten geworden.

Die Agenda für die Beseitigung der Umweltschäden, die wir angerichtet haben, ist klar: Erstens, gemäß dem hippokratischen Eid, keinen Schaden anrichten – oder, in diesem Fall, nicht noch mehr Schaden. Gegenwärtig stellen Regierungen auf der ganzen Welt Subventionen bereit, die die Ausbeutung der Umwelt für Landwirtschaft, Wassernutzung, Fischerei und fossile Brennstoffe in einer Größenordnung von 4 bis 6 Billionen Dollar jährlich aktiv fördern.[313] Diese Subventionen bedeuten, dass es nicht nur kostenlos ist, die Natur auszubeuten, sondern dass der Steuerzahler sogar dafür bezahlt! Zweitens müssen wir mehr in die Erhaltung und Wiederherstellung der Biosphäre investieren, zum Beispiel durch das Pflanzen von Bäumen.[314] Die derzeitigen öffentlichen und privaten Ausgaben für den Naturschutz belaufen sich auf etwa 91 Milliarden Dollar, das ist weniger als 0,02 Prozent dessen, was für Subventionen zur Zerstörung der

Umwelt ausgegeben wird.[315] Würden wir unsere Ausgaben für den Naturschutz um das Fünfzigfache erhöhen, blieben immer noch 99 Prozent der Einsparungen, die durch die Abschaffung von Subventionen erzielt werden könnten, für andere Zwecke verfügbar.

Der dritte Schritt besteht darin, die Dinge richtig zu messen: Wenn die Marktpreise den wahren Wert von Umweltleistungen nicht abbilden, müssen wir andere Wege finden, um sie in unsere Berechnungen und Entscheidungen einzubeziehen. Es gibt inzwischen gut entwickelte Methoden, um Umweltauswirkungen zu messen und sie in angemessener Weise in die volkswirtschaftliche Gesamtrechnung einzubeziehen.[316] Wenn wir die Dinge nicht adäquat messen und bepreisen, wird der Markt von sich aus Anreize für einen exzessiven Raubbau am natürlichen Kapital schaffen. Unternehmen werden dazu neigen, Technologien zu entwickeln, die Dinge einsparen, für die sie bezahlen müssen (zum Beispiel Arbeit), und Dinge übermäßig ausbeuten, für die sie nicht bezahlen müssen, zum Beispiel Luftqualität, Verkehrswege oder einen vielfältigen Lebensraum. In ähnlicher Weise können wir auch fehlgeleitet werden, wenn wir uns auf das BIP als einziges Maß für den Erfolg konzentrieren statt auf umfassendere Maßeinheiten wie das Wohlbefinden und die Fähigkeiten der Bevölkerung.

Um die Dinge adäquat zu messen, muss man alle Leistungen berücksichtigen, die die Natur erbringt. Betrachten wir den Beitrag der Wale. Sie sind spektakuläre Tiere und spielen eindeutig eine wichtige Rolle im marinen Ökosystem, aber Wale speichern auch eine riesige Menge an CO_2. Wenn man dies berücksichtigt, erbringt jeder lebende Wal nach IWF-Schätzung CO_2-Dienstleistungen im Wert von 2 Millionen Dollar (und jeder Waldelefant ist 1,76 Millionen Dollar wert).[317] Die Erholung der globalen Walpopulation würde so viel CO_2 binden wie das Pflanzen von zwei Milliarden Bäumen. Die Natur ist die beste Technologie der Welt zum Speichern von CO_2, und wenn wir ihre Leistungen in unsere Berechnungen einbeziehen, werden wir bessere Investitionen tätigen.

Wales (nicht das Tier, sondern das Land) hat einen interessanten Ansatz entwickelt, um solche Werte zu berücksichtigen: Es hat die weltweit erste »Kommissarin für künftige Generationen« ernannt.[318] Ihre Aufgabe ist es, die Regierungspolitik in Bereichen wie Verkehr, Energie und Bildung zu überwachen, um sicherzustellen, dass sie die Interessen der Ungeborenen berücksichtigt. So wurde zum Beispiel eine geplante Straße um Newport wegen ihrer möglichen Auswirkungen auf die Artenvielfalt und der Folgen für die öffentliche Verschuldung angefochten. Sie kann zwar keine Entscheidungen rückgängig machen, aber sie kann als Stimme für die Ungehörten agieren und dafür sorgen, dass Probleme angesprochen werden.

Der vierte Schritt zur Beseitigung von Umweltschäden ist die Anwendung der Steuerpolitik – der Macht der Regierung, Steuern zu erheben und auszugeben –, um die Anreize zu ändern, die das Verhalten der Öffentlichkeit bestimmen, und auf diese Weise Umweltschäden tatsächlich rückgängig zu machen. Die Besteuerung der CO_2-Nutzung ist zum Beispiel ein offensichtlicher Weg, um Treibhausgase zu reduzieren, und könnte andere Abgaben ersetzen, um die Gesamtsteuerlast nicht zu erhöhen. Diejenigen mit niedrigem Einkommen, die von einem solchen Schritt negativ betroffen wären, müssten entschädigt werden (dies zu unterlassen hat Präsident Macron die Probleme mit den *gilets jaunes* eingebracht). Kapitel 8 bringt weitere Details über die mögliche Rolle von CO_2-Steuern.

Die Fiskalpolitik könnte auch Subventionen für grüne Technologien beinhalten. Solche Subventionen haben zur Entwicklung vieler Technologien für erneuerbare Energien wie Solar- und Windenergie beigetragen, die inzwischen kommerziell erfolgreich sind und den Übergang zu grünerer Energie schneller und erschwinglicher machen. Der Nutzen dieser Investitionen wird auch für künftige Generationen spürbar sein und ihnen mehr Möglichkeiten bieten, das natürliche Kapital zu erhalten. Doch in naher Zukunft haben wir immer noch die Gelegenheit, tatsächlich etwas zu bewegen, wenn wir in den nächsten zwanzig Jahren Investitionen in Infrastrukturprojekte in Höhe von über 100 Billionen US-Dollar vornehmen, hauptsächlich in den Entwicklungsländern. Wie es der Ökonom Nicholas Stern von der London School of Economics sagte: »Die Art und Weise, wie Investitionen in Verkehr, Energie, Wasser, Gebäude und Land getätigt werden, wird darüber entscheiden, ob wir die globale Erwärmung deutlich unter 2 Grad Celsius halten können oder ob wir zu einem Leben in Städten verdammt sind, in denen sich die Menschen weder bewegen noch atmen können, und zu Ökosystemen, die kollabieren werden.«[319]

Auf dem Weg zu einem neuen Gesellschaftsvertrag zwischen den Generationen

Covid-19 hat viele Spannungen zwischen den Generationen zum Vorschein gebracht. Die Alten trugen die Hauptlast der gesundheitlichen Folgen der Pandemie; die Jungen mussten wirtschaftliche und soziale Opfer bringen, um die Alten zu schützen. Die Jungen werden auch die enormen öffentlichen Schulden zurückzahlen müssen, die zur Bekämpfung der Pandemie aufgenommen wurden, und das in den meisten Industriestaaten mit Einkommensaussichten, die schlechter sind als die ihrer Eltern. Eine Pandemie in den leicht beeinflussbaren Jahren zwischen 18 und 25 Jahren zu durchleben, wird mit Sicherheit einen großen und dauerhaften negativen Einfluss auf das Vertrauen junger Menschen in politische Institutionen und in die politische Führung haben, besonders in Demokratien, in denen die Bürgerinnen und Bürger erwarten, dass die Regierungen reaktionsfähig sind und verantwortlich handeln.[320]

Wie können wir den Gesellschaftsvertrag zwischen den Generationen wieder ins Gleichgewicht bringen? Wir müssen alles Erdenkliche tun, um Umweltschäden zu beheben, und wir müssen Wege finden, um die steuerliche Belastung künftiger Generationen zu verringern. Um dies zu erreichen, müssen die heute Älteren wohl länger arbeiten und das Renteneintrittsalter explizit an die Lebenserwartung koppeln, wie in Kapitel 6 dargelegt. Die in Kapitel 4 beschriebenen Maßnahmen – das Erreichen einer universellen medizinischen Grundversorgung und die Bewältigung der steigenden Gesundheitskosten, auch durch den Einsatz von Technologie – würden ebenfalls dazu beitragen, den fiskalischen Druck zu verringern.

Wir müssen auch in die nächste Generation investieren, um sie in die Lage zu versetzen, während eines sehr langen Arbeitslebens produktiv zu sein. Idealerweise würde jeder junge Mensch sein Leben mit einer finanziellen Ausstattung für die Bildung beginnen, die es ihm ermöglicht, während seiner gesamten beruflichen Laufbahn neue Fähigkeiten zu erwerben, wie in Kapitel 3 dargelegt. Die in Kapitel 5 behandelte aktive Arbeitsmarktpolitik – die Arbeitnehmenden dabei hilft, umzuschulen und die Arbeitsplätze der Zukunft zu besetzen – würde der Produktivität ebenfalls zugutekommen. Und eine bessere frühkindliche Bildung sowie eine Unterstützung für Frauen, die arbeiten, würde bedeuten, dass wir alle Talente unserer Gesellschaft erschließen könnten. Die daraus resultierenden Produktivitätsgewinne würden helfen, den Pflegebedarf einer alternden Bevölkerung zu finanzieren und die Verschuldung in Zukunft tragbarer zu machen. Dies alles sind sinnvolle Investitionen einer Generation in die nächste, und sie bilden die Grundlage für einen neuen Gesellschaftsvertrag zwischen den Generationen.

Wie wir gesehen haben, werden die politischen Weichenstellungen für einen solchen Wandel durch die Tatsache erschwert, dass alte Menschen ihre politische Macht zumeist effektiver ausüben als junge. Untersuchungen haben gezeigt, dass der Anteil alter Menschen an einer Bevölkerung signifikante Auswirkungen auf die Struktur der öffentlichen Ausgaben hat.[321] Einfach ausgedrückt: Mehr alte Menschen bedeuten mehr Ausgaben für Renten und weniger für Bildung. Ältere Wähler stehen politischen Maßnahmen wie niedrigen Zinssätzen und quantitativer Lockerung eher ablehnend gegenüber, die die Nachfrage steigern und die Vollbeschäftigung aufrechterhalten sollen, aber die Renditen auf Ersparnisse senken und eine höhere Inflation riskieren. Sobald sie im Ruhestand sind, machen sie sich im Allgemeinen auch weniger Sorgen um die Arbeitslosigkeit, verglichen mit Durchschnittsbürgern.[322] Politische Parteien in alternden Gesellschaften, etwa in Deutschland oder Japan, sehen sich zunehmend gezwungen, auf diese Präferenzen einzugehen. Manche mögen argumentieren, dass umso mehr durch Vererbung an die nächste Generation weitergegeben wird, je wohlhabender die Älteren sind, aber die Verteilung des vererbten Reichtums ist in hohem Maße ungleich (ein Thema, das im nächsten Kapitel behandelt wird), und einige Dinge – wie die Umwelt – können nicht privat vererbt, sondern müssen geteilt werden.

Stattdessen, so argumentiert der Cambridge-Politologe David Runciman provokant, sollte das Wahlalter auf sechs (Sie haben richtig gelesen, sechs) Jahre herabgesetzt werden, um der zunehmenden Benachteiligung junger Menschen in den Demokratien entgegenzuwirken.[323] Andernfalls würden deren Interessen niemals angemessen in Parlamenten und bei Wahlen berücksichtigt, während die der Ungeborenen überhaupt nicht vertreten seien. In einem aufschlussreichen Moment während einer Begegnung zwischen Senatorin Diane Feinstein und einer Gruppe leidenschaftlicher US-Schulkinder, die für einen »Green New Deal« eintraten, konterte sie: »Aber ihr habt mich nicht gewählt.«[324] Ihr Punkt war nicht, dass sie für sie hätten stimmen sollen; das hätten sie offensichtlich nicht tun können. Es ging darum, dass es ihre Pflicht war, die Interessen derjenigen zu vertreten, die für sie gestimmt hatten, eine Gruppe, der die Schulkinder nicht angehörten.

Während Schulboykotte und Demonstrationen für den Klimaschutz für Schlagzeilen sorgen, ist das Wählen immer noch der mächtigste Mechanismus, um in Demokratien Veränderungen zu erreichen. Auf die eine oder andere Weise müssen wir einen Weg finden, den Stimmen und Interessen der Jüngeren und der künftigen Generationen mehr Gewicht zu verleihen.

Andernfalls wird der Gesellschaftsvertrag, der die Zukunft gestaltet, ausschließlich von denen entworfen, die sie nicht mehr erleben werden, ohne dass diejenigen, die sie erleben werden, einen Einfluss darauf haben.

8
EIN NEUER GESELLSCHAFTSVERTRAG

Der 4. Juli ist der Tag, an dem die Vereinigten Staaten ihre Unabhängigkeitserklärung feiern, normalerweise mit Feuerwerk und sommerlichen Grillfesten, aber in seiner Rede am 4. Juli 1962 forderte Präsident John F. Kennedy eine »Declaration of Interdependance«, eine »Erklärung der gegenseitigen Abhängigkeit«. Damit wollte er darauf hinweisen, dass Menschen und Länder so sehr voneinander abhängig sind, dass eine Zusammenarbeit für beide Seiten von Vorteil sei. Er bezog sich dabei insbesondere auf die gegenseitige Abhängigkeit zwischen der entstehenden Europäischen Wirtschaftsgemeinschaft und den Vereinigten Staaten, die rund 185 Jahre zuvor gegründet worden waren.[325] Aber seine Vorstellungen gelten gleichermaßen für die gegenseitigen Abhängigkeiten innerhalb der Länder.[326]

Fünf Jahre später hielt Martin Luther King, der große amerikanische Bürgerrechtsführer, eine Weihnachtspredigt, die etwas Ähnliches ausdrückte: »Es läuft wirklich alles auf das hinaus: daß alles Leben miteinander in Wechselbeziehung steht. Wir sind alle in einem unentrinnbaren Netz der Gegenseitigkeit gefangen, in eine einzige Hülle des Schicksals gebunden. Was immer einen direkt betrifft, betrifft indirekt alle. Wir sind dafür geschaffen, zusammenzuleben, das liegt an der ineinandergreifenden Struktur unserer Wirklichkeit.«[327]

Die Covid-19-Pandemie war in vielerlei Hinsicht ein großer

Aufdecker, der diese Abhängigkeiten allzu deutlich machte. Das Virus umrundete die Welt und betraf jeden, aber diejenigen mit Gesundheitsproblemen am meisten. Wir alle waren darauf angewiesen, dass Millionen von Menschen, die wir nie getroffen hatten, sich verantwortungsvoll verhielten und dass die Gesundheitssysteme in fernen Ländern standhielten. Innerhalb der Länder wurde uns vor Augen geführt, welche Arbeitskräfte unverzichtbar sind – ohne Krankenschwestern, Lastwagenfahrer, Supermarktangestellte oder Beschäftigte der Müllentsorgung würde unser Leben aufhören zu funktionieren. Es ist eine große Ironie, dass viele dieser unverzichtbaren Arbeitskräfte zu den am schlechtesten bezahlten gehören und am ehesten in prekären Arbeitsverhältnissen mit minimaler Arbeitsplatzsicherheit arbeiten.

In diesem Buch ist dargelegt worden, dass der Grund, warum wir in vielen Gesellschaften so viel Enttäuschung wahrnehmen, darin liegt, dass unser Gesellschaftsvertrag unter der Last der technologischen und demografischen Veränderungen zerbrochen ist. Infolgedessen werden immer mehr Risiken von den Einzelnen geschultert – sich um seine Kinder zu kümmern, seine Kompetenzen zu erhalten, wenn man arbeitslos wird, für sich Sorge zu tragen, wenn man alt wird. Wir leben zunehmend in »Du bist auf dich allein gestellt«-Gesellschaften, eine Situation, die sich in politischer Wut, einer Epidemie psychischer Probleme und der Angst von Jung und Alt um ihre Zukunft niederschlägt.[328] Doch in vielen Bereichen ist das individuelle Tragen von Risiken nicht nur ungerecht, sondern auch weit weniger effizient und produktiv als das Teilen von Risiken durch die Gesellschaft.

Wir brauchen einen Gesellschaftsvertrag, der eine bessere Architektur sowohl der Sicherheit als auch der Chancen für alle bietet, einen Vertrag, bei dem es weniger um »mich« und mehr um »uns« geht, der unsere gegenseitige Abhängigkeit anerkennt und sie zum gegenseitigen Vorteil nutzt; einen Vertrag, bei dem es darum geht, mehr Risiken zu bündeln und miteinander zu teilen, um die Sorgen zu verringern, denen wir alle ausgesetzt sind, und zugleich die Nutzung der Talente unserer Gesellschaft zu optimieren und den Einzelnen zu befähigen, so viel wie möglich zum Ganzen beizutragen. Es geht auch darum, sich nicht nur um das Wohlergehen unserer eigenen Enkelkinder zu kümmern, sondern auch um das der anderen, da sie alle einmal dieselbe Welt bewohnen werden.

Drei allgemeine Prinzipien liegen allen bisher vorgetragenen Argumenten zugrunde:

1. *Sicherheit für alle.* Jedem sollte ein Minimum für ein menschenwürdiges Leben garantiert werden. Die Höhe dieses Minimums wird davon abhängen, was sich ein Land leisten kann.
2. *Maximale Investition in Fähigkeiten.* Die Gesellschaft sollte so viel wie möglich in die Schaffung von Chancen für ihre Bürgerinnen und Bürger investieren, damit diese produktiv sein und so lange wie möglich zum Gemeinwohl beitragen können. Ebenfalls zum Nutzen des Gemeinwohls sollte die Gesellschaft Anreize schaffen, um Dinge zu reduzieren, von denen wir weniger haben wollen, etwa CO_2-Emissionen und Fettleibigkeit.
3. *Effiziente, faire Verteilung der Risiken.* Zu viele Risiken werden an der falschen Stelle getragen und könnten besser gehand-

habt werden, wenn sie auf andere Weise zwischen Individuen, Familien, Arbeitgebenden und dem Staat verteilt würden.

Dieses Kapitel legt dar, wie ein neuer, auf diesen Prinzipien beruhender Gesellschaftsvertrag aussehen könnte, beschreibt, worin seine wirtschaftlichen Vorteile liegen könnten, und macht Vorschläge, wie er finanziert und umgesetzt werden könnte.

Wir schulden einander mehr

Was sind, wenn man die Lehren aus den vorangehenden Kapiteln zusammenträgt, die wichtigsten Bestandteile dieses neuen Gesellschaftsvertrags? Beginnen wir mit dem Fundament – den garantierten Grundelementen eines menschenwürdigen Lebens, auf die jede Person Anspruch hat: Mindesteinkommen, Bildungsanspruch, medizinische Grundversorgung und Schutz vor Altersarmut.

Es gibt viele Möglichkeiten, eine Einkommensuntergrenze festzulegen: Mindestlöhne, Steuergutschriften, die das Einkommen von Geringverdienenden aufstocken, und Geldtransfers an die bedürftigsten Haushalte. Ein Mindestanspruch auf Bildung muss eine frühkindliche Förderung und lebenslanges Lernen umfassen, Letzteres finanziert durch allgemeine Steuern, durch Arbeitgebende oder durch Kredite zu großzügigen Konditionen. Eine Mindestgesundheitsversorgung sollte alles beinhalten, was die Weltgesundheitsorganisation in ihrem »Essential Health Package« empfiehlt. Es sollte eine mit dem Pro-Kopf-Einkommen ansteigende Schwelle geben, die festlegt, welche Gesundheitsmaßnahmen öffentlich finanziert werden. Mindestleistungen – wie Kranken- und Arbeitslosenversicherung – sollten allen Arbeitnehmenden zur Verfügung stehen, unabhängig von der Art ihres Arbeitsvertrags. Und es sollte eine öffentlich finanzierte, an die Lebenserwartung gekoppelte staatliche Mindestrente geben, um Altersarmut zu verhindern.

Der Schlüssel, um einen solchen Gesellschaftsvertrag ökonomisch tragfähig zu machen, ist die Ausschöpfung aller Kapazitäten einer Gesellschaft, um die Produktivität zu steigern. Höhere Produktivität führt zu höheren Einkommen, höheren Steuereinnahmen und einer größeren Kapazität, die Kosten für großzügigere Investitionen in Bildung und Sozialversicherung zu tragen. Es gibt ein enormes Maß an ungenutztem Talent im wachsenden Pool von ausgebildeten Frauen, Minderheiten und Kindern, die in arme Familien hineingeboren werden und ihr Potenzial nicht ausschöpfen können. Dies ist kein politisch korrektes Gleichstellungsgerede. Erinnern wir uns an die in Kapitel 2 vorgestellten Forschungsergebnisse, wonach 20 bis 40 Prozent der Produktivitätssteigerungen in den USA zwischen 1960 und 2010 darauf zurückzuführen sind, dass das Monopol der weißen Männer auf gute Jobs gebrochen wurde und die Talente von Frauen, Schwarzen und ethnischen Minderheiten effizienter genutzt wurden.[329] In ähnlicher Weise könnte sich die Innovationsrate vervierfachen, wenn die heutigen »verlorenen Einsteins« (Frauen, Minderheiten und Kinder aus einkommensschwachen Familien) in die Lage versetzt würden, in gleichem Maße zu erfinden wie weiße Männer aus einkommensstarken Familien.[330] Solche chancenverbessernden Maßnahmen reduzieren die Notwendigkeit, Einkommen umzuverteilen, und verhelfen den Menschen zu einem größeren Leistungsvermögen und zur Freiheit, ihre Version eines guten Lebens zu verwirklichen.

Die Schaffung eines Arbeitsmarktes, der all diese Talente ausschöpft, beginnt mit einer verbesserten frühkindlichen Bildung, da Maßnahmen vor dem Schulalter der effektivste und wirtschaftlichste Weg sind, um Chancengleichheit herzustellen und soziale Mobilität zu erhöhen. Die Erschließung von Talenten erfordert aber auch eine neue Politik zur Bereitstellung von Kinderbetreuung und Altenpflege, da diese Bereiche derzeit einen großen Teil der unbezahlten weiblichen Arbeit in Anspruch nehmen. Damit Frauen produktiver sein können, ist eine gerechtere Arbeitsteilung innerhalb von Familien und Gemeinschaften erforderlich.

Weltweit werden die Arbeitsmärkte immer flexibler, aber künftige Gesellschaftsverträge müssen Flexibilität mit größerer Sicherheit ausgleichen.[331] Dies kann durch eine stärkere Risikoteilung mit den Arbeitgebenden (durch Lohnsteuern), durch Regulierung (Vorgabe von Mindestlöhnen und -leistungen für flexibel Beschäftigte), durch die Entwicklung von Tarifverhandlungsmechanismen für flexibel Arbeitende oder durch öffentliche Versicherungen und Schulungen, die durch allgemeine Steuern finanziert werden, erreicht werden. Auf diese Weise würden Arbeitgebende die Flexibilität behalten, ihre Belegschaft anzupassen, wissend, dass der Einzelne einen angemessenen Lebensstandard aufrechterhalten kann und angemessene Unterstützung erhält, um einen neuen Arbeitsplatz zu finden. Die Arbeitnehmenden hingegen hätten mehr Sicherheit hinsichtlich ihres Einkommens und könnten ihr Leben planen, inklusive Investitionen in ihre Fähigkeiten, die Gründung einer Familie oder den Kauf eines Hauses.

Um all dies finanziell nachhaltig zu gestalten, muss jede und jeder so lange wie möglich zur Gesellschaft beitragen. Das bedeutet, später in Rente zu gehen. Das Rentenalter sollte an die Lebenserwartung gekoppelt sein, um das Gleichgewicht zwischen Arbeits- und Ruhestandsjahren zu erhalten. Es bedeutet auch, dass neue Fähigkeiten später im Leben erlernt werden müssen. Eine bessere finanzielle Ausstattung der Erwachsenenbildung ist die notwendige Ergänzung zu einem flexiblen Arbeitsmarkt, in dem die Arbeitnehmenden Berufslaufbahnen haben werden, die sich möglicherweise über mehr als fünfzig Jahre erstrecken. Umschulung kann gemeinschaftlich finanziert werden – durch Steuern, Gewerkschaften oder Unternehmen –, wird aber am besten in enger Zusammenarbeit mit den Arbeitgebenden durchgeführt, um sie effektiver zu machen. Aufgeklärte Unternehmen werden ökologische Nachhaltigkeit, die Zahlung ihres fairen Anteils an den Steuern und das Engagement für ihre Beschäftigten und Gemeinden zunehmend als zentralen Bestandteil ihrer Strategien betrachten. Unterdessen werden Investoren derartige Verpflichtungen zunehmend in die Bewertung der Aktienkurse von Unternehmen einbeziehen, und die Finanzmärkte werden Unternehmen belohnen, die diese Risiken intelligent handhaben. Regulierungen sollten sicherstellen, dass alle einen Mindeststandard einhalten, damit für alle Arbeitgebenden gleiche Wettbewerbsbedingungen herrschen.

Ein neuer Gesellschaftsvertrag wird auch verlangen, dass jede einzelne Person mehr Verantwortung für seine oder ihre Gesundheit übernimmt, insbesondere durch den Einsatz von Technologie für eine bessere unabhängige Selbstversorgung. Dort, wo die Gesundheitskosten geteilt werden, sollte die Gesellschaft mit Hilfe von Anreizen und Steuern den Einzelnen ermutigen, sich besser um seine Gesundheit zu kümmern und Klarheit über seine Präferenzen am Lebensabend zu schaffen. So war es zum Beispiel während der Covid-19-Pandemie für die Gesellschaft vollkommen angemessen, die Menschen zum Maskentragen aufzufordern, um die Ausbreitung des Virus zu verlangsamen. In ähnlicher Weise sind der Aufruf zum Impfen, die Besteuerung von Zigaretten und ungesunden Lebensmitteln und die Förderung von körperlicher Betätigung legitime Maßnahmen in Gesellschaften, in denen Gesundheitsrisiken geteilt werden.

Junge Menschen fordern heute auch eine Neuaushandlung des Gesellschaftsvertrags zwischen den Generationen. Diejenigen, die heute leben, müssen sich mit dem Erbe von Umweltverlusten und Schulden auseinandersetzen. Maßnahmen gegen den Klimawandel und den Verlust der Artenvielfalt müssen Priorität haben angesichts eindeutiger Beweise, dass wir Umweltgüter zu stark ausgebeutet haben. Die Förderung von Investitionen in grüne Technologien ist ein weiterer Weg, um der nächsten Generation eine größere Auswahl von Optionen für eine gesunde Umwelt mitzugeben, aber das reicht nicht aus. Die jüngere Generation wird Reichtum in Form von humanem und physischem Kapital erben, aber sie wird die zahlenmäßig größte Generation älterer Menschen unterstützen müssen, die es je gegeben hat. Großzügig in ihre Ausbildung zu investieren, ist unerlässlich, wenn sie das Produktivitätsniveau erreichen soll, das nötig sein wird, um sich unsere Versorgung in der Zukunft leisten zu können.

Die Ökonomie eines neuen Gesellschaftsvertrags und wie wir ihn uns leisten können, sind die Fragen, denen wir uns jetzt zuwenden. Die Umsetzung eines neuen Gesellschaftsvertrags würde für alle Länder eine Kombination von Maßnahmen erfordern. Drei Schlüsselstrategien sind erforderlich: eine höhere Produktivität, eine Neuausrichtung der Steuerpolitik und ein neuer Vertrag mit der Wirtschaft.

Steigerung der Produktivität

Viele der oben skizzierten Maßnahmen zielen darauf ab, die Produktivität zu erhöhen, denn ökonomisch gesehen ist eine höhere Produktivität letztlich der Weg, wie wir alles besser machen: Wenn wir den Kuchen vergrößern, gibt es mehr davon zu verteilen. Für Entwicklungsländer gibt es noch ungenutzte Möglichkeiten, um zur Produktivität der Industriestaaten aufzuschließen. Diese Aufholjagd wird der Einführung besserer Technologien und Managementpraktiken, der Investition in Bildung und Infrastruktur sowie der Förderung größerer Effizienz infolge von Wettbewerb zu verdanken sein. Die Entwicklungsländer haben auch die Möglichkeit, durch die Übernahme digitaler Spitzentechnologien einen Entwicklungsschritt zu überspringen, so wie es viele von ihnen taten, als sie auf den Aufbau eines Festnetzes verzichteten und sofort auf die Mobilfunktechnologie setzten.

Als ich Studentin war, hatte ich einen Sommerjob in einem Büro in Ägypten. Als Kopien eines Briefes, den ich entworfen hatte, benötigt wurden, wurde die Sekretärin gebeten, ihn dreimal abzutippen, weil die Kosten für ihre Arbeit geringer waren als die Kosten für die Benutzung des Fotokopierers. Solch eine scheinbar irrationale Entscheidung passiert in einer Wirtschaft, in der Arbeit billig ist und die Arbeitnehmenden in Jobs mit niedriger Produktivität feststecken.[332]

Nach der Finanzkrise im Jahr 2008 ist die Erholung der Wirtschaft, insbesondere in den Industriestaaten, dadurch gekennzeichnet gewesen, dass zwar mehr Menschen Arbeit haben, aber Tätigkeiten mit geringer Produktivität ausüben. Ein gutes Beispiel ist das Wiederaufkommen des Autowaschens von Hand in vielen Ländern – eine große Zahl von zumeist eingewanderten Männern wird von Unternehmen, die vor Jahrzehnten erfundene Waschanlagen nutzen könnten, zur manuellen Reinigung von Autos beschäftigt.[333] Da die Arbeitskräfte billig sind, haben Firmen wenig Anreiz, in die Dinge zu investieren, die sie produktiver machen – Maschinen, Computer, Mobilfunktechnologie und bessere Software. Tatsächlich weist das Wachstum des Kapitals pro Beschäftigtem seit 2008 die niedrigste Rate der Nachkriegsgeschichte auf.[334] Der Staat muss in Fähigkeiten investieren und ein Umfeld schaffen, in dem höhere Investitionen in die Dinge, die Arbeitende produktiv machen, gefördert werden. Die Umstellung der Wirtschaft auf eine CO_2-ärmere Zukunft ist ein wichtiger Weg, um diese höheren Investitionslevel zu befördern.

Die digitale Revolution bietet eine weitere riesige Chance, die Produktivität der Arbeitnehmenden zu steigern. Über die Anfänge der Computerrevolution in den 1960er- und 1970er-Jahren gibt es den berühmten Ausspruch des Ökonomen Robert Solow: »Man kann das Computerzeitalter überall sehen, außer in der Produktivitätsstatistik.« Heute sehen wir ein ähnliches Phänomen mit einem massiven Anstieg digitaler Patente und Innovationen, aber einer anhaltenden Stagnation der Produktivität. Die in den Kapiteln 3 (Bildung) und 5 (Arbeit) beschriebenen Maßnahmen liefern einige Antworten, wie die Arbeitsproduktivität gesteigert werden kann; Kapitel 4 beschreibt einige der Möglichkeiten, wie die Anwendung digitaler Technologien unsere Gesundheitssysteme effizienter machen könnten. Aber wir müssen auch einen weiteren Grund für die derzeitige schwächelnde Produktivität in Angriff nehmen: das langsame und ungleiche Tempo der digitalen Innovation über alle Wirtschaftsbereiche hinweg.[335]

Eine Schätzung besagt, dass Europa insgesamt nur 12 Prozent seines digitalen Potenzials ausschöpft, während die Vereinigten Staaten bei 18 Prozent liegen.[336] Einige Sektoren wie Information und Kommunikation, Medien, Finanzdienste und freiberufliche Dienstleistungen digitalisieren sich schnell, Sektoren wie Bildung, Gesundheitswesen und Bauwesen hingegen nicht. Die Covid-19-Pandemie könnte die Digitalisierung in einigen dieser nachhinkenden Sektoren beschleunigen, da Bereiche wie Telemedizin und Online-Lernen gezwungen sind, Tempo aufzunehmen. Auch der Online-Handel, der etwa doppelt so effizient ist wie der stationäre Handel, wird seinen Marktanteil im Zuge der Pandemie massiv ausbauen. In den Kapiteln 3 und 4 haben wir die verschiedenen Möglichkeiten für effizientere und hochwertigere digitale Dienstleistungen im Bildungs- und Gesundheitswesen gesehen, die jedoch mit den unerlässlichen menschlichen Aspekten der Beziehungen zwischen Lehrkräften und Schülern oder Schülerinnen sowie zwischen Pflegepersonal und Patienten oder Patientinnen in Einklang gebracht werden müssen.

Ein weiterer wichtiger Weg zur Steigerung der Produktivität ist die Förderung des Wettbewerbs. In vielen Ländern gibt es zunehmende Anzeichen für das, was Ökonomen Konzentration nennen – wenn eine kleine Anzahl von Firmen einen bestimmten Markt dominiert –, und für eine wachsende Monopolmacht in vielen Branchen. Jüngste Daten für die USA zeigen eine beunruhigende Zunahme der Konzentration im Bankwesen, in der Luftfahrt, in der Pharmaindustrie, bei Krankenversicherungen und Technologieplattformen.[337] Dies wurde durch steigende Unternehmensausgaben für politischen Lobbyismus ermöglicht und führte zu einer Verringerung des Arbeitnehmendenanteils am Volkseinkommen im Verhältnis zum Eigentümeranteil. Die Wiederherstellung des Wettbewerbs und ein Umdenken in der Wettbewerbspolitik, was die digitale Wirtschaft betrifft, ist ein wichtiger Weg, um die Produktivität in Ländern, in denen eine solche Konzentration stattfindet, zu erhöhen.[338]

Umdenken in der Haushaltspolitik: Wie finanzieren wir einen neuen Gesellschaftsvertrag?

Als ich zwischen 2014 und 2017 stellvertretende Direktorin bei der Bank of England war, haben wir die Zinsen niedrig gehalten, um Kreditaufnahme, Ausgaben und Investitionen zu fördern und so die Wirtschaft nahe an der Kapazitätsgrenze zu halten. Die Zinssätze sind heute auf einem historischen Tiefstand, weil die globalen Ersparnisse im Verhältnis zu den Investitionen hoch bleiben. Die globalen Ersparnisse sind hoch, weil die Menschen mit Unsicherheit konfrontiert sind und die Bevölkerungen altern, weshalb die Zinssätze am niedrigsten in Japan und Europa sind, den Teilen der Welt, die am schnellsten altern. Dies reduziert die Nachfrage nach Gütern und Dienstleistungen und verlangsamt das Wirtschaftswachstum (erinnern wir uns an Keynes' Warnung vor einer Verzögerung des Konsums von Marmelade in Kapitel 7).

Bessere Sozialversicherungen könnten diese Tendenz zur säkularen (also lang anhaltenden) Stagnation, wie Ökonomen es nennen, verringern. So sparen zum Beispiel chinesische Haushalte mehr als 30 Prozent ihres Einkommens, nicht zuletzt, weil sie bis vor Kurzem keinen oder nur unzureichenden Arbeitslosenschutz, keine Krankenversicherung und keine Altersvorsorge hatten. Mit der Einführung einer besseren Sozialversicherung in China dürfte dieser Prozentsatz sinken.

Auf der anderen Seite der Gleichung sind die Investitionen gering, weil die Regierungen kein Umfeld geschaffen haben, in dem Unternehmen gute Wachstumschancen sehen. Aber viele der hier beschriebenen Elemente eines neuen Gesellschaftsvertrags, wie Bildung und Infrastruktur zur Reduzierung von CO_2-Emissionen, könnten die Nachfrage und Investitionen erhöhen, vor allem in Entwicklungsländern, wo profitable Möglichkeiten bestehen, wenn die Risiken reduziert werden können. Das Problem der wirtschaftlichen Stagnation ist keines, das Zentralbanker und Geldpolitik lösen können, aber ein neuer Gesellschaftsvertrag könnte es.

Würde ein neuer Gesellschaftsvertrag massive Erhöhungen der öffentlichen Ausgaben und der Steuern erfordern? Das kommt darauf an. Der Ausbau der öffentlich geförderten Kinderbetreuung, der frühkindlichen Bildung und des lebenslangen Lernens würde mehr Ausgaben erfordern, ebenso die Einführung einer allgemeinen Gesundheitsversorgung und einer staatlichen Mindestrente. Aber einige dieser Ausgaben sind Investitionen und würden in der Zukunft höhere Steuereinnahmen generieren (erinnern wir uns an die Schätzungen in Kapitel 3, die von einer Rendite von etwa zehn Prozent für öffentliche Investitionen in Bildung ausgehen) oder einen Nettonutzen bringen, wenn sie richtig gemessen werden – zum Beispiel für die Umwelt, wie in Kapitel 7 dargelegt. Diese Investitionen können daher sinnvollerweise durch Kreditaufnahme finanziert werden, vor allem in den Industriestaaten, wo sich die Zinssätze auf einem historischen Tiefstand befinden. Aber einige dieser Ausgaben – zum Beispiel für Renten und Teile des Gesundheitswesens – sind laufende Kosten und müssten aus Steuereinnahmen finanziert werden. Ist das machbar?

Für die meisten Länder lautet die Antwort: Ja. Die meisten Industriestaaten erheben Steuern in Höhe von 30 bis 40 Prozent des BIP. Hier würde die Finanzierung eines neuen Gesellschaftsvertrags die bereits erörterte Kombination von Maßnahmen zur Steigerung der Produktivität (längere Lebensarbeitszeit, bessere Nutzung von Talenten) und damit der Steuereinnahmen erfordern, die durch einige bescheidene Steuererhöhungen oder eine Umverteilung von Ressourcen ergänzt werden könnte. Keinem Land ist es jedoch gelungen, die Einnahmen nachhaltig über 50 Prozent des BIP zu steigern, und so wären Länder mit den höchsten Steuersätzen, wie Frankreich oder Dänemark, wahrscheinlich nicht in der Lage, weitere Einnahmen zu erzielen, und müssten sich auf Wirtschaftswachstum und Umverteilung verlassen, um Änderungen des Gesellschaftsvertrags zu finanzieren.

Dagegen erheben die meisten Entwicklungsländer nur etwa halb so viele Steuern wie die Industriestaaten (15 bis 20 Prozent des BIP) und haben daher viel mehr Spielraum, um Staatseinnahmen zu mobilisieren.[339] Das Problem ist, dass die offiziellen Steuersätze in vielen Entwicklungsländern ähnlich hoch sind wie in den Industriestaaten, aber Schwierigkeiten bei der Steuererhebung und Steuerehrlichkeit bringen mit sich, dass die

Einnahmen nicht ausreichen.[340] Mit einem hohen Anteil an Beschäftigten im informellen Sektor (die keine Steuern zahlen) sind die Entwicklungsländer stärker auf Abgaben auf Handel und Konsum angewiesen. Für sie besteht die Herausforderung somit darin, mehr Arbeitnehmende in eine formelle Beschäftigung zu bringen und die politischen und administrativen Kapazitäten zur Erhöhung der Einnahmen aufzubauen, wenn sie die steigenden Erwartungen der Bürgerinnen und Bürger an bessere öffentliche Dienstleistungen erfüllen wollen.

Wie viel würde ein besserer Gesellschaftsvertrag die Entwicklungsländer kosten? Schätzungen der Weltbank zufolge würde ein Kernpaket, das vorgeburtliche Betreuung, Impfungen, Vorschulangebote und die Förderung von Lese-, Schreib- und Rechenkenntnissen im frühen Kindesalter umfasst, etwa 2,7 Prozent des BIP in Ländern mit niedrigem Einkommen und 1,2 Prozent in Ländern mit niedrigem mittlerem Einkommen kosten.[341] Ein umfassenderes Paket, das den Zugang zu Wasser, sanitären Einrichtungen und qualitativ guten Grundschulen einschließt, würde 11,5 Prozent des BIP für Länder mit niedrigem Einkommen und 2,3 Prozent für Länder mit niedrigem mittlerem Einkommen kosten. Wollten Entwicklungsländer Sozialhilfe für die ärmsten Erwachsenen hinzufügen, würde dies 9,6 Prozent des BIP in den ärmsten Ländern, 5,1 Prozent in Ländern mit niedrigem mittlerem Einkommen und 3,5 Prozent in den Ländern mit hohem mittlerem Einkommen kosten. Das sind zwar hohe Summen, aber in den meisten Entwicklungsländern gibt es Spielraum für eine Erhöhung der Einnahmen durch eine effektivere Erhebung bei der wachsenden Zahl von Beschäftigten im formellen Sektor, aber auch durch einen besseren Einsatz bestehender Steuern wie der Mehrwertsteuer und den Steuern auf Tabak und Alkohol sowie durch die Reduzierung von Energiesubventionen.

Es ist verlockend, auf die Robin-Hood-Lösung zu verfallen, die Reichen zu besteuern und das Geld den Armen zu geben, um einen neuen Gesellschaftsvertrag zu finanzieren. Aber die meisten Länder stellen fest, dass in der Praxis Maßnahmen, die die Chancenverteilung grundlegend ändern und ausgleichen, weitaus wirksamer sind als alles, was der Staat durch die rückwirkende Umverteilung von Einkommen erreichen kann.[342] Auch sogenannte Vorverteilungsmaßnahmen, etwa der gleichberechtigte Zugang zu guter Bildung oder die Bereitstellung zusätzlicher Investitionen für sozial benachteiligte Gemeinden, sind für die betroffenen Individuen wirkungsvoller und reduzieren die Gefahr einer chronischen Abhängigkeit von staatlicher Unterstützung. Und wenn es gelingt, über den Arbeitsmarkt gerechtere Ergebnisse zu erzielen (indem den Armen zu besserer, besser bezahlter Arbeit verholfen wird), hat dies den zusätzlichen Vorteil, dass der Bedarf an Sozialleistungen und die dafür erforderlichen Steuern reduziert werden. Mit den entsprechenden Regelungen können wir Erwartungen verändern und sicherstellen, dass die Arbeitgebenden die erweiterten Leistungen und die Schulung bereitstellen, die es braucht, um diese Möglichkeiten zu schaffen. Nur wenn diese Maßnahmen versagen, wird eine Umverteilung von Einkommen durch den Sozialstaat erforderlich.[343]

Sollte eine Umverteilung notwendig sein, ist sie effektiver, wenn sie in Form von öffentlichen Ausgaben für Beihilfen, Dienstleistungen und Maßnahmen zur Unterstützung der Armen erfolgt, anstatt einfach die Steuern für Reiche zu erhöhen. Doch seit den 1980er-Jahren gibt es die bemerkenswerte Entwicklung, dass die meisten Steuersysteme weltweit dazu tendieren, die Wohlhabenden weniger zu besteuern. Die Spitzensteuersätze sind seit der Reagan/Thatcher-Revolution der 1980er-Jahre in allen Industrie- und Entwicklungsländern stark gesunken (Abbildung 17). Auch die Körperschaftssteuern wurden gesenkt, da die Länder um ausländische Investitionen konkurrieren. Im Gegensatz dazu sind die Lohnsteuern auf Arbeitseinkommen tendenziell gestiegen, um die steigenden Kosten für Renten, Gesundheitsversorgung und Arbeitslosenversicherung zu decken. Besonders auffällig ist, dass in einer Zeit, in der die Löhne ungleicher geworden sind, das Steuersystem sogar noch weniger dafür getan hat, dies auszugleichen.[344]

Eine Anpassung der Steuersätze in die entgegengesetzte Richtung, um sie progressiver zu machen, würde nicht ausreichen, um den Gesellschaftsvertrag zu finanzieren, würde aber sicherlich hilfreich sein. Das Problem ist jedoch, dass es tatsächlich sehr schwierig ist, die Einkommensungleichheit durch eine Erhöhung der Steuersätze zu beseitigen, weil die Reichen und ihre Steuerberater gut darin sind, Wege zu finden, um die Steuerlast zu senken, und in einigen Fällen sehr mobil und kreativ, um sich selbst oder ihre Unternehmen in Niedrigsteuergebieten anzusiedeln.

Die jüngsten Erfahrungen mit Vermögenssteuern zeigen die Probleme. Es gibt drei Möglichkeiten, Vermögen zu besteuern – durch eine Erbschaftssteuer bei der Übertragung an die nächste Generation, durch eine Steuer auf Vermögenseinkommen wie Kapitalgewinne oder Dividenden oder durch Maßnahmen wie eine jährlich erhobene Vermögenssteuer auf den Vermögens-

Abbildung 17
Spitzensteuersätze sind überall gefallen
Spitzen-Grenzsteuersätze (d. h. die maximale Steuerrate, die auf den höchsten Einkommensteil angewendet wird)

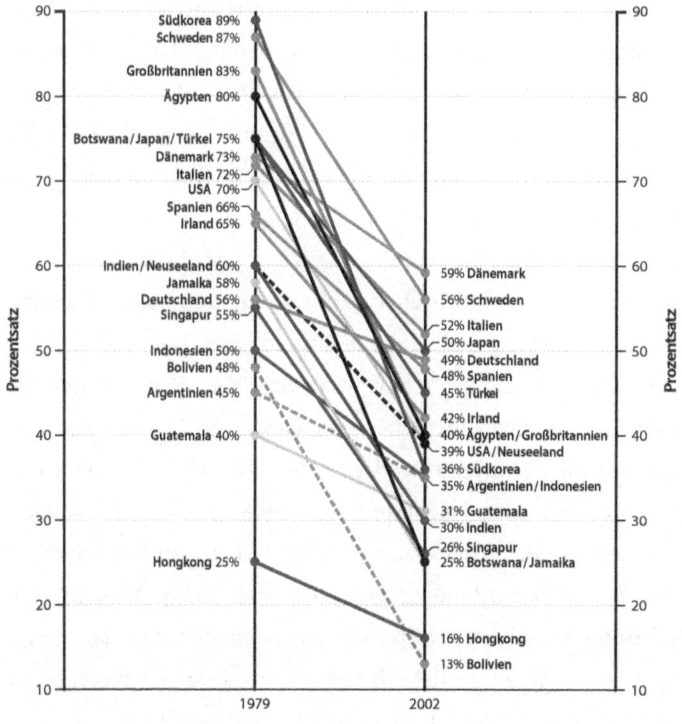

bestand. Viele Länder besteuern Erbschaften und Einkommen aus Vermögen; nur wenige besteuern den Vermögensbestand selbst (derzeit nur Kolumbien, Norwegen, Spanien und die Schweiz). Als Reaktion auf politischen Druck und / oder Umsetzungsprobleme haben Finnland, Frankreich, Island, Luxemburg, die Niederlande und Schweden die Vermögenssteuern, die sie einmal hatten, tatsächlich wieder abgeschafft.[345]

Da die Vermögensungleichheit jedoch weitaus größer ist als die Einkommensungleichheit, haben viele Ökonomen argumentiert, dass die Besteuerung von ererbtem Vermögen (das als unverdient gilt) und dessen Umverteilung der Schlüssel zur Chancengleichheit in einer Gesellschaft ist. Und weil die Besorgnis über die wachsende Vermögensungleichheit groß ist und Regierungen überall nach neuen Einnahmequellen suchen, ist das Interesse an Vermögenssteuern wieder gestiegen. Tony Atkinson von der London School of Economics war der Erste, der für eine progressive Erbschaftssteuer plädierte, die eine Kapitalausstattung für jeden jungen Menschen finanzieren könnte.[346] In jüngerer Zeit hat Thomas Piketty den Vorschlag gemacht, dass die Menschen nur vorübergehend Eigentum an ihrem Vermögen haben sollten; im Lauf der Zeit solle es durch Erbschafts- und Vermögenssteuern wegbesteuert werden, um eine Kapitalausstattung für jeden Erwachsenen über 25 Jahre zu finanzieren.[347] Für Frankreich schlug er vor, dass jeder junge Mensch etwa 120 000 Euro erhalten sollte, um sicherzustellen, dass das Kapital in der gesamten Gesellschaft zirkuliert und die Chancen schon früh im Leben erweitert, wenn sie am meisten gebraucht werden. Auch andere neuere Arbeiten befassen sich mit der Frage, wie Vermögenssteuern nicht nur Ungleichheit bekämpfen, sondern auch die Produktivität verbessern können. Ein vielversprechender Forschungsansatz argumentiert, dass Vermögenssteuern die wirtschaftliche Effizienz verbessern können, indem sie diejenigen bestrafen, die Vermögen in renditeschwachen Aktivitäten halten, und Anreize für diejenigen schaffen, die höhere Erträge erwirtschaften.[348] Die Annahme ist, dass eine Vermögenssteuer von jährlich zwei bis drei Prozent den Regierungen erlauben würde, zugleich die Effizienz zu erhöhen, das Wirtschaftswachstum zu fördern und die Ungleichheit zu verringern.

Eine weitere Möglichkeit, die Einnahmen zu erhöhen, ist die Besteuerung dessen, was Ökonomen als »Ungüter« bezeichnen (im Gegensatz zu »Gütern«). Das sind Dinge, von denen wir weniger sehen wollen, wie Umweltverschmutzung, Rauchen, übermäßiger Alkoholkonsum und ungesunde Lebensmittel. In Kapitel 4 haben wir erfahren, dass jedes Jahr Billionen von Dollar durch ungesunde Verhaltensweisen verloren gehen und dass es erhebliche soziale und wirtschaftliche Vorteile bringen würde, diese Verhaltensweisen durch Steuerpolitik zu ändern. In Kapitel 7 haben wir gesehen, dass viele Länder die Menschen dafür bezahlen, den Planeten mit Subventionen für Energie, Wasser oder Landnutzung zu zerstören, und dass die Abschaffung dieser Subventionen ein entscheidender Schritt zur Verbesserung unseres ökologischen Erbes wäre.

Aber wir müssen mehr als das tun, wenn wir den Klimawandel auf ein akzeptables Maß verlangsamen wollen, und es gibt nur wenige Lösungen, die effektiver sind als eine CO_2-Steuer. Diese würde auf die Menge an CO_2 in jeder Kraftstoffquelle erhoben werden. Das Schöne an einer solch weitreichenden Steuer ist, dass sie tatsächlich den Preis für alles in der Wirtschaft verändern würde, was wiederum Auswirkungen darauf hätte, was die Menschen konsumieren und wie sie sich verhalten. Für den Einzelnen würde die Nutzung öffentlicher Verkehrsmittel plötzlich viel billiger werden als das Autofahren. Der Kauf von Lebensmitteln, die in der Nähe produziert werden, wäre automatisch günstiger als Lebensmittel, die quer durch die Welt geflogen werden. Für Unternehmen wäre es ein enormer Anreiz, in umweltfreundlichere Technologien zu investieren und auf eine Weise zu produzieren, die den CO_2-Ausstoß reduziert. Es würde nicht um Selbstbeschränkung gehen, um das Bemühen, quantitative Ziele zu erreichen, um den Handel mit Emissionsrechten oder darum, komplizierte Berechnungen des CO_2-Fußabdrucks jeder einzelnen Handlung anzustellen. Der Markt würde all das für uns erledigen und niedrigere CO_2-Emissionen zu den geringsten Kosten für die Wirtschaft liefern, weshalb die meisten Ökonomen eine solche Maßnahme favorisieren.

Gegen eine CO_2-Steuer wird eingewendet, dass sie die Steuerlast erhöht und vor allem die Armen treffen könnte. Die *gilets jaunes* brachten Frankreich mit ihrem Widerstand gegen die Einführung höherer Steuern auf Dieselkraftstoff zum Stillstand. Sie waren nicht über Maßnahmen zur Bekämpfung des Klimawandels wütend, sondern darüber, wer die Kosten für die Anpassung an eine CO_2-arme Zukunft trägt. Es ist jedoch möglich, eine CO_2-Steuer so zu gestalten, dass sie weder die Steuerlast erhöht noch den Armen schadet. Wie würde ein solches Modell funktionieren? Erstens würde der Steuersatz anfangs niedrig angesetzt und nur allmählich erhöht werden, damit sich jeder anpassen kann. Zweitens würden die Einnahmen aus der Steuer an die Bürgerinnen und Bürger zurückgegeben werden, entweder in bar oder durch die Senkung anderer Steuern. Wenn 100 Prozent zurückerstattet würden, wäre die Steuer aufkommensneutral, hätte aber dennoch eine große Auswirkung auf die Anreize zur Nutzung von CO_2 in der Wirtschaft; würden weniger als 100 Prozent zurückerstattet, würde die Steuer Einnahmen für den Staat generieren. Es wäre unvermeidlich, dass einige Länder die Führung übernehmen und vor anderen eine CO_2-Steuer einführen müssten, wodurch sie möglicherweise einen Wettbewerbsnachteil erleiden würden. Eine Anpassung der Grenzabgaben – die Erhebung höherer Steuern auf Importe aus Ländern, die keine CO_2-Steuer haben – würde helfen, die Wettbewerbsbedingungen anzupassen und Anreize für andere zu schaffen, ebenfalls eine solche Steuer zu erheben. Letztlich wäre es das Ziel, die CO_2-Steuern auf ein Niveau anzuheben, das die Gefahren eines katastrophalen Klimawandels reduziert.

Dieser Ansatz – die Rückgabe der Einnahmen aus CO_2-Steuern an die Bürgerinnen und Bürger – wird in den USA als »fee and dividend scheme«, in Kanada und Frankreich als »carbon cheque« und in Deutschland als »Klimaprämie« oder »Klimadividende« bezeichnet.[349] Und da die Reichen tendenziell mehr CO_2 verbrauchen, ist es möglich, ein Modell zu entwickeln, von dem tatsächlich die Armen profitieren können. Schätzungen für die USA zeigen zum Beispiel, dass eine relativ bescheidene CO_2-Steuer von 49 Dollar pro Tonne die ärmsten zehn Prozent der Bevölkerung besserstellen würde und alle außer den Spitzenverdienern Netto-Nutznießer wären. Eine Studie in Frankreich ergab, dass ein CO_2-Scheck, der zwischen ländlichen und städtischen Gebieten variiert, jeden in der unteren Hälfte der Einkommensverteilung besserstellen könnte.[350] Für Länder, die Einnahmen erzielen müssen und sich daher entscheiden, nicht die gesamte Steuer zu erstatten, könnte dies beträchtliche Mittel zur Finanzierung des Gesellschaftsvertrags generieren. Eine Schätzung besagt zum Beispiel, dass ein Steuersatz von 115 Dollar pro

Tonne CO_2 in den USA beachtliche drei Prozent des Nationaleinkommens generieren würde.[351]

Schließlich spielen Philanthropie, glaubensorientierte Institutionen und Wohltätigkeitsorganisationen derzeit ergänzend zum Staat eine erhebliche Rolle bei der Finanzierung und Umsetzung wichtiger Aspekte des Gesellschaftsvertrags. Wohltätigkeitsorganisationen gibt es seit dem Altertum auf der ganzen Welt. Sie spiegeln die allgemeine Auffassung wider, dass diejenigen, die bessergestellt sind, die Armen unterstützen, den Kranken helfen und zur Verbesserung des öffentlichen Lebens beitragen sollten. In jüngster Zeit hat das Vermögen von Stiftungen und Wohltätigkeitsorganisationen massiv zugenommen, was zum Teil auf das Wohlstandswachstum zurückzuführen ist. Das globale Stiftungsvermögen übersteigt 1,5 Billionen Dollar, wobei sich die Ausgaben vor allem auf Bildung (35 Prozent), soziale Wohlfahrt (21 Prozent) und Gesundheit (20 Prozent) konzentrieren.[352] In vielen Ländern wird ein Teil des Gesellschaftsvertrags von Freiwilligen und Einzelpersonen erfüllt, die ihre Zeit freiwillig zum Wohle ihrer Gemeinden zur Verfügung stellen. Dies sollte gefördert und gefeiert werden als Ergänzung, aber nicht als Ersatz für einen besseren Gesellschaftsvertrag.

Ein neuer Gesellschaftsvertrag mit der Wirtschaft

Viele der in den vorangehenden Kapiteln diskutierten Maßnahmen beruhen auf unterschiedlichen Erwartungen hinsichtlich der jeweiligen Rolle von Wirtschaft und Staat. Seit den 1980er-Jahren war ein Großteil der Regierungspolitik auf Effizienzmaximierung durch Liberalisierung des Handels, Privatisierung und die Lockerung der Vorschriften auf dem Arbeitsmarkt ausgerichtet. Unternehmen konnten ihre Kosten senken, Leistungen abbauen und ihre Lieferketten auslagern. Im Großen und Ganzen haben die Verbraucher davon profitiert, aber nicht wenige Arbeitnehmende mussten mit ansehen, wie ihre Einkommen stagnierten, und sehen sich nun mit einer größeren Unsicherheit in ihrem Leben konfrontiert. Theoretisch sollten die Verlierer dieser Reformen – ob Einzelpersonen oder Gemeinschaften – durch ein schnelleres Wirtschaftswachstum entschädigt werden und letztlich davon profitieren. In der Praxis ist das selten geschehen und schon gar nicht im erforderlichen Ausmaß.

Und noch wichtiger: Wer will schon ein Verlierer sein, selbst wenn man eine Entschädigung erhält? Ein neuer Gesellschaftsvertrag mit der Wirtschaft sollte sich stattdessen darauf konzentrieren, mehr Gewinner zu schaffen, indem in Bildung und Qualifikation investiert wird, indem benachteiligte Gebiete mit einer besseren Infrastruktur ausgestattet werden und indem Innovation und Produktivität gefördert werden – all das reduziert die Notwendigkeit von Umverteilung oder Entschädigung. Während ein Teil des neuen Gesellschaftsvertrags durch öffentliche Ausgaben und ein Teil durch Regulierung erreicht werden wird, muss ein Teil auch durch eine Änderung dessen zustande kommen, was vom privaten Sektor erwartet wird. Abbildung 18 gibt ein Beispiel dafür, wie er strukturiert und finanziert werden könnte.[353]

Im Zentrum dieses neuen Abkommens steht ein Mindestschutz gegen einschneidende Verluste, der allen zugutekommt und durch allgemeine Steuern finanziert wird. Dazu gehören öffentliche Mittel, um Arbeitnehmenden bei der Anpassung an

Abbildung 18

Mögliche Struktur eines neuen Abkommens zwischen Arbeitgebenden und Arbeitnehmenden

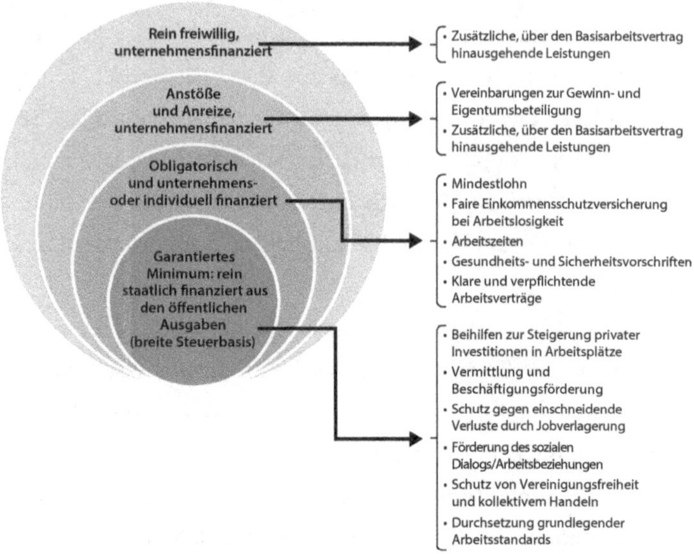

Arbeitsplatzverluste aufgrund größerer wirtschaftlicher Schocks zu helfen, sowie Unterstützung beim Übergang zu neuen Jobs. Auch Leistungen für Elternzeit und Unterstützung für Eltern in flexiblen Arbeitsverhältnissen könnten vom Staat übernommen werden, was die Chancengleichheit von Männern und Frauen auf dem Arbeitsmarkt erhöhen würde. Der nächste Kreis umfasst die Maßnahmen, die durch verbindliche Regelungen erreicht werden: Mindestlöhne, Begrenzungen und Garantien der Arbeitszeiten, Mitspracherecht der Arbeitnehmenden und Arbeitslosenversicherung. Danach kommen freiwillige Maßnahmen wie verbesserte Renten, zusätzliche Schulungen und Gewinnbeteiligungsmodelle – ein besonders wirksames Mittel, um Produktivitätsanreize für Arbeitnehmende zu schaffen und die Interessen der Eigentümer und ihrer Beschäftigten besser in Einklang zu bringen.

Der Trend zu flexibleren Arbeitsmustern bedeutet, dass sich auch die Steuerlast verlagern muss, um mehr Chancengleichheit zwischen Kapital (diejenigen, die investieren) und Arbeitnehmendenschaft (diejenigen, die beschäftigt sind) zu schaffen.[354] Zwischen 2000 und 2015 sind die durchschnittlichen Unternehmenssteuersätze in den Industriestaaten von 32 auf 25 Prozent gesunken, wovon Eigentümer und Investoren profitierten.[355] Währenddessen sind die Lohnsteuern, die sowohl Arbeitgebende als auch Arbeitnehmende belasten und zur Finanzierung von Arbeitslosenversicherung, Renten und manchmal auch der Krankenversicherung verwendet werden, gestiegen. Dieses Modell geht auf die Idee zurück, dass die Arbeitgebenden die Träger der von ihnen und ihren Beschäftigten finanzierten Sozialversicherung sind, aber in vielen Ländern, darunter Japan und ein Großteil Lateinamerikas, decken die Einnahmen aus der Lohnsteuer schon jetzt nicht mehr die Kosten beispielsweise der Rentenverpflichtungen.

Die Schieflage unserer Steuersysteme, die Kapital begünstigt und Arbeit benachteiligt, kann auch dazu führen, dass Unternehmen zu wenig in die Ausbildung von Arbeitskräften und zu viel in die Automatisierung investieren. Dies ist insbesondere in schnell alternden Ländern wie Deutschland und Südkorea der Fall, die in beachtlichem Tempo Automatisierungstechnologien einführen, um der Tatsache Rechnung zu tragen, dass eine kleinere Zahl von Erwerbstätigen hochproduktiv sein muss, um für die Älteren aufzukommen.[356] Eine Schätzung für die USA zeigt, dass das derzeitige System Arbeit mit einem Satz von 25,5 bis 33,5 Prozent besteuert, während der effektive Steuersatz auf Kapital bei etwa fünf Prozent liegt – er betrug zehn Prozent in den 2010er-Jahren und zwanzig Prozent in den 1990er- und frühen 2000er-Jahren.[357] Eine stärkere Angleichung der Besteuerung von Arbeit und Kapital würde dazu führen, dass Unternehmen besser entscheiden können, wie viele Arbeitskräfte sie beschäftigen. Eine Senkung der Besteuerung von Arbeit im Verhältnis zum Kapital würde auch die Gesamtbeschäftigung und den Anteil der Arbeit am Einkommen erhöhen.

Ein besseres Modell würde die Unternehmen anders besteuern. Das soll nicht heißen, dass die Gesamtsteuerlast für Unternehmen steigen muss. Stattdessen könnten die Unternehmenssteuersätze erhöht, aber zugleich die Lohnsteuern gesenkt werden, indem die Kernleistungen der Arbeitslosenhilfe, Mindestrenten, einige Ausbildungskosten sowie Elternzeiten aus allgemeinen Steuern finanziert werden. Australien und Neuseeland zum Beispiel haben sich bereits für eine Abkehr von der Lohnsteuer entschieden, um den Kern ihrer Rentensysteme aus allgemeinen Steuern zu finanzieren, und viele Entwicklungsländer – darunter Bangladesch, Lesotho, Namibia und Sudan – übernehmen gerade das Modell einer Grundrente für ältere Menschen, die aus allgemeinen Steuern finanziert wird.[358]

Regelungen, die die Bereitstellung von Leistungen für alle Arten von Beschäftigung – Vollzeit, Teilzeit und selbstständige Freiberufler – vorschreiben, würden Sicherheit bieten, die nicht nach Art der Arbeit oder des Arbeitnehmenden unterscheidet und den Anreiz verringert, Jobs unter informellen Arbeitsbedingungen zu schaffen, um die Zahlung von Sozialversicherungsbeiträgen zu vermeiden. Es ist auch möglich, Unternehmen zusätzliche Anreize für die Schulung ihrer Beschäftigten zu geben, wie es viele Länder tun, wenn sie Forschung und Innovation fördern wollen.[359] Länder wie Österreich gewähren Unternehmen und Einzelpersonen großzügige Steuergutschriften für Schulungskosten. Solche Steuergutschriften können auch gezielt gering- und mittelqualifizierten Arbeitnehmenden oder kleineren Firmen gewährt werden, die sich Schulungen kaum leisten können. In den USA experimentieren die Staaten Connecticut, Georgia, Kentucky, Mississippi, Rhode Island und Virginia mit einem solchen Ansatz.

Neben einer besseren Lastenverteilung zwischen Wirtschaft und Staat besteht Handlungsbedarf bei der Steuervermeidung durch globale Konzerne, die ihre Gewinne derzeit in Niedrigsteuerländern verbuchen können. Alljährlich werden 40 Prozent der weltweiten Gewinne multinationaler Konzerne in Steuerparadiese verschoben. In Großbritannien weisen mehr als 50 Prozent der Tochtergesellschaften ausländischer multinationaler Unternehmen derzeit keine steuerpflichtigen Gewinne aus.[360] In den USA zahlten 91 Unternehmen des Fortune-500-Index, darunter Amazon, Chevron und IBM, im Jahr 2018 einen effektiven Bundessteuersatz von null.[361]

Diese Situation ist ungerecht gegenüber den inländischen Unternehmen, die sich der nationalen Besteuerung nicht entziehen können, und gegenüber den Bürgerinnen und Bürgern der Länder, in denen diese multinationalen Firmen ihren Sitz haben, weil ihnen die Steuereinnahmen vorenthalten werden.

Die derzeitige Situation ist ein Relikt aus dem 20. Jahrhundert, als die Steuerpflicht von Unternehmen danach beurteilt wurde, wo die juristische Person physisch ansässig war. Dies ist in einer digitalen Welt mit globalisierten Lieferketten überholt, in der Unternehmen ihre Geschäfte so führen, dass sie sich an beliebig vielen Orten rechtlich niederlassen, um ihre Steuerlast zu reduzieren. Der IWF schätzt, dass dadurch jedes Jahr 500 bis 600 Milliarden Dollar an Einnahmen aus Unternehmenssteuern verloren gehen.[362] Entwicklungsländer sind aufgrund ihrer geringeren Steuerbasis relativ gesehen besonders stark betroffen. Schätzungen darüber, wie viel Privatpersonen in Steueroasen verschwinden lassen, reichen von 8,7 Billionen bis 36 Billionen Dollar, was etwa 200 Milliarden Dollar an entgangenen Einkommenssteuereinnahmen pro Jahr bedeutet.[363]

Eine gerechtere Lösung ist möglich, basierend auf Vorschlägen, die von der OECD durch Verhandlungen mit 137 Ländern entwickelt wurden. Erstens würden Regierungen das Recht erhalten, Unternehmen auf der Grundlage des Umsatzes in ihrem Hoheitsgebiet zu besteuern, unabhängig davon, wo die juristische Person ansässig ist. Zweitens würde es einen Mindeststeuersatz geben, den alle multinationalen Unternehmen zahlen müssten, was den Spielraum der Länder einschränken würde, um ihre Ansiedelung zu konkurrieren, indem sie ihre Körperschaftssteuern senken. Für Europa würde dies einen größeren Anteil an den Gewinnen der US-Technologieriesen bedeuten, für die USA einen größeren Anteil an den Gewinnen der in den USA verkauften europäischen Produkte.[364] In beiden Fällen würden die Aktionäre dieser Unternehmen vermutlich weniger verdienen. Die Entwicklungsländer wären wahrscheinlich Netto-

Nutznießer, da sie weniger multinationale Konzerne haben, die diese Schlupflöcher der internationalen Steuersysteme ausnutzen können. Die OECD schätzt, dass die beiden Reformen die Einnahmen aus Unternehmenssteuern weltweit um vier Prozent erhöhen würden, was einem Wert von 100 bis 240 Milliarden Dollar jährlich entspricht.[365]

Wirtschaftsführende erkennen zunehmend an, dass der enge Fokus auf die kurzfristige Maximierung des Shareholder Value zu Ungleichheit, stagnierender Produktivität, mangelnder Innovation und Umweltzerstörung geführt hat.[366] Ein neuer Gesellschaftsvertrag mit der Wirtschaft würde dazu führen, dass die Unternehmen höhere Unternehmenssteuern zahlen und allen Beschäftigten Sozialleistungen gewähren, während die Gesellschaft als Ganzes in höherem Maße an den Risiken in Bezug auf Mindesteinkommen, Elternzeiten, Renten und Umschulung beteiligt wäre. Dies würde der wachsenden Einsicht von Wirtschaftsführenden Substanz verleihen, dass es notwendig ist, mehr über den Zweck der Wirtschaft und ihre Verpflichtungen gegenüber breiteren Interessengruppen nachzudenken.[367] Es wäre auch gut für ihre Unternehmen. Sich darauf verlassen zu können, dass qualifizierte Arbeitskräfte, eine hochwertige Infrastruktur und ein gutes Sicherheitsnetz zur Verfügung stehen, würde ihre Kosten reduzieren und sie in die Lage versetzen, auf flexible Weise Innovationen einzuführen. Schon jetzt legen Verbraucherinnen und Verbraucher sowie eine neue Generation von Beschäftigten Wert auf verantwortungsvoll handelnde Arbeitgebende. Aber um einen neuen Gesellschaftsvertrag mit der Wirtschaft zu verwirklichen, braucht es mehr als nur Rhetorik und ein paar engagierte Unternehmerinnen und Unternehmer.

Vielmehr gilt es, konkrete Veränderungen bei der Besteuerung, Regulierung und Unternehmensführung vorzunehmen.

Ans Ziel kommen: Die politische Dimension eines neuen Gesellschaftsvertrags

Gesellschaftsverträge sind zutiefst politisch. Sie spiegeln die Geschichte eines Landes, seine Werte und Besonderheiten wider. In der Vergangenheit entstanden sie als Produkt religiöser Traditionen und kultureller Normen, die die verwandtschaftlichen Verpflichtungen und die Rollen der Geschlechter regelten, und in jüngerer Zeit durch Arbeitsbeziehungen und Verhandlungen zwischen Arbeitgebenden und Arbeitnehmenden. In den meisten Ländern hängt die Entwicklung von Gesellschaftsverträgen heute von der Struktur des politischen Systems, der Wirksamkeit von Mechanismen, die die Mächtigen zur Rechenschaft ziehen, der Entstehung politischer Koalitionen und den durch Krisen geschaffenen Chancen ab.

Einige Regierungsformen sind eher in der Lage, bessere Gesellschaftsverträge hervorzubringen. Demokratien sind per se nicht unbedingt befähigter, aber Demokratien, in denen die Exekutive durch freie und faire Wahlen mit hoher Beteiligung und freie Medien eingeschränkt wird, sind tendenziell besser darin, ihren Bürgerinnen und Bürgern ein längeres Leben und bessere wirtschaftliche Resultate zu bieten.[368] Autokratien, in denen die Führenden persönliche Macht haben und kaum Beschränkungen unterliegen, schneiden eher schlecht ab. Länder, die keine Demokratien sind, aber über ein wirksames Auswahlverfahren der politischen Führung verfügen, das die politischen Entscheidungsträger zur Rechenschaft zieht (wie im Falle der

Kommunistischen Partei Chinas), können ebenfalls effektive Ergebnisse für ihre Bürgerinnen und Bürger erzielen.[369]

Die Exekutive einzuschränken und zur Rechenschaft zu ziehen, ist besonders wichtig, um jene Fehlentscheidungen zu vermeiden, die zu starken Einkommenseinbrüchen oder im Extremfall zu Bürgerkriegen führen. Amartya Sen hat einmal geschrieben: »In der ganzen Weltgeschichte hat es keine Hungersnot in einer funktionierenden Demokratie gegeben.«[370] Das liegt daran, dass demokratische Regierungen Wahlen gewinnen und sich der öffentlichen Kritik stellen müssen und daher starke Anreize haben, Katastrophen abzuwenden (oder zumindest den Anschein zu erwecken, dies zu tun) und Verbesserungen für das Leben ihrer Bürgerinnen und Bürger zu erreichen. Regierungen, die einer größeren Rechenschaftspflicht gegenüber der Legislative, der Judikative und den Medien unterliegen, führen eher zu Gesellschaftsverträgen, die am Gemeinwohl orientiert sind, als zu solchen, die den Privatinteressen einer kleinen Gruppe dienen.

Politikern in Demokratien ist nur allzu bewusst, dass gute Wirtschaftsdaten in der Regel zu Wahlerfolgen führen. Aber zu wenige realisieren, dass das Wohlbefinden ihrer Bürgerinnen und Bürger doppelt so hohe Wahlerfolge einbringen kann wie eine Verbesserung der Einkommen. Untersuchungen zu 153 Parlamentswahlen in ganz Europa seit den 1970er-Jahren haben herausgefunden, dass die subjektive Zufriedenheit der Bürgerinnen und Bürger mit ihrem Leben ein viel besserer Indikator dafür war, für wen sie stimmen würden, als konventionelle wirtschaftliche Messdaten wie BIP-Wachstum, Arbeitslosigkeit oder Inflation.[371] Die Determinanten dieses subjektiven Wohlbefindens, etwa gute Gesundheit und sinnvolle Arbeit, sind die Schlüsselelemente des Gesellschaftsvertrags.

Von welchen politischen Systemen sind die besseren Gesellschaftsverträge zu erwarten? Länder mit eher präsidialen, auf dem Mehrheitswahlrecht beruhenden politischen Systemen haben in der Regel weniger großzügige Gesellschaftsverträge. Solche Systeme, etwa diejenigen der USA und Großbritanniens, schaffen weniger Anreize, sich um Minderheiten zu kümmern; stattdessen ist es für Politiker erfolgversprechender, Sozialleistungen auf die große Zahl der Mittelschicht zu konzentrieren. Länder, die nach dem Verhältniswahlrecht regiert werden, tendieren dazu, ihren Bürgerinnen und Bürgern mehr Unterstützung zukommen zu lassen, vermutlich wegen der breiten Koalitionen, die nötig sind, um einen politischen Konsens zu erreichen. Autoritäre Regime, die kaum zur Rechenschaft gezogen werden, haben weniger Druck, den Gesellschaftsvertrag einzuhalten, und nutzen den Staat mitunter nur, um sich und ihre Kumpane zu bereichern. Fragile Staaten haben die schlechtesten Gesellschaftsverträge, weil die Regierungen in der Regel Probleme haben, Einnahmen zu erzielen, es ihnen an rechtlichen und politischen Kapazitäten mangelt und sie nur begrenzt in der Lage sind, öffentliche Dienstleistungen zu erbringen.

In der Tat besteht in vielen Ländern das Hauptproblem nicht in der Bereitschaft der Regierungen, sondern in ihrer Fähigkeit, die Erwartungen der Bürgerinnen und Bürger zu erfüllen. Dies gilt für weite Teile der Entwicklungsländer in Afrika, Lateinamerika, dem Nahen und Mittleren Osten und Südasien, wo es darum geht, ob der Staat in der Lage ist, Einnahmen zu erzielen und die von seinen Bürgerinnen und Bürgern geforderten grundlegenden öffentlichen Güter wie Bildung, Gesundheit und Infrastruktur bereitzustellen. In Ländern mit einer jungen Bevölkerung, die über die Macht der Wahlurne verfügt, haben die Bürgerinnen und Bürger zumindest die Chance, Parteien und Führungsfiguren zu wählen, die eher geneigt sind, ihre Erwartungen zu erfüllen. In Ländern, die keine Demokratien sind, stehen die Bürgerinnen und Bürger vor der schwierigen Aufgabe, andere Mechanismen zu finden, um Druck auf die herrschenden Eliten auszuüben.

In Industriestaaten besteht das Problem weniger in den staatlichen Kapazitäten als vielmehr in der politischen Blockade zwischen verschiedenen Interessengruppen. Einige klammern sich an die Teile des Gesellschaftsvertrags, die ihnen zugutekommen (etwa ein frühes Renteneintrittsalter), während andere (zum Beispiel die Jungen oder die Benachteiligten) entweder nicht wählen können oder nicht zur Wahl gehen, um ihre Interessen wahrzunehmen. Wahlbehinderung, Manipulation von Wahlkreisen, Lobbyismus und offene Korruption können Reformen vereiteln. Die vielleicht wichtigste Maßnahme, die an solchen Orten notwendig ist, besteht darin, allen das Wählen zu erleichtern, damit auch die am meisten Benachteiligten eine Stimme bei der Gestaltung des Gesellschaftsvertrags erhalten. Sichere digitale Optionen für die Stimmabgabe zu finden, ist sicherlich der nächste wichtige Schritt für Demokratien.[372] Im Lauf der Geschichte haben inklusivere politische Systeme in der Regel großzügigere Gesellschaftsverträge hervorgebracht.

Können Länder in einer Welt der Globalisierung und des mobilen Kapitals großzügigere Gesellschaftsverträge zustande bringen, oder bedeutet die Notwendigkeit, mit anderen Staaten zu konkurrieren, dass ein Abwärtswettlauf unvermeidlich ist? Die Antwort lautet, dass sie es können. Unter den Ländern, die die Globalisierung erfolgreich gemeistert haben, gibt es eine große Bandbreite an Gesellschaftsverträgen, manche großzügig, manche nicht. Es scheint keinen signifikanten Zusammenhang zu geben zwischen dem Offenheitsgrad einer Volkswirtschaft und dem Grad, in dem sie beispielsweise eine großzügige Umverteilungspolitik betreibt.[373] Tatsächlich haben Länder, die offener für den Handel sind, tendenziell höhere öffentliche Ausgaben für die Umschulung von Arbeitnehmenden, um eventuelle Schocks der Weltwirtschaft abzufedern.[374] In Zukunft könnten viele Unternehmen als Antwort auf die Covid-19-Pandemie ihre Lieferketten vereinfachen und die Produktion näher an die lokalen Märkte verlagern, was den Regierungen sogar mehr Autonomie bei ihren politischen Entscheidungen verschaffen wird.

Während die politische Struktur und die Handlungsfähigkeit des Staates von Bedeutung sind, können Veränderungen auch aufgrund von Krisen und den daraus entstehenden neuen Koalitionen entstehen. Im 14. Jahrhundert raffte die Beulenpest die Hälfte der Bevölkerung von England dahin. Der daraus resultierende Arbeitskräftemangel gab den Arbeitenden mehr Macht, höhere Löhne auszuhandeln, was der Anfang vom Ende des Feudalismus war. In Osteuropa hatte die Beulenpest den gegenteiligen Effekt, indem die Grundherren ihre Macht mit der sogenannten Zweiten Leibeigenschaft – mehr unbezahlte Arbeit und die Schaffung extraktiverer Institutionen – konsolidierten.[375]

Kritische Wendepunkte können Chancen für inklusivere wirtschaftliche Vereinbarungen schaffen, da die Menschen mehr von der Gesellschaft verlangen.[376] Im 20. Jahrhundert brachte die

Weltwirtschaftskrise in den Vereinigten Staaten den New Deal hervor. Der Zweite Weltkrieg führte zur Schaffung des modernen Wohlfahrtsstaats in Großbritannien und zum Marshall-Plan für Europa. Die aktuelle globale Pandemie ist ein solcher Moment der Chance auf Veränderung. Die Schwächsten leiden, und die Tragödie hat die Schwäche der Gesundheitssysteme, die Unzulänglichkeit der Sicherheitsnetze und den Mangel an Mechanismen zur Versorgung der Alten offengelegt. Eine Generation junger Menschen hat große Teile ihrer Ausbildung verpasst und wird die größten Einkommensverluste erleiden.[377] Frauen waren von dem Virus selbst weniger betroffen, tragen aber die Hauptlast der wirtschaftlichen und sozialen Kosten durch den Verlust von Arbeitsplätzen und die Zunahme von unbezahlter Arbeit und häuslicher Gewalt während der Lockdowns.[378] Währenddessen haben die Regierungen riesige Schulden angehäuft, die durch künftige Produktivitätsgewinne zurückgezahlt werden müssen. In vielen Ländern werden die Menschen zweifellos auf ein besseres Risikomanagement und eine verbesserte Sozialversicherung zum Schutz der Schwachen drängen.

Können Gesellschaften und Regierungen auf so viele große Herausforderungen gleichzeitig reagieren? Nach Jahrzehnten der Verhandlungsführung habe ich eines gelernt: dass es manchmal einfacher ist, ein Problem zu lösen, wenn man es größer macht. Wenn man mehr Themen in die Diskussion einbezieht, kann man Kosten und Nutzen abwägen und Koalitionen für Veränderungen bilden. Als Angestellte in den späten Fünfzigern, die sich auf den Ruhestand freut, bin ich vielleicht bereit, länger zu arbeiten, wenn ich weiß, dass meine Kinder eine lebenslange Ausbildungshilfe erhalten. Ähnlich könnte ein junger Mensch bereit sein, mehr Steuern zu zahlen, wenn er das Gefühl hat, dass die Gesellschaft großzügig in seine Bildung investiert hat, ihn weiterhin beim Erlernen neuer Fähigkeiten unterstützt und ihm Sicherheit im Alter bietet.

Die Koalition für einen neuen Gesellschaftsvertrag ist potenziell groß und vielfältig. Junge Menschen sind bereits für Maßnahmen zum Schutz der Umwelt auf die Straße gegangen. Sie könnten bald das Gleiche tun, um einen lebenslangen Bildungsanspruch zu fordern, der ausgleicht, was sie verloren haben. Diejenigen, die in prekären Arbeitsverhältnissen beschäftigt sind, insbesondere Frauen, deren Berufsleben oft weniger kontinuierlich verläuft als das der Männer, werden zunehmend bessere Leistungen aus flexiblen Arbeitsverhältnissen, mehr Investitionen in Bildung und verbesserte Umschulungsmaßnahmen fordern. Die Pandemie hat auch den Ruf nach einer allgemeinen Gesundheitsversorgung und nach Maßnahmen der öffentlichen Gesundheitspflege laut werden lassen, etwa die Pflicht zum Tragen von Masken oder die Förderung eines gesunden Körpergewichts. Für die Alten könnte eine neue Regelung von Mindestrenten und Altenpflege die Reform des Renteneintrittsalters kompensieren.

Um einen besseren Gesellschaftsvertrag zu erreichen, geht es letztlich darum, die Verantwortlichkeit unserer politischen Systeme zu erhöhen. Wie dies geschieht, wird von Land zu Land unterschiedlich sein. In Demokratien sind die Grundvoraussetzungen die Teilnahme an Wahlen, die Medienberichterstattung über die in diesem Buch behandelten Themen, die Förderung des öffentlichen Diskurses und der legislative und rechtliche Druck auf die Machthabenden, jeden in der Gesellschaft mitzunehmen.

In den Ländern, die keine Demokratien sind, werden frustrierte Bürgerinnen und Bürger andere, vielleicht weniger geordnete Wege finden, um ihre Machthabenden zu Veränderungen zu drängen. Aber in allen Fällen ist es eine größere Rechenschaftspflicht, die sicherstellt, dass kollektive Interessen auf faire, effiziente und erfolgreiche Weise bedient werden.

Auf dem Weg zu einem neuen Gesellschaftsvertrag für das 21. Jahrhundert

Wir schulden einander mehr. Ein großzügigerer und inklusiverer Gesellschaftsvertrag würde unsere gegenseitigen Abhängigkeiten anerkennen, allen ein Mindestmaß an Schutz bieten, einige Risiken kollektiv teilen und jeden auffordern, so viel und so lange wie möglich zum Gemeinwohl beizutragen. Es geht nicht darum, den Wohlfahrtsstaat auszuweiten, sondern darum, in die Menschen zu investieren und ein neues System der Risikoteilung zu errichten, um das allgemeine Wohlbefinden zu erhöhen.

Der Wandel wird unweigerlich kommen, weil die Kräfte der Technologie, der Demografie und des Umweltdrucks ihn antreiben werden. Die Frage ist, ob wir uns auf diesen Wandel vorbereiten oder weiterhin zulassen, dass unsere Gesellschaften von diesen mächtigen Kräften überrollt werden, wie wir es in den letzten Jahrzehnten getan haben. Dieses Buch zeigt die Herausforderungen, vor denen wir stehen, und bietet Alternativen für einen besseren Gesellschaftsvertrag in den Bereichen Familie, Bildung, Gesundheit, Arbeit, Alter sowie zwischen den Generationen. Es ist keine Blaupause, aber es zeigt eine Richtung auf, die wirtschaftlich machbar ist. Es ist auch nicht in Stein gemeißelt – Länder können sich dafür entscheiden, einige Elemente umzusetzen und andere nicht, abhängig von ihren Werten und Präferenzen. In der Praxis wurden die meisten Gesellschaftsverträge in Etappen und über Jahrzehnte hinweg reformiert, als Ergebnis kontinuierlichen Drucks der Gesellschaft.

Abraham Lincoln sagte: »Der beste Weg, die Zukunft vorauszusagen, ist, sie selbst zu gestalten.« Die Menschen haben die Architektur der Möglichkeiten in ihren Gesellschaften seit Jahrhunderten gestaltet, und diese Entscheidungen haben unser Leben geprägt. Wir befinden uns an einem Punkt der Geschichte, an dem neue Entscheidungen getroffen werden müssen. Es liegt in unserer Hand, einen Gesellschaftsvertrag zu gestalten, der uns und denjenigen, die nach uns kommen, eine bessere Zukunft ermöglicht. Im letzten Abschnitt des Beveridge-Berichts heißt es: »Freiheit von Not kann einer Demokratie nicht aufgezwungen oder geschenkt werden. Sie muss von ihr gewonnen werden. Um sie zu gewinnen, braucht man Mut und Glauben und einen Sinn für nationale Einheit: Mut, sich den Tatsachen und Schwierigkeiten zu stellen und sie zu überwinden; Glaube an unsere Zukunft und an die Ideale von Gerechtigkeit und Freiheit, für die unsere Vorväter über die Jahrhunderte bereit waren zu sterben; einen Sinn für nationale Einheit, der über den Interessen irgendeiner Klasse oder eines Teils steht.[379] Wir sind es einander und uns selbst schuldig, diesen Mut und diesen Sinn für Einheit aufzubringen.

ANMERKUNGEN

1 Dies basiert auf Daten der Mediendatenbank Factiva für die letzten dreißig Jahre. Kommentatoren zitierten »Alles zerfällt« insbesondere in Bezug auf den Anstieg der terroristischen Gewalt in Frankreich, das Brexit-Referendum in Großbritannien und die Wahl von Donald Trump in den USA. Fintan O'Toole, »Yeats Test Criteria Reveal We Are Doomed«, Irish Times, 28. Juli 2018.

2 In ihrem Buch *Warum Nationen scheitern* sprechen Acemoglu und Robinson von »kritischen Wendepunkten«, wenn Zeiten großer Instabilität Gelegenheiten für weitreichende institutionelle Veränderungen schaffen, ohne dass Klarheit über das Ergebnis besteht. Daron Acemoglu und James A. Robinson, *Warum Nationen scheitern: Die Ursprünge von Macht, Wohlstand und Armut*, Frankfurt am Main 2013.

3 Milton Friedman sagte bekanntlich: »Nur eine tatsächliche oder vermeintliche Krise bringt echten Wandel hervor. Welche Maßnahmen nach dem Eintreten der Krise ergriffen werden, hängt davon ab, welche Ideen im Umlauf sind. Das ist, meine ich, unsere wichtigste Aufgabe: Alternativen zu bestehenden politischen Strategien zu entwickeln und sie zu bewahren, bis das politisch Unmögliche politisch alternativlos wird.« Milton Friedman, *Kapitalismus und Freiheit*, Stuttgart 1971. (Zitat aus dem Vorwort der Originalausgabe, das nicht in der deutschen Übersetzung enthalten ist; zitiert nach https://www.ipg-journal.de/regionen/global/artikel/den-neoliberalismus-knacken-3940/).

4 Carole Seymour-Jones, *Beatrice Webb: Woman of Conflict*, London 1992.

5 Viele postkoloniale Führer wurden von den Fabianern beeinflusst, darunter Jawaharlal Nehru in Indien, Obafemi Awolowo in Nigeria, Muhammad Ali Jinnah in Pakistan, Lee Kuan Yew in Singapur und Michel Aflaq in der arabischen Welt.

6 Es gibt eine interessante Anekdote über den einzigen Besuch von Margaret Thatcher in der Forschungsabteilung der Konservativen im Sommer 1975. Als ihr die Argumente präsentiert wurden, warum sich die Partei für einen pragmatischen »Mittelweg« entscheiden sollte, um mehr politische Unterstützung zu gewinnen, griff sie in ihre Aktentasche, zog ein Exemplar von Hayeks *Die Verfassung der Freiheit* heraus, verkündete: »Das ist es, was wir glauben«, und schlug Hayeks Buch mit voller Wucht auf den Tisch. John Ranelagh, *Thatcher's People: An Insider's Account of the Politics, the Power, and the Personalities*, London 1992. Ronald Reagan würdigte den Einfluss von Hayek auf sein eigenes Denken und ehrte ihn im Weißen Haus.

7 Anthony Giddens, *Der Dritte Weg*, Frankfurt am Main 1999. Siehe auch Julian LeGrand und Saul Estrin, *Market Socialism*, Oxford 1989.

KAPITEL 1

8 Für eine nützliche Darstellung der philosophischen Grundlagen der Struktur einer Gesellschaft und ihrer Beziehung zur Gesellschaftsvertragstheorie siehe Leif Wenars Zusammenfassung von John Rawls' Ansichten in: Leif Wenar, »John Rawls«, *The Stanford Encyclopedia of Philosophy*, Ausgabe Frühjahr 2017.

9 Steven Pinker, *Aufklärung jetzt: Für Vernunft, Wissenschaft, Humanismus und Fortschritt. Eine Verteidigung*, Frankfurt am Main 2018; Hans Rosling, Ola Rosling und Anna Rosling Rönnlund, *Factfulness – wie wir lernen, die Welt so zu sehen, wie sie wirklich ist*, Berlin 2018.

10 Edelman Trust Barometer Global Report 2019: https://www.edelman.com/sites/g/files/aatuss191/files/201902/2019_Edelman_Trust_Barometer_Global_Report.pdf.

11 Für eine wunderbare Geschichte der Rolle der Steuererhebung bei der Staatsbildung siehe Margaret Levi, *Of Rule and Revenue*, Berkeley 1989.

12 Die Idee des Gesellschaftsvertrags findet sich bereits 400 v. Chr. in Platons *Kriton* und *Der Staat*, in denen er das Rechtssystem als eine Art Vertrag zwischen dem Individuum und dem Staat beschreibt. Später untersuchten mittelalterliche Gelehrte wie Augustinus und

Thomas von Aquin, was es bedeutet, ein guter Bürger zu sein, und wie viel individuelle Autonomie es im Verhältnis zu den kollektiven Interessen geben sollte.

13 Thomas Hobbes, *Leviathan*, Frankfurt am Main 1996.

14 John Locke, *Zwei Abhandlungen über die Regierung*, Frankfurt am Main 1977. Lockes Ansichten darüber, wann es legitim ist, sich gegen den Souverän aufzulehnen, hatten großen Einfluss auf die Gründungsväter der Vereinigten Staaten und die Autoren der amerikanischen Verfassung.

15 Jean-Jacques Rousseau, *Vom Gesellschaftsvertrag oder Prinzipien des Staatsrechts*, Berlin 2000.

16 Adam Smith, *Theorie der ethischen Gefühle*, Hamburg 2010. Für eine moderne Interpretation siehe Jesse Norman, *Adam Smith: Father of Economics*, London 2018.

17 Howard Glennerster, *Richard Titmus: Forty Years On*, Centre for the Analysis of Social Exclusion, LSE, 2014.

18 Oder wie Michael Sandel sagt: »Die Demokratie erfordert keine vollkommene Gleichheit, aber sie erfordert, dass Bürger an einer gemeinsamen Lebenswelt teilhaben.« Michael Sandel, *Was man für Geld nicht kaufen kann – die moralischen Grenzen des Marktes*, Berlin 2012, S. 250.

19 John Rawls, *Eine Theorie der Gerechtigkeit*, Frankfurt am Main 1975.

20 Ebd., S. 93. Rawls vertritt zwei weitere Prinzipien in seiner *Theorie der Gerechtigkeit*: das Freiheitsprinzip (wonach wir alle Zugang zur größtmöglichen Menge an gleichen Grundfreiheiten wie Meinungsfreiheit, Versammlungs- und Gewissensfreiheit usw. haben sollten) und das Differenzprinzip (wonach Einkommen, Reichtum und die soziale Grundlage der Selbstachtung so verteilt werden sollten, dass sie den Bedürftigsten in unserer Gesellschaft maximal zugutekommen).

21 Gary Solon, »What Do We Know So Far About Intergenerational Mobility?«, *Economic Journal*, 2018; Michael Amior und Alan Manning, »The Persistence of Local Joblessness«, *American Economic Review*, 2018.

22 Die durchschnittliche Lebenserwartung in Bayern lag zu dieser Zeit bei 37,7 Jahren für Männer und 41,4 Jahren für Frauen, vor allem wegen der hohen Kindersterblichkeit. Das deutsche Renteneintritts-

alter wurde 1916 auf 65 Jahre gesenkt, was heute einer staatlichen Rente von etwa zwanzig Jahren entspricht. Martin Kohl, »Retirement and the Moral Economy: An Historical Interpretation of the German Case«, *Journal of Ageing Studies* 1:2, 1987, S. 125–144.

23 Für eine Zusammenfassung von Beveridges Errungenschaften siehe Nicholas Timmins, *The Five Giants: A Biography of the Welfare State*, London 2017.

24 OECD, *OECD Employment Outlook 2018*, OECD Publishing, 2018.

25 World Bank Group, »Closing the Gap: The State of Social Safety Nets 2017«, Weltbank, 2017.

26 Francesca Bastagli, Jessica Hagen-Zanker, Luke Harman, Valentina Barca, Georgina Sturge und Tanja Schmidt mit Luca Pellerano, »Cash transfers: what does the evidence say? A rigorous review of programme impact and of the role of design and implementation features«, Overseas Development Institute, Juli 2016.

27 Ugo Gentilini, Mohamed Bubaker Alsafi Almenfi, Pamela Dale, Ana Veronica Lopez, Canas Mujica, Veronica Ingrid, Rodrigo Cordero, Ernesto Quintana und Usama Zafar, »Social Protection and Jobs Responses to COVID-19: A Real-Time Review of Country Measures«, Weltbank, 12. Juni 2020.

28 Alberto Alesina und Edward Glaeser, *Fighting Poverty in the U.S. and in Europe: A World of Difference*, Oxford 2004.

29 Holger Stichnoth und Karine Van der Straeten, »Ethnic Diversity, Public Spending and Individual Support for the Welfare State: A Review of the Empirical Literature«, *Journal of Economic Surveys* 27:2, 2013, S. 364–389. Stuart Soroka, Richard Johnston, Anthony Kevins, Keith Banting und Will Kymlicka, »Migration and Welfare Spending«, *European Political Science Review* 8:2, 2016, S. 173–194.

30 Nicholas Barr, *The Economics of the Welfare State*, 5. Auflage, Oxford 2012, S. 174.

31 John Hills, *Good Times, Bad Times: The Welfare Myth of Them and Us*, Bristol 2014.

32 Vom Wohlfahrtsstaat als Mittel zur optimalen Risikoteilung spricht Barr als: (1) Versicherung bei der Geburt gegen ungewisse zukünftige Ereignisse, um die Armut zu lindern; (2) Reaktion auf Marktversagen, um technische Probleme in der privaten Versicherung zu beheben, insbesondere in Bezug auf Arbeitslosigkeit, medizinische

Risiken und Sozialhilfe; und (3) Beitrag zum Wirtschaftswachstum, um Humankapital aufzubauen und Risikobereitschaft zu fördern. Siehe Nicholas Barr, »Shifting Tides: Dramatic Social Changes Mean the Welfare State is More Necessary than Ever«, *Finance and Development*, 55:4, Dezember 2018, S. 16–19.

33 Amartya Sen, *Commodities and Capabilities*, Amsterdam 1985; Amartya Sen, »Development as Capability Expansion«, *Journal of Development Planning* 19, S. 41–58, 1989; Amartya Sen, *Development as Freedom*, Oxford 1999.

34 Interview mit Margaret Thatcher in Douglas Keay, »Aids, education and the year 2000«, *Women's Own*, 31. Oktober 1987, S. 8–10.

35 Franklin Delano Roosevelt, »Second Inaugural Address«, 20. Januar 1937.

36 Milton Friedman, »Die soziale Verantwortung der Wirtschaft besteht darin, ihre Profite zu steigern«, *New York Times Magazine*, 13. September 1970.

37 Das Fazit eines Forschungsprogramms zur Zukunft des Unternehmens unter der Leitung von Colin Mayer lautete, dass »der Zweck von Unternehmen darin besteht, profitable Lösungen für die Probleme der Menschen und des Planeten zu produzieren und dabei Profit zu erwirtschaften«. Siehe Colin Mayer, *Prosperity: Better Business Makes the Greater Good*, Oxford 2018.

38 Barr, *The Economics*, Box 10.2, S. 274.

39 Die Globalisierung wird oft für den Rückgang der Löhne von gering qualifizierten Arbeitnehmenden verantwortlich gemacht, aber die Belege deuten darauf hin, dass Technologie der größte Treiber ist. Eine Schätzung zeigt, dass der Handel für 10–20 Prozent der Lohnveränderung verantwortlich ist, die Einwanderung für noch weniger, und der weitaus größte Anteil der Technologie zukommt, die die Nachfrage nach Arbeitskräften zugunsten von höher qualifizierten Arbeitnehmenden verschiebt. Phillip Swagel und Matthew Slaughter, »The Effects of Globalisation on Wages in Advanced Economies«, IMF Working Paper, 1997.

40 Für ökonomische Analysen der Auswirkungen der Globalisierung auf die Arbeitsmärkte in Industriestaaten siehe Joseph Stiglitz, *Die Schatten der Globalisierung*, Berlin 2002; Paul Krugman und Anthony Venables, »Globalization and the Inequality of Nations«,

Quarterly Journal of Economics, 110:4, 1995, S.857–880; Paul Collier, *Sozialer Kapitalismus! Mein Manifest gegen den Zerfall unserer Gesellschaft*, München 2019; Raghuram Rajan, *The Third Pillar: The Revival of Community in a Polarized World*, London 2019; David Autor und David Dorn, »The Growth of Low Skill Service Jobs and the Polarization of the U.S. Labor Market«, *American Economic Review* 103:5, 2013, S.1553–1597. Geschichten wie die von Janesville, einer Industriestadt in der Nähe von Detroit, die versuchte, mit den Auswirkungen der Schließungen von Automobilfabriken zurechtzukommen, sind typisch; sie liefern eine ergreifende Beschreibung der menschlichen Kosten ökonomischer Verwerfungen. Amy Goldstein, *Janesville: An American Story*, New York 2018. Für eine gegensätzliche Sicht argumentieren Iversen und Soskice, dass das Kapital auf der Suche nach hoch qualifizierten Arbeitskräften ist, die sich in den großen Städten konzentrieren, und dass nationale Regierungen tatsächlich über beträchtliche politische Autonomie verfügen. Siehe Torben Iversen und David Soskice, *Democracy and Prosperity: Reinventing Capitalism Through a Turbulent Century*, Princeton 2019.

41 David H. Autor, David Dorn und Gordon H. Hanson, »The China Shock: Learning from Labor-Market Adjustment to Large Changes in Trade«, *Annual Review of Economics* 8, 2016, S.205–240; Mark Muro und Joseph Parilla, »Maladjusted: It's Time to Reimagine Economic Adjustment Programs«, Brookings, 10. Januar 2017.

42 In der akademischen Literatur wurde die Ansicht vertreten, dass der Anteil von Frauen am Arbeitsmarkt einer U-Form gleicht, mit hohen Werten in sehr armen Ländern (wo Frauen in der Landwirtschaft tätig sind) und in sehr reichen Ländern. Jüngste Daten zeigen heterogenere Muster. Stephan Klasen, »What Explains Uneven Female Labour Force Participation Levels and Trends in Developing Countries?«, *World Bank Research Observer* 34:2, August 2019, S.161–197.

43 Naila Kabir, Ashwini Deshpande und Ragui Assaad, »Women's Access to Market Opportunities in South Asia and the Middle East and North Africa«, Arbeitspapier, Department of International Development, London School of Economics, in Zusammenarbeit mit der Ahoka University und dem Economic Research Forum, 2020.

44 Esteban Ortiz-Ospina und Sandra Tzvetkova »Working Women:

Key Facts and Trends in Female Labour Force Participation«, *Our World in Data*, Oxford 2017.

45 Jonathan Ostry, Jorge Alvarez, Raphael Espinoza und Chris Papgeorgiou, »Economic Gains from Gender Inclusion: New Mechanisms, New Evidence«, IMF Staff Discussion Note, 2018.

46 Daniel Susskind und Richard Susskind, *The Future of the Professions*, Oxford 2015.

47 Andrew McAfee und Erik Brynjolfsson, *The Second Machine Age*, New York 2014.

48 IPCC, *Special Report Global Warming of 1.5 degrees*, Weltklimarat, 2018.

49 Rattan Lal und B. A. Stewart (Hrsg.), *Soil Degradation*, Band 11 von *Advances in Soil Science*, Berlin 1990; Sara J. Scherr, »Soil degradation: a threat to developing country food security by 2020?«, International Food Policy Research Institute, 1999.

50 Gerardo Ceballos, Anne H. Ehrlich und Paul R. Ehrlich, *The Annihilation of Nature: The Human Extinction of Birds and Mammals*, Baltimore 2015, S. 135.

51 FAO, *The State of World Fisheries and Aquaculture 2018 – Meeting the Sustainable Development Goals*, United Nations Food and Agriculture Organization, 2018.

KAPITEL 2

52 Adalbert Evers und Birgit Riedel, *Changing Family Structures and Social Policy: Child Care Services in Europe and Social Cohesion*, Gießen 2002, S. 11.

53 Das Subsidiaritätsprinzip wurde erstmals in der Weimarer Republik im Jugendwohlfahrtsgesetz von 1922 verankert und in nachfolgenden Gesetzesergänzungen bestätigt. Margitta Mätzke, »Comparative Perspectives on Childcare Expansion in Germany: Explaining the Persistent East-West Divide«, *Journal of Comparative Policy Analysis: Research and Practice* 21:1, 2019, S. 47–64; Juliane F. Stahl und Pia S. Schober, »Convergence or Divergence? Educational Discrepancies in Work-Care Arrangements of Mothers with Young Children in Germany«, *Work, Employment and Society* 32:4, 2018, S. 629–649.

54 Die Konvergenz in der Berufsverteilung zwischen 1960 und 2010

in den USA erklärt zwischen 20 und 40 Prozent des Zuwachses der Gesamtleistung pro Person durch die verbesserte Allokation von Talenten. Siehe Chang-Tai Hsieh, Erik Hurst, Charles I. Jones und Peter J. Klenow, »The Allocation of Talent and U.S. Economic Growth«, *Econometrica* 87:5, September 2019, S. 1439–1474.

55 Dieses Phänomen talentierter Frauen, die mittelmäßige Männer ersetzen, tritt auch in der politischen Sphäre auf. Siehe dazu Timothy Besley, Olle Folke, Torsten Persson und Johanna Rickne, »Gender Quotas and the Crisis of the Mediocre Man: Theory and Evidence from Sweden«, *American Economic Review* 107:8, 2017, S. 2204–2242.

56 Columbia Law School, »A Brief Biography of Justice Ginsburg«, Columbia Law School Webarchiv. Ihre zeitweilige Kollegin am Supreme Court, Richterin Sandra Day O'Connor, konnte, obwohl sie die Dritte ihres Jahrgangs an der Stanford Law School war, 1952 zunächst nur eine Anstellung als Rechtsanwaltsgehilfin finden.

57 Rhea E. Steinpreis, Katie A. Anders und Dawn Ritzke, »The Impact of Gender on the Review of the Curriculum Vitae of Job Applicants and Tenure Candidates: A National Empirical Study«, *Sex Roles* 41, 1999, S. 509–528; Shelley J. Correll, Stephen Benard und In Paik, »Getting a Job: Is there a Motherhood Penalty?« *American Journal of Sociology* 112:5, März 2007, S. 1297–1338; Kathleen Feugen, Monica Biernat, Elizabeth Haines und Kay Deaux, »Mothers and Fathers in the Workplace: How Gender and Parental Status Influence Judgements of Job-Related Competence«, *Journal of Social Issues* 60:4, Dezember 2004, S. 737–754.

58 Arlie Russell Hochschild und Anne Machung, *The Second Shift: Working Parents and the Revolution at Home*, New York 1989.

59 Cristian Alonso, Mariya Brussevich, Era Dabla-Norris, Yuko Kinoshita und Kalpana Kochar, »Reducing and Redistributing Unpaid Work: Stronger Policies to Support Gender Equality«, IMF Working Paper, Oktober 2019: https://www.imf.org/~/media/Files/Publications/WP/2019/wpiea2019225-print-pdf.ashx

60 Ebd., S. 13.

61 Emma Samman, Elizabeth Presler-Marshall und Nicola Jones mit Tanvi Bhaktal, Claire Melamed, Maria Stavropoulou und John Wallace, *Women's Work: Mothers, Children and the Global Childcare Crisis*, Overseas Development Institute, März 2016.

62 In einem kürzlich erschienenen Artikel stellte Melinda Gates fest: »In den Vereinigten Staaten haben 75 Prozent der Mütter aufgrund von Kinderbetreuungspflichten auf Arbeitsmöglichkeiten verzichtet, den Job gewechselt oder den Arbeitsplatz verlassen. Die Wahrscheinlichkeit, dass Mütter ihre Arbeit aufgeben, um sich um Kinder oder andere Familienmitglieder zu kümmern, ist dreimal so hoch wie bei Vätern. Über 60 Prozent der arbeitslosen Frauen geben familiäre Verpflichtungen als Grund an, warum sie nicht arbeiten. Ein Drittel der Frauen der Babyboomer-Generation pflegt einen älteren Elternteil, und 11 Prozent von ihnen haben den Beruf aufgegeben, um eine Vollzeitpflege zu leisten.« Siehe Melinda Gates, »Gender Equality Is Within Our Reach«, *Harvard Business Review*, Oktober 2019.

63 Für Nachweise aus Großbritannien siehe Monica Costa Rias, Robert Joyce und Francesca Parodi, »The Gender Pay Gap in the UK: Children and Experience in Work«, Institute for Fiscal Studies, Februar 2018.

64 Jonathan D. Ostrey, Jorge Alvarez, Rafael A. Espinosa und Chris Papageorgiou, »Economic Gains from Gender Inclusion: New Mechanisms, New Evidence«, IMF Staff Discussion Note, Oktober 2018.

65 Mehr zur Debatte über Familialisierungs- und De-Familialisierungsmodelle siehe Ruth Lister, »›She has other duties‹: Women, citizenship and social security,« in Sally Baldwin und Jane Falkingham (Hrsg.), *Social Security and Social Change: New Challenges*, London 1994; Gøsta Esping-Andersen, *Social Foundations of Postindustrial Economies*, Oxford 1999; Roger Goodman und Ito Peng, »The East Asian welfare states: peripatetic learning, adaptive change, and nation-building«, in Gøsta Esping-Andersen (Hrsg.), *Welfare States in Transition: National Adaptations in Global Economies*, Thousand Oaks 1996, S. 192–224; Huck-Ju Kwon, »Beyond European Welfare Regimes: Comparative Perspectives on East Asian Welfare Systems«, *Journal of Social Policy* 26:4, Oktober 1997, S. 467–484; Ito Peng und Joseph Wong, »East Asia«, in Francis G. Castles, Stephan Leibfried, Jane Lewis, Herbert Obinger und Christopher Pierson (Hrsg.), *The Oxford Handbook of the Welfare State*, Oxford 2010; Mi Young An und Ito Peng, »Diverging Paths? A Comparative Look at Childcare Policies in Japan, South Korea and Taiwan«, *Social Policy and Administration* 50:5, September 2016, S. 540–555.

66 Emma Samman, Elizabeth Presler-Marshall und Nicola Jones mit Tanvi Bhatkal, Claire Melamed, Maria Stavropoulou und John Wallace, »Women's Work: Mothers, Children and the Global Childcare Crisis«, Overseas Development Institute, März 2016, S. 34.

67 Ebd., S. 34.

68 In China sank der Erwerbsanteil von Frauen in städtischen Regionen, weil das staatliche Angebot an Kinderbetreuung zurückging und die Abhängigkeit von Großmüttern zunahm. Aber wenn Großmütter ihren Ruhestand hinauszögern, sinkt ihre Fähigkeit, kostenlose Kinderbetreuung anzubieten, und die Regierung wird in Zukunft wieder öffentliche Optionen einführen müssen. Siehe Yunrong Li, »The effects of formal and informal childcare on the Mother's labor supply – Evidence from Urban China«, *China Economic Review* 44, Juli 2017, S. 227–240.

69 Daniela Del Boca, Daniela Piazzalunga und Chiara Pronzato, »The role of grandparenting in early childcare and child outcomes«, *Review of Economics of the Household* 16, 2018, S. 477–512.

70 Die durchschnittlichen OECD-Ausgaben für Bildung lagen 2016 bei 5,0 Prozent (https://data.worldbank.org/indicator/SE.XPD.TOTL.GD.ZS). Die durchschnittlichen OECD-Ausgaben für Gesundheit lagen 2017 bei 12,55 Prozent (https://data.worldbank.org/indicator/SH.XPD.CHEX.GD.ZS).

71 Chris M. Herbst, »The Rising Cost of Child Care in the United States: A Reassessment of the Evidence«, IZA-Diskussionspapier 9072, 2015, zit. in Samman et al., *Women's Work*, S. 33.

72 Daniela Del Boca, Silvia Pasqua und Chiara Pronzato, »Motherhood and market work decisions in institutional context: a European perspective«, *Oxford Economic Papers* 61, April 2009, S. 1147–1171; Joya Misra, Michelle J. Budig und Stephanie Moller, »Reconciliation policies and the effects of motherhood on employment, earnings and poverty«, *Journal of Comparative Policy Analysis: Research and Practice* 9:2, 2007, S. 135–155.

73 Gøsta Esping-Andersen, *Why We Need a New Welfare State*, Oxford 2002; Olivier Thèvenon, »Family Policies in OECD Countries: A Comparative Analysis«, *Population and Development Review* 37:1, März 2011, S. 57–87; Paolo Barbieri und Rossella Bozzon, »Welfare labour market deregulation and households' poverty risks: An ana-

lysis of the risk of entering poverty at childbirth in different European welfare clusters«, *Journal of European Social Policy* 26:2, 2016, S. 99–123.

74 Giulia Maria Dotti Sani, »The Economic Crisis and Changes in Work–Family Arrangements in Six European Countries«, *Journal of European Social Policy* 28:2, 2018, S. 177–193; Anne Gauthier, »Family Policies in Industrialized Countries: Is there Convergence?« *Population* 57:3, 2002, S. 447–474; Misra et al., »Reconciliation policies«; Joya Misra, Stephanie Moller, Eiko Strader und Elizabeth Wemlinger, »Family Policies, Employment and Poverty among Partnered and Single Mothers«, *Research in Social Stratification and Mobility* 30:1, 2012, S. 113–128; Theìvenon, »Family Policies«.

75 ILO, *Maternity and paternity at work: law and practice across the world*, International Labour Organisation, 2014, zit. in Samman et al., *Women's Work*, S. 47.

76 Eine Analyse von Unternehmensdaten für eine Stichprobe von 33 302 Unternehmen in 53 Entwicklungsländern zeigt, dass die Beschäftigung von Frauen in Privatunternehmen in Ländern, die Vaterschaftsurlaub gesetzlich vorschreiben, signifikant höher ist als in Ländern, die dies nicht tun. Eine vorsichtige Schätzung deutet auf einen Anstieg des Anteils weiblicher Beschäftigter in Verbindung mit gesetzlichem Vaterschaftsurlaub um 6,8 Prozent hin. Siehe Mohammad Amin, Asif Islam und Alena Sakhonchik, »Does paternity leave matter for female employment in developing economies? Evidence from firm-level data«, *Applied Economics Letters* 23:16, 2016, S. 1145–1148.

77 ODI, *Women's Work: Mothers, Children and the Global Childcare Crisis*, Overseas Development Institute, 2016.

78 Ein wichtiger Teil der Literatur befasst sich mit dem Zusammenhang von Kinderbetreuungskosten und dem Erwerbsanteil von Frauen. Die geprüfte Hypothese lautet, dass die Dienstleistung umso mehr genutzt wird, je erschwinglicher sie ist, und es umso wahrscheinlicher ist, dass diese Frauen am Arbeitsmarkt teilnehmen. Sowohl Anderson und Levine als auch Blau und Currie geben einen detaillierten Überblick über die Schätzungen der Elastizität des weiblichen Arbeitsangebots in Bezug auf die Kosten der Kinderbetreuung in den USA. Die meisten Ergebnisse deuten darauf hin,

dass der Erwerbsanteil von Müttern steigt, sobald die Kosten der Kinderbetreuung sinken. Allerdings gibt es eine große Variation in der Größenordnung der Schätzungen. Patricia Anderson und Philip Levine, »Child Care and Mother's Employment Decisions«, in David Card und Rebecca Blank (Hrsg.), *Finding Jobs: Work and Welfare Reform*, Russell Sage Foundation, New York 2000; David Blau und Janet Currie, »Pre-School, Day Care, and After-School Care: Who's Minding the Kids?« *Handbook of the Economics of Education* 2, 2006, S. 1163–1278; Mercedes Mateo Diaz und Lourdes Rodriguez-Chamussy, »Childcare and Women's Labor Participation: Evidence for Latin America and the Caribbean«, Technical Note IDB-TN-586, Inter-American Development Bank, 2013.

79 Basierend auf Haushaltsumfragen mit fast 130 000 Frauen in 21 Entwicklungsländern wird diese »Child Penalty« in den Entwicklungsländern auf etwa 22 Prozent geschätzt und sinkt auf 7 Prozent, wenn Faktoren wie Alter, Bildung und Familienstand berücksichtigt werden. Die »Child Penalty« nimmt mit zunehmendem Alter der Kinder ab und kehrt sich sogar für jene Frauen um, die ältere Töchter haben, welche die Verantwortung für Haushaltsaufgaben mittragen können, wodurch ihre Mütter in der Lage sind, mehr zu verdienen. Jorge M. Agüeroa, Mindy Marksb und Neha Raykarc, »The Wage Penalty for Motherhood in Developing Countries«, Arbeitspapier, University of California Riverside, Mai 2012.

80 Henrik Kleven, Camille Landais, Johanna Posch, Andreas Steinhauer und Josef Zweimüller, »Child Penalties across Countries: Evidence and Explanations«, *American Economic Association Papers and Proceedings* 2019. Es gibt auch keine Hinweise darauf, dass »Child Penalties« das Ergebnis eines biologischen komparativen Vorteils von Frauen für die Kinderfürsorge sind. Siehe Henrik Kleven, Camille Landais und Jakob Egholt Sogaard, »Does Biology Drive Child Penalties? Evidence from Biological and Adoptive Families«, Arbeitspapier, London School of Economics, Mai 2020.

81 Alle drei Länder erhöhten ihre finanzielle Unterstützung für die Kinderbetreuung im ersten Jahrzehnt der 2000er-Jahre. Doch in Japan geht ein Großteil dieser Erhöhung auf die finanzielle Unterstützung von Familien bei der Kinderbetreuung zurück, Südkorea hat Maßnahmen verstärkt, um die Inanspruchnahme von Betreuungs-

diensten durch Familien zu fördern, und Taiwan hat die finanzielle Unterstützung vorrangig in Form von Elternzeiten zur Verfügung gestellt.

82 Takeru Miyajima und Hiroyuki Yamaguchi, »I Want to, but I Won't: Pluralistic Ignorance«, *Frontiers in Psychology* 20, September 2017: doi:10.3389/fpsyg.2017.01508.

83 Ingólfur V. Gíslason, »Parental Leave in Iceland Gives Dad a Strong Position«, *Nordic Labour Journal*, April 2019.

84 Rachel G. Lucas-Thompson, Wendy Goldberg und JoAnn Prause, »Maternal work early in the lives of children and its distal associations with achievement and behavior problems: a meta-analysis«, *Psychological Bulletin* 136:6, 2010, S. 915–942.

85 Charles L. Baum, »Does early maternal employment harm child development? An analysis of the potential benefits of leave taking«, *Journal of Labor Economics* 21:2, 2003, S. 409–448; David Blau und Adam Grossberg, »Maternal Labor Supply and Children's Cognitive Development«, *Review of Economics and Statistics* 74:3, August 1992, S. 474–481.

86 Committee on Family and Work Policies, *Working Families and Growing Kids: Caring for Children and Adolescents*, Washington 2003.

87 Jane Waldfogel, Wen-Jui Han und Jeanne Brooks-Gunn, »The effects of early maternal employment on child cognitive development«, *Demography* 39:2, Mai 2002, S. 369–392.

88 Lucas-Thompson et al., »Maternal work early in the lives of children«, S. 915–942.

89 Ellen S. Peisner-Feinberg, Margaret R. Burchinal, Richard M. Clifford, Mary L. Culkin, Carollee Howes, Sharon Lynn Kagan und Noreen Yazejian, »The relation of preschool child-care quality to children's cognitive and social developmental trajectories through second grade«, *Child Development* 72:5, 2001, S. 1534–1553.

90 Eric Bettinger, Torbjørn Hægeland und Mari Rege, »Home with mom: the effects of stay-at-home parents on children's long-run educational outcomes«, *Journal of Labor Economics* 32:3, Juli 2014, S. 443–467.

91 Michael Baker und Kevin Milligan, »Maternal employment, breastfeeding, and health: Evidence from maternity leave mandates«, *Journal of Labor Economics* 26, 2008, S. 655–692; Michael Baker

und Kevin Milligan, »Evidence from maternity leave expansions of the impact of maternal care on early child development«, *Journal of Human Resources* 45:1, 2010, S. 1–32; Astrid Würtz-Rasmussen, »Increasing the length of parents' birth-related leave: The effect on children's long-term educational outcomes«, *Labour Economics* 17:1, 2010, S. 91–100; Christopher J. Ruhm, »Are Recessions Good for Your Health?« *Quarterly Journal of Economics* 115:2, Mai 2000, S. 617–650; Sakiko Tanaka, »Parental leave and child health across OECD countries«, *Economic Journal* 115:501, Februar 2005, F7–F28.

92 Maya Rossin, »The effects of maternity leave on children's birth and infant health outcomes in the United States«, *Journal of Health Economics* 30:2, März 2011, S. 221–239.

93 Lucas-Thompson et al., »Maternal work early in the lives of children«.

94 Kathleen McGinn, Mayra Ruiz Castro und Elizabeth Long Lingo, »Learning from Mum: Cross-National Evidence Linking Maternal Employment and Adult Children's Outcomes«, *Work, Employment and Society* 33:3, 2019, S. 374–400.

95 Susan Kromelow, Carol Harding und Margot Touris, »The role of the father in the development of stranger sociability in the second year«, *American Journal of Orthopsychiatry* 60:4, Oktober 1990, S. 521–530.

96 Vaheshta Sethna, Emily Perry, Jill Domoney, Jane Iles, Lamprini Psychogiou, Natasha Rowbotham, Alan Stein, Lynne Murray und Paul Ramchandani, »Father–Child Interactions at 3 months and 24 months: Contributions to Child Cognitive Development at 24 months«, *Infant Mental Health Journal* 38:3, 2017, S. 378–390.

97 J. Kevin Nugent, »Cultural and psychological influences on the father's role in infant development«, *Journal of Marriage and the Family* 53:2, 1991, S. 475–485.

98 Alonso et al., *Reducing and Redistributing*, S. 21.

KAPITEL 3

99 Max Roser und Esteban Ortiz-Ospina, »Primary and Secondary Education«, *Our World in Data*, 2020.

100 Weltbank, »World Bank Development Report 2018: Learning to Realize Education's Promise«, World Bank Group, 2018, S. 4.

101 Weltbank, »World Bank Education Overview: Higher Education (English)«, World Bank Group, 2018.

102 Auch die Bildungsrenditen sind bei Mädchen um zwei Prozent höher als bei Jungen. Siehe George Psacharopoulos und Harry Patrinos, »Returns to Investment in Education: A Decennial Review of the Global Literature«, Policy Research Working Paper 8402, Weltbank, 2018.

103 Jack B. Maverick, »What is the Average Annual Return on the S&P 500?« *Investopedia*, Mai 2019.

104 Regierung Großbritanniens, »Future of Skills and Lifelong Learning«, Foresight Report, UK Government Office for Science, 2017.

105 Richard Layard und George Psacharopoulos, »The Screening Hypothesis and the Returns to Education«, *Journal of Political Economy* 82:5, September–Oktober 1974, S. 985–998; David Card und Alan B. Krueger, »Does School Quality Matter? Returns to Education and the Characteristics of Public Schools in the United States«, *Journal of Political Economy* 100:1, Februar 1992, S. 1–40; Damon Clark und Paco Martorell, »The signalling value of a high school diploma«, *Journal of Political Economy* 122:2, April 2014, S. 282–318.

106 Daron Acemoglu, »Technical Change, Inequality, and the Labor Market«, *Journal of Economic Literature* 40:1, März 2002, S. 7–22.

107 Claudia Goldin und Lawrence F. Katz, *The Race between Education and Technology*, Cambridge / Mass. 2008.

108 Weltbank, »World Bank Development Report: The Changing Nature of Work«, World Bank Group, 2019, S. 71.

109 Eine Erhöhung der Standardabweichung bei der Kompetenz, komplexe Probleme zu lösen, ist mit einem Gehaltsaufschlag von 10–20 Prozent verbunden. Siehe Peer Ederer, Ljubica Nedelkoska, Alexander Platt und Sylvia Castellazzi, »How much do employers pay for employees' complex problem solving skills?« *International Journal of Lifelong Learning* 34:4, 2015, S. 430–447.

110 Lynda Gratton und Andrew Scott, *The 100 Year Life: Living and Working in an Age of Longevity*, London 2016.

111 Ebd. S. 110.

112 OECD, *OECD Employment Outlook 2019: The Future of Work*, Organisation for Economic Co-operation and Development, 2019, Kapitel 3.

113 William Johnson (später Cory), Student am King's College 1832–1841, Master in Eton 1845–1872, in seiner *Eton Reform II*, wie sie von George Lyttelton in einem Schreiben an Rupert Hart-Davis adaptiert wurde.

114 J. Fraser Mustard, »Early Brain Development and Human Development«, in R. E. Tremblay, M. Boivin und R. De V. Peters (Hrsg.), *Encyclopedia on Early Childhood Development*, 2010: http://www.child-encyclopedia.com/importance-early-childhood-development/according-experts/early-brain-development-and-human.

115 Arthur J. Reynolds, Judy A. Temple, Suh-Ruu Ou, Irma A. Arteaga und Barry A. B. White, »School-Based Early Childhood Education and Age-28 Well-Being: Effects by Timing, Dosage, and Subgroups«, *Science* 333, 15. Juli 2011, S. 360–364.

116 Rebecca Sayre, Amanda E. Devercelli, Michelle J. Neuman und Quentin Wodon, »Investing in Early Childhood Development: Review of the World Bank's Recent Experience«, World Bank Group, 2014.

117 Paul Glewwe, Hanan G. Jacoby und Elizabeth M. King, »Early childhood nutrition and academic achievement: A longitudinal analysis«, *Journal of Public Economics* 81:3, 2001, S. 345–368; Emiliana Vegas und Lucrecia Santibáñez, »The Promise of Early Childhood Development in Latin America and the Caribbean«, Latin American Development Forum, Weltbank, 2010.

118 Zusätzlich zu der umfangreichen Evidenz auf Länderebene entwickelten sie eine Simulation, die einen Nutzen von 10,6 Mrd. $ für die Erhöhung des Vorschulbesuchs auf 25 Prozent in allen Ländern und von 33,7 Mrd. $ für die Erhöhung auf 50 Prozent zeigt, mit einem Nutzen-Kosten-Verhältnis von beachtlichen 17,6 zu 1. Siehe Patrice L. Engle, Maureen M. Black, Jere R. Behrman, Meena Cabral de Mello, Paul J. Gertler, Lydia Kapiriri, Reynaldo Martorell, Mary Eming Young und die International Child Development Steering Group, »Child development in developing countries 3: Strategies to avoid the loss of developmental potential in more than 200 million children in the developing world«, *Lancet* 369, Januar 2007, S. 229–242; Patrice Engle, Lia Fernald, Harold Alderman, Jere Behrman, Chloe O'Gara, Aisha Yousafzai, Meena Cabral de Mello, Melissa Hidrobo, Nurper Ulkuer, Ilgi Ertem und Selim Iltus, »Stra-

tegies for Reducing Inequalities and Improving Developmental Outcomes for Young Children in Low and Middle Income Countries«, *Lancet* 378, November 2011, S. 1339–1353.

119 Engle et al., »Child development«.

120 Paul Gertler, James Heckman, Rodrigo Pinto, Arianna Zanolini, Christel Vermeersch, Susan Walker, Susan M. Chang und Sally Grantham-McGregor, »Labor market returns to an early childhood stimulation intervention in Jamaica«, *Science* 344, 30. Mai 2014, S. 998–1001.

121 Die gesammelten Erkenntnisse zeigen, dass die Teilnahme an einer Vielfalt von Vorschulprogrammen nicht nur die Schulreife und die frühen schulischen Leistungen der Kinder verbessert (Lynn A. Karoly, Peter W. Greenwood, Susan S. Everingham, Jill Houbé, M. Rebecca Kilburn, C. Peter Rydell, Matthew Sanders und James Chiesa, »Investing in Our Children: What We Know and Don't Know About the Costs and Benefits of Early Childhood Interventions«, RAND Corporation, 1998; Crag T. Ramey und Sharon Landesman Ramey, »Early intervention and early experience«, *American Psychologist* 53:2, 1998, S. 109–120; Karl R. White, »Efficacy of Early Intervention«, *The Journal of Special Education,* 19:4 [1985], S. 401–416), sondern auch viele Jahre später mit einer geringeren Inzidenz von Förderunterricht verbunden ist (W. Steven Barnett, »Long-Term Effects of Early Childhood Programs on Cognitive and School Outcomes«, *The Future of Children* 5:3, 1995, S. 25–50; Karoly et al., »Investing«; Jack P. Shonkoff und Deborah A. Phillips [Hrsg.], *From neurons to neighborhoods: The science of early childhood development*, Washington 2000), mit geringerem deliquenten Verhalten (Eliana Garces, Duncan Thomas und Janet Currie, »Longer-Term Effects of Head Start«, *American Economic Review* 92:4, 2002, S. 999–1012; Arthur J. Reynolds, Judy A. Temple, Dylan L. Robertson und Emily A. Mann, »Long-term Effects of an Early Childhood Intervention on Educational Achievement and Juvenile Arrest: A 15-Year Follow-up of Low-Income Children in Public Schools«, *Journal of the American Medical Association* 285:18, 2001, S. 2339–2346; L. J. Schweinhart, H. V. Barnes und D. P. Weikart, »Significant Benefits: The High / Scope Perry Preschool Study through Age 27«, Monografien der High / Scope Educational

Research Foundation 10, Ypsilanti / Mich. 1993; Karoly et al., »Investing«) und höheren Bildungsabschlüssen (Frances A. Campbell, Craig T. Ramey, Elizabeth Pungello, Joseph Sparling und Shari Miller-Johnson, »Early Childhood Education: Young Adult Outcomes From the Abecedarian Project«, *Applied Developmental Science* 6:1, 2002, S. 42–57; Consortium for Longitudinal Studies [Hrsg.], *As the twig is bent: Lasting effects of preschool programs*, Hillsdale / NJ. 1983; Reynolds et al, »Long-term Effects«; Schweinhart et al., »Significant Benefits«; Ramey und Ramey, »Early Intervention«; Barnett, »Long-Term Effects« Shonkoff und Phillips, *From neurons to neighborhoods*; Garces, Thomas und Currie, »Longer-Term Effects«; Campbell et al., »Early Childhood Education«).

122 Reynolds et al., »School-Based Early Childhood Education«, S. 360–364. Interessanterweise wurde in anderen Studien festgestellt, dass Mädchen mehr von frühkindlicher Bildung profitieren als Jungen. Untersuchungen in North Carolina haben beispielsweise ergeben, dass die Ausgangsbedingungen für Jungen tendenziell besser sind, wenn Väter eher anwesend sind und mehr finanzielle Mittel zur Verfügung stehen, siehe Jorge Luis Garcia, James J. Heckman und Anna L. Ziff, »Gender differences in the benefits of an influential early childhood program«, *European Economic Review* 109, 2018, S. 9–22.

123 Weltbank, »World Bank Development Report 2019«, S. 75.

124 Ebd.

125 OECD, »OECD Family database«, Organisation for Economic Co-operation and Development, 2019: http://www.oecd.org/els/family/database.htm

126 Weltbank, »World Bank Development Report 2019«, S. 74–75.

127 Joseph Fishkin, *Bottlenecks: A New Theory of Equal Opportunity*, Oxford 2014.

128 Canadian Literacy and Learning Network, »Seven Principles of Adult Learning«, 2014: Website, Office of Literacy and Essential Skills, Government of Canada.

129 Malcolm S. Knowles, Elwood F. Holton III und Richard A. Swanson, The adult learner: The definitive classic in adult education and human resource development, Amsterdam 2005.

130 Weltbank, »World Bank Development Report 2019«.

131 A. D. Ho, J. Reich, S. Nesterko, D. T. Seaton, T. Mullane, J. Waldo und I. Chuang, »HarvardX and MITx: The first year of open online courses, Fall 2012–Summer 2013«, 2014.

132 David Card, Jochen Kluve und Andrea Weber, »What Works? A Meta-Analysis of Recent Active Labor Market Program Evaluations«, *Journal of the European Economic Association* 16:3, Juni 2018, S. 893–894.

133 OECD, *Getting Skills Right: Future Ready Adult Learning Systems*, OECD Publishing, 2019.

134 Ebd.

135 Für Beispiele, wie verschiedene Länder die Kosten der Erwachsenenbildung aufteilen, siehe ebd.

136 Ebd., S. 96.

137 Ein gutes Beispiel für den Aufbau von Kapazitäten kleiner und mittlerer Unternehmen zur Entwicklung ihrer Mitarbeitenden ist ein Programm in Südkorea, durch das die Arbeitgebenden Zugang zu einer Reihe von ergänzenden Zuschüssen haben, einschließlich finanzieller Unterstützung für die Beauftragung externer Beratender, die den Schulungsbedarf des Unternehmens analysieren, die Kapazitäten des Geschäftsführers oder der Geschäftsführerin sowie der Führungskräfte optimieren und den Prozess, eine lernende Organisation zu werden, begleiten. Weitere Zuschüsse gibt es für den Aufbau von Lerngruppen und die Finanzierung von Mitarbeitenden, die für die Leitung dieser Gruppen verantwortlich sind. Die Mittel können auch für die Schulung von Geschäftsführenden und Mitarbeitenden, die für die Lernaktivitäten verantwortlich sind, verwendet werden. Schließlich gibt es noch Zuschüsse, die es Unternehmen ermöglichen, an Peer-Learning-Aktivitäten teilzunehmen und ihre Erfahrungen beim Aufbau einer lernenden Organisation zu teilen. Siehe OECD, *Getting Skills Right: Engaging low-skilled adults in learning*, OECD Publishing, 2019, S. 20.

138 Archie Hall, »Shares in Students: Nifty Finance or Indentured Servitude?«, *Financial Times*, 12. November 2019.

139 Thomas Piketty, *Kapital und Ideologie*, München 2020.

140 Um das Risiko eines säumigen Darlehensnehmers zu handhaben und die Verwaltungskosten zu decken, könnte eine zusätzliche Gebühr erhoben werden. Damit das System aber attraktiv genug ist,

um zu funktionieren, würde die Rückzahlung des Darlehens erst ab einer bestimmten Einkommenshöhe beginnen.

KAPITEL 4

141 Daniel R. Hogan, Gretchen A. Stevens, Ahmad Reza Hosseinpoor und Ties Boerma, »Monitoring universal health coverage within the Sustainable Development Goals: development and baseline data for an index of essential health services«, *Lancet Global Health* 6, 2018, S. 152–168.

142 Andere Schätzungen gehen von einem Minimum von fünf Prozent des BIP sowie einem Minimum von 86 Dollar pro Kopf für die Grundversorgung in allen Ländern mit niedrigem Einkommen aus. Siehe Di Mcintyre, Filip Meheus und John-Arne Røttingen, »What Level of Domestic Government Health Expenditure Should We Aspire to for Universal Health Coverage«, *Health Econ Policy Law* 12:2, 2017, S. 125–137.

143 WHO, *Global Spending on Health: A World in Transition*, Weltgesundheitsorganisation, 2019.

144 ILO, »World Social Protection Report 2014/15: Building economic recovery, inclusive development and social justice«, Internationale Arbeitsorganisation, 2014.

145 Die Weltgesundheitsversammlung hat durch Konsens den Globalen Kodex der WHO zur Praxis der internationalen Anwerbung von Gesundheitspersonal angenommen, aber der erste Bericht über dessen Implementierung fiel nicht positiv aus. Siehe Allyn L. Taylor und Ibadat S. Dhillon, »The WHO Global Code of Practice on the International Recruitment of Health Personnel: The Evolution of Global Health Diplomacy«, *Global Health Governance* V:1, Herbst 2011; Amani Siyam, Pascal Zurn, Otto Christian Rø, Gulin Gedik, Kenneth Ronquillo, Christine Joan Co, Catherine Vaillancourt-Laflamme, Jennifer dela Rosa, Galina Perfilieva und Mario Roberto Dal Poz, »Monitoring the implementation of the WHO Global Code of Practice on the International Recruitment of Health Personnel«, *Bulletin of World Health Organization* 91:11, 2013, S. 816–823.

146 Kenneth Arrow, »Uncertainty and the Welfare Economics of Medical Care«, *American Economic Review* 53:5, 1963, S. 941–973.

147 Ruud Ter Meulen und Hans Maarse, »Increasing Individual Responsibility in Dutch Health Care: Is Solidarity Losing Ground?« *Journal of Medicine and Philosophy: A Forum for Bioethics and Philosophy of Medicine* 33:3, Juni 2008, S. 262–279.

148 Fünf Kriterien werden häufig angeführt, um Interventionen im öffentlichen Gesundheitswesen zu rechtfertigen: (1) Wirksamkeit, (2) Verhältnismäßigkeit, (3) Erforderlichkeit, (4) geringstmöglicher Eingriff und (5) öffentliche Rechtfertigung. James F. Childress, Ruth R. Faden, Ruth D. Gaare, Lawrence O. Gostin, Jeffrey Kahn, Richard J. Bonnie, Nancy E. Kass, Anna C. Mastroianni, Jonathan D. Moreno und Phillip Nieburg, »Public health ethics: mapping the terrain«, *Journal of Law Medical Ethics* 30:2, Juni 2002, S. 170–178.

149 Ruben Durante, Luigi Guiso und Giorgio Gulino, »Asocial capital: Culture and Social Distancing during Covid-19«, Centre for Economic Policy Research Discussion Paper DP14820, Juni 2020; John Barrios, Efraim Benmelech, Yael V. Hochberg, Paola Sapienza und Luigi Zingales, »Civic Capital and Social Distancing during the Covid-19 Pandemic«, National Bureau of Economic Research Working Paper 27320, Juni 2020; Francesca Borgonovi und Elodie Andrieu, »The Role of Social Capital in Promoting Social Distancing During the Covid-19 Pandemic in the US«, *Vox*, Juni 2020.

150 Maloney und Taskin verwendeten Google-Mobilitätsdaten und fanden signifikante Rückgänge der Restaurantreservierungen in den USA schon vor der offiziellen Verhängung von Lockdowns. William Maloney und Temel Taskin, »Determinants of Social Distancing and Economic Activity During Covid-19: A Global View«, World Bank Policy Research Working Paper 9242, Weltbank, Mai 2020. Surico et al. (2020) fanden für Großbritannien heraus, dass der größte Teil des Konsumrückgangs vor dem landesweiten Lockdown erfolgte. Paolo Surico, Diego Kanzig und Sinem Hacioglu, »Consumption in the Time of Covid-19: Evidence from UK Transaction Data«, Centre for Economic Policy Research Discussion Paper DP14733, Mai 2020. Born et al. (2020) fanden heraus, dass die Mobilität in Schweden in ähnlichem Umfang zurückging wie in Ländern, die einen Lockdown hatten. Benjamin Born, Alexander Dietrich und Gernot Muller, »The Lockdown Effect: A Counterfac-

tual for Sweden«. Centre for Economic Policy Research Discussion Paper DP 14744, Juli 2020.

151 Es gibt eine umfangreiche Literatur darüber, wie Gesundheitssysteme organisiert sind. Einige argumentieren, dass die Frage, ob ein System öffentlich oder privat ist, weniger wichtig ist als die Frage, ob ein gewisses Maß an Auswahl und Wettbewerb bei der Bereitstellung von Gesundheitsdienstleistungen gegeben ist. Siehe Julian LeGrand, *The Other Invisible Hand: Delivering Public Services Through Choice and Competition*, Princeton 2007.

152 Viroj Tangcharoensathien, Anne Mills und Toomas Palu, »Accelerating health equity: the key role of universal health coverage in the Sustainable Development Goals,«, *BMC Medicine*, 2015, S. 1–5.

153 Marc J. Epstein und Eric G. Bing, »Delivering Health Care to the Global Poor: Solving the Accessibility Problem«, *Innovations: Technology, Governance, Globalization* 6:2, 2011.

154 Reuters, »Ant Financial Amasses 50 Million Users, Mostly Low Income, in New Health Plan«, *Reuters: Technology News*, 12. April 2019. Ich bin Roger Mountfort zu Dank verpflichtet, der mich auf dieses Beispiel aufmerksam gemacht hat.

155 Die OECD weist darauf hin, dass in den Vereinigten Staaten »die Lebenserwartung jetzt mehr als ein Jahr lang unter dem OECD-Durchschnitt von 80,1 liegt, während sie 1970 noch ein Jahr über dem Durchschnitt lag«. Siehe OECD, »Life expectancy in the US rising slower than elsewhere, says OECD«, Organisation for Economic Co-operation and Development, 2013, S. 1. Zur sinkenden Lebenserwartung in den USA siehe Ann Case und Angus Deaton, *Deaths of Despair and the Future of Capitalism*, Princeton 2020.

156 Luca Lorenzoni, Alberto Marino, David Morgan und Chris James, »Health Spending Projections to 2030: New results based on a revised OECD methodology«, OECD Health Working Paper 110, 23. Mai 2019.

157 Aaron Reeves, Yannis Gourtsoyannis, Sanjay Basu, David McCoy, Martin McKee und David Suckler, »Financing universal health coverage: effects of alternative tax structures on public health systems: cross-national modelling in 89 low-income and middle-income countries«, *Lancet* 386:9990, Juli 2015, S. 274–280.

158 Claudine de Meijer, Bram Wouterse, Johan Polder und Marc Koopmanschap, »The effect of population aging on health expenditure growth: a critical review«, *European Journal of Ageing* 10:4, 2013, S. 353–361.

159 Irene Papanicolas, Alberto Marino, Luca Lorenzoni und Ashish Jha, »Comparison of Health Care Spending by Age in 8 High-Income Countries«, JAMA Network Open, 2020.

160 Nghiem und Connelly stellen fest, dass der Großteil des Wachstums der Gesundheitsausgaben entgegen der landläufigen Meinung nicht auf die Bevölkerungsalterung an sich zurückzuführen ist, sondern auf die wachsende Nachfrage nach neuen medizinischen Technologien. Ein einprozentiger Anstieg des BIP pro Kopf geht mit einem 0,9-prozentigen Anstieg der Gesundheitsausgaben pro Kopf einher. Der Haupttreiber für steigende Gesundheitsausgaben ist der technologische Fortschritt, der 4 Prozent pro Jahr ausmacht und sich nach jeder Dekade im Untersuchungszeitraum schneller beschleunigt hat. Siehe Son Hong Nghiem und Luke Brian Connelly, »Convergence and determinants of health expenditures in OECD countries«, *Health Economics Review* 7:1, 2017, S. 29. Für eine Einschätzung der Auswirkungen steigender Einkommen und Versicherungen im Verhältnis zur Technologie siehe Sheila Smith, Joseph P. Newhouse und Mark S. Freeland, »Income, Insurance, and Technology: Why Does Health Spending Outpace Economic Growth?«, *Health Affairs* 28:5, 2009, S. 1276–1284.

161 Lorenzoni et al., »Health Spending Projections to 2020«.

162 Das funktioniert nur, wenn Generika einen gleichwertigen gesundheitlichen Nutzen bringen. Es hat einige Kontroversen um die Qualität von Generika infolge ungenügender Regulierung gegeben. Siehe Karen Eban, *Bottle of Lies: The Inside Story of the Generic Drug Boom*, New York 2020.

163 Für eine gründliche Analyse, wie sich die Preisgestaltung auf die Effektivität des Gesundheitssystems auswirkt, siehe Sarah L. Barber, Luca Lorenzoni und Paul Ong, »Price setting and price regulation in health care: lessons for advancing Universal Health Coverage«, World Health Organization and the Organisation for Economic Co-operation and Development, 2019.

164 Alex Voorhoeve, Trygve Ottersen und Ole F. Norheim, »Making

fair choices on the path to universal health coverage: a précis«, *Health Economics, Policy and Law*, 2016.

165 McKinsey, *The Social Contract in the 21st Century*, McKinsey Global Institute, 2020.

166 Für Industriestaaten siehe V. G. Paris, G. De Lagasnarie, R. Fujisawa et al., »How do OECD countries define the basket of goods and services financed collectively«, Unveröffentlichtes Dokument der OECD, 2014. Für Beispiele für den Einsatz von Health Technology Assessments (HTA) in Entwicklungsländern siehe Corinna Sorenson, »The role of HTA in coverage and pricing decisions«, *Euro Observer* 11:1, 2009, S. 1–4; Leon Bijlmakers, Debjani Mueller, Rabia Kahveci, Yingyao Chen und Gert Jan van der Wilt, »Integrate HTA – A low and middle income perspective«, *International Journal of Technology Assessment in Health Care* 33:5, 2017, S. 599–604.

167 Für einen Rahmen zur Bewertung der individuellen Verantwortung für einige Gesundheitskosten siehe Gustav Tinghog, Per Carlsson und Carl Lyttkens, »Individual responsibility for what? – A conceptual framework for exploring the suitability of private financing in a publicly funded health-care system«, *Health Economics Policy and Law Journal* 5:2, 2010, S. 201–223.

168 Für eine fundierte Zusammenfassung der Vor- und Nachteile von QALY siehe Emily Jackson, *Medical Law*, Oxford 2019.

169 Melanie Bertram, Jeremy Lauer, Kees De Joncheere, Tessa Edejer, Raymond Hutubessy, Marie-Paule Kieny und Suzanne Hill, »Cost-Effectiveness Thresholds: Pros and Cons«, *Bulletin of the World Health Organization*, 2016.

170 In Großbritannien zum Beispiel wendet das National Institute for Clinical Excellence 20 000 Pfund pro QALY auf, um die Finanzierbarkeit zu bewerten. Behandlungen, die zwischen 20 000 und 30 000 Pfund pro QALY kosten, werden unter besonderen Umständen, etwa die Bedürfnisse der Patientengruppe, in Betracht gezogen. Behandlungen, die mehr als 30 000 Pfund pro QALY kosten, gelten als inakzeptabel, obwohl in der Praxis 40 000 Pfund die Schwelle sind, bei der eine mehr als 50-prozentige Wahrscheinlichkeit der Ablehnung besteht. Siehe Jackson, *Medical Law*.

171 Karl Claxton, zitiert in Robin McKie, »David Cameron's Flagship

Cancer Drugs Fund is a Waste of NHS Cash«, *Guardian*, 10. Januar 2015.

172 John Harris, *The Value of Life*, London 1985, S. 93; Alan Williams, »Intergenerational Equity: An Exploration of the ›Fair Innings‹ Argument«, *Health Economics* 6:2, März 1997, S. 117–132.

173 Norman Daniels, *Just Health Care*, Cambridge 1985; Ronald Dworkin, *Sovereign Virtue: The Theory and Practice of Equality*, Cambridge / Mass. 2002.

174 Gwyn Bevan und Lawrence D. Brown, »The political economy of rationing health care in England and the US: the ›accidental logics‹ of political settlements«, *Health Economics, Policy and Law* 9:3, 2014, S. 273–294.

175 Henry J. Aaron und William B. Schwartz, *The Painful Prescription*, Brookings Institution, 1984.

176 Nina Bernstein, »With Medicaid, Long-Term Care of Elderly Looms as Rising Cost«, *New York Times*, 7. September 2012.

177 Marc Mitchell und Lena Kan, »Digital Technology and the Future of Health Systems«, *Health Systems and Reform* 5:2, S. 112–120.

178 R. L. Cutler, F. Fernandez-Llimos, M. Frommer et al., »Economic impact of medication non-adherence by disease groups: a systematic review«, *British Medical Journal Open*, 2018.

179 Zum Beispiel hat sich herausgestellt, dass es bei einer Zusammenarbeit zwischen Google Deep Mind und dem Royal Free NHS Foundation Trust zur Erprobung eines Systems zur Diagnose und Erkennung von akuter Nierenschädigung unzureichende Kontrollen hinsichtlich der Information der Patienten und Patientinnen gab, dass ihre Daten im Rahmen des Tests verwendet wurden. Information Commissioner's Office, »Royal Free-Google Deep Mind Trial Failed to Comply with Data Protection Law«, UK Government Information Commissioner, 3. Juli 2017.

180 Zum Beispiel wurde der »Vertrag für das Web« von Experten und Nutzern aus der ganzen Welt entwickelt, um sicherzustellen, dass die digitale Welt sicher, befähigend und grundsätzlich für alle zugänglich ist. Unter der Leitung von Tim Berners-Lee legt er Prinzipien für Regierungen, Unternehmen, Organisationen der Zivilgesellschaft und Einzelpersonen fest, um sie zur Wahrung des Datenschutzes zu verpflichten. Siehe contractfortheweb.org.

181 Rebecca Masters, Elspeth Anwar, Brendan Collins, Richard Cookson und Simon Capewell, »Return on investment of public health interventions: a systematic review«, *Journal of Epidemiology and Community Health, British Medical Journals,* 2017.

182 David J. Hunter, *Desperately Seeking Solutions: Rationing Health Care*, London 1997.

183 M. Ezzati, S. Vander Hoorn, C. M. M. Lawes, R. Leach, W. P. T. James, A. D. Lopez et al., »Rethinking the ›Diseases of Affluence‹ Paradigm: Global Patterns of Nutritional Risks in Relation to Economic Development«, *PLoS Medicine*, 2005.

184 P. H. M. van Baal, J. J. Polder, G. A. de Wit, R. T. Hoogenveen, T. L. Feenstra, H. C. Boshuizen et al., »Lifetime Medical Costs of Obesity: Prevention No Cure for Increasing Health Expenditure«, *PLoS Medicine*, 2008.

185 Mark Goodchild, Nigar Nargis und Tursan d'Espaignet, »Global economic cost of smoking-attributable diseases«, *Tobacco Control* 27:1, 2018, S. 58–64.

186 Lord Darzi, »Better health and care for all: A 10 Point Plan for the 2020s: Final Report of the Lord Darzi Review of Health and Care«, Institute for Public Policy Research, 2018.

187 A. W. Cappelen und O. F. Norheim »Responsibility in health care: a liberal egalitarian approach«, *Journal of Medical Ethics*, 2005.

188 Für eine tiefgehende Analyse von Paternalismus und Gesundheitswesen siehe L. O. Gostin und K. G. Gostin, »A broader liberty: J. S. Mill, paternalism and the public's health«, *Public Health*, 2009.

189 John Stuart Mill, *Über die Freiheit*, Ditzingen 1986.

190 John Rawls, *Eine Theorie der Gerechtigkeit*, Frankfurt am Main 1975; Amartya Sen, *Ökonomie für den Menschen*, München 2000.

191 David Buchanan, »Autonomy, Paternalism, and Justice: Ethical Priorities in Public Health«, *American Journal of Public Health*, Januar 2008.

192 U.S. National Cancer Institute und Weltgesundheitsorganisation, *The Economics of Tobacco and Tobacco Control*, National Cancer Institute Tobacco Control Monographie 21, NIH-Veröffentlichung 16-CA-8029A., U.S. Department of Health and Human Services, National Institutes of Health, National Cancer Institute und Weltgesundheitsorganisation, 2016.

193 Bundit Sornpaisarn, Kevin Shield, Joanna Cohen, Robert Schwartz und Jürgen Rehm, »Elasticity of alcohol consumption, alcohol-related harms, and drinking initiation in low- and middle-income countries: A systematic review and meta-analysis«, *International Journal of Drug and Alcohol Research* 2:1, 2013, S. 45–58.

194 L. M. Powell, J. F. Chriqui, T. Khan, R. Wada und F. J. Chaloupka, »Assessing the potential effectiveness of food and beverage taxes and subsidies for improving public health: a systematic review of prices, demand, and body weight outcomes«, *Obesity Reviews* 14:2, 2013, S.110–128.

195 Michael W. Long, Steven L. Gortmaker, Zachary J. Ward, Stephen C. Resch, Marj L. Moodie, Gary Sacks, Boyd A. Swinburn, Rob C. Carter und Y. Claire Wang, »Cost-effectiveness of a sugar-sweetened beverage excise tax in the U.S.«, *American Journal of Preventive Medicine* 49:1, S. 112–123.

196 Luz Maria Sanchez-Romero, Joanne Penko, Pamela G. Coxson, Alicia Fernández, Antoinette Mason, Andrew E. Moran, Leticia Avila-Burgos, Michelle Odden, Simón Barquera und Kirsten Bibbins-Domingo, »Projected Impact of Mexico's Sugar-Sweetened Beverage Tax Policy on Diabetes and Cardiovascular Disease: A Modeling Study«, *PLoS Medicine* 13:11, e.1002158; Adam D. M. Briggs, Oliver T. Mytton, Ariane Kehlbacher, Richard Tiffin, Ahmed Elhussein, Mike Rayner, Susan A. Jebb, Tony Blakely und Peter Scarborough, »Health impact assessment of the UK soft drinks industry levy: a comparative risk assessment modelling study«, *Lancet Public Health* 2:1, e.15–22; Ashkan Afshin, Renata Micha, Michael Webb, Simon Capewell, Laurie Whitsel, Adolfo Rubinstein, Dorairaj Prabhakaran, Marc Suhrcke und Dariush Mozaffarian, »Effectiveness of Dietary Policies to Reduce Noncommunicable Diseases«, in Dorairaj Prabhakaran, Shuchi Anand, Thomas A. Gaziano, Jean-Claude Mbanya, Yangfeng Wu und Rachel Nugent (Hrsg.), *Disease Control Priorities*, 3. Auflage, Weltbank, 2017.

197 Die zusätzlichen Einnahmen in Höhe von 20 Billionen Dollar werden als diskontierter Gegenwartswert berechnet. The Task Force on Fiscal Policy for Health, *Health Taxes to Save Lives: Employing Effective Excise Taxes on Tobacco, Alcohol and Sugary Beverages*, Bloomberg Philanthropies, April 2019.

198 Dawn Wilson, Kate Lorig, William M. P. Klein, William Riley, Allison Sweeney und Alan Christensen, »Efficacy and Cost-Effectiveness of Behavioral Interventions in Nonclinical Settings for Improving Health Outcomes«, *Health Psychology* 38:8, 2019, S. 689–700.

199 Emma Beard, Robert West, Fabiana Lorencatto, Ben Gardner, Susan Michie, Lesley Owens und Lion Shahab, »What do cost effective health behaviour-change interventions contain? A comparison of six domains«, *PLoS One*, 14:4, 2019.

200 Der Begriff stammt aus dem einflussreichen Buch *Nudge*, das auf einem nicht paternalistischen Ansatz zur Änderung von Verhaltensweisen basiert. Anstatt beispielsweise den Zuckergehalt von Lebensmitteln zu regulieren, würde ein Nudge darauf beruhen, gesunde Lebensmittel dort zu platzieren, wo die Käufer sie am ehesten wählen, Süßigkeiten hingegen an unzugänglichen Orten zu platzieren. Wie Sunstein und Thaler es formulieren: »Um als bloßer Anstoß zu gelten, muss der Eingriff einfach und leicht zu vermeiden sein. Nudges sind keine Verpflichtungen. Das Obst auf Augenhöhe zu platzieren zählt als Anstoß. Das Verbot von Junkfood nicht.« Siehe Richard Thaler und Cass Sunstein, *Nudge*, Berlin 2008.

201 Chris Perry, Krishna Chhatralia, Dom Damesick, Sylvie Hobden und Leanora Volpe, »Behavioral Insights in Health Care: Nudging to Reduce Inefficiency and Waste«, The Health Fund, Dezember 2015.

202 Michael Marmot und Richardson G. Wilkinson, *Social Determinants of Health*, Oxford 1999; Richardson G. Wilkinson, *The Impact of Inequality: How to Make Sick Societies Healthier*, New York 2005.

203 Michael Marmot und Jessica Allen, »Social Determinants of Health Equity«, *American Journal of Public Health*, September 2014.

KAPITEL 5

204 Für eine genaue Beschreibung dessen, was mit einer Gemeinde passiert, die weniger Erfolg mit der Schaffung neuer Chancen hat, nachdem eine Fabrik geschlossen wurde, siehe Goldstein, *Janesville*.

205 Paul Collier, *The Future of Capitalism: Facing the New Anxieties*, London 2018. Es ist gut möglich, dass die Zunahme von Fernarbeit infolge der Covid-19-Pandemie die Geografie der Arbeit verändert

und es ermöglicht, dass Jobs von überall aus erledigt werden können. Das könnte die regionalen Ungleichheiten in einigen Ländern verringern, auch wenn es noch zu früh ist, dies abschließend zu beurteilen.

206 Im subsaharischen Afrika macht die informelle Beschäftigung mehr als 70 Prozent des Arbeitsmarktes aus, in Südasien sind es 60 Prozent und in Lateinamerika 50 Prozent. Siehe Weltbank, »World Development Report: The Changing Nature of Work«.

207 Bezahlte Teilzeitarbeit war der Haupttreiber für den Anstieg der Gesamtbeschäftigung zwischen 2000 und 2018. Ihr Anteil stieg in 18 von 21 Ländern um durchschnittlich 4,1 Prozent, was 29 Millionen Arbeitsplätzen entspricht, während der Anteil der Vollzeitbeschäftigung um 1,4 Prozent zurückging. Siehe McKinsey, *The Social Contract*.

208 Seit 2006 hat sich die durchschnittliche Arbeitsplatzstabilität (gemessen an der Verweildauer im aktuellen Job) in einer Reihe von OECD-Ländern erhöht. Dies ist jedoch ein kompositorischer Effekt, der auf einen Anstieg des Anteils älterer Arbeitnehmender zurückzuführen ist, die tendenziell eine längere Verweildauer am Arbeitsplatz haben. Berücksichtigt man diese Veränderung in der Zusammensetzung der Erwerbsbevölkerung, ist die Dauer der Betriebszugehörigkeit in den meisten Ländern sogar zurückgegangen. Siehe OECD, *OECD Employment Outlook: The Future of Work*.

209 Franz Eiffe, Agnès Parent-Thirion und Isabella Biletta, *Working Conditions: Does employment status matter for job quality?* Eurofound, Publikationsbüro der Europäischen Union, 2018.

210 Vinny Kuntz, »Germany's two-tier labour market«, *Handelsblatt Today*, 9. Dezember 2016; Nathan Hudson-Sharp und Johnny Runge, *International trends in insecure work: A report for the Trades Union Congress*, National Institute of Economic and Social Research, Mai 2017.

211 Nikhil Datta, Giulia Giupponi und Stephen Machin, »Zero Hours Contracts«, *Economic Policy*, Juli 2019.

212 Lawrence F. Katz und Alan B. Krueger, »The rise and nature of alternative work arrangements in the United States, 1995–2015«, *ILR Review* 72:2, März 2019, S. 382–416.

213 Tito Boeri, Giulia Giupponi, Alan B. Krueger und Stephen Machin, »Solo Self-Employment and Alternative Work Arrangements: A Cross-Country Perspective on the Changing Composition of Jobs«, *Journal of Economic Perspectives* 34:1, Winter 2020.

214 Jelle Visser, »Can Unions Revitalise Themselves?«, *International Journal of Labour Research* 9:1-2, 2019, S. 17–48.

215 Internationale Arbeitsorganisation, »Industrial relations data«, *ILOSTAT-Datenbank*, 2020, https://ilostat.ilo.org/data.

216 Truman Packard, Ugo Gentilini, Margaret Grosh, Philip O'Keefe, Robert Palacios, David Robalino und Indhira Santos, *Protecting All: Risk Sharing for a Diverse and Diversifying World of Work*, Human Development Perspectives, Weltbank, S. 143.

217 Eine Studie der Columbia University ergab, dass Arbeitnehmende, die während der Rezession 1982 in Deutschland entlassen wurden, fünfzehn Jahre später 10 bis 15 Prozent weniger verdienten als ihre Kollegen, die nicht entlassen worden waren. In den USA lag die Größenordnung bei 15 bis 20 Prozent. Eine Studie der State University of New York fand heraus, dass entlassene Arbeitnehmende ein um 83 Prozent höheres Risiko haben, im Jahr nach ihrer Entlassung eine neue Krankheit zu entwickeln, als Arbeitnehmende, die nicht entlassen wurden, während andere Studien herausgefunden haben, dass die Lebenserwartung unter denjenigen, die ihren Job verloren haben, sinkt. Untersuchungen der Universität Manchester ergaben, dass Arbeitnehmende in Großbritannien, die entlassen worden waren, eine um 4,5 Prozent geringere Wahrscheinlichkeit hatten, anderen Menschen zu vertrauen, als Arbeitnehmende, die nicht entlassen worden waren – ein Effekt, der noch zehn Jahre später anhielt. Diese Studien werden in McKinsey, *The Social Contract*, S. 59, zitiert.

218 Eine Studie der University of Wisconsin-Madison und der University of South Carolina fand heraus, dass Entlassungen, die ein Prozent der Beschäftigten betrafen, im Durchschnitt zu einem 31-prozentigen Anstieg der freiwilligen Fluktuation nach dem ersten Personalabbau führten. Forscher der Universität Stockholm und der Universität Canterbury fanden heraus, dass die »Überlebenden« von Entlassungen einen 41-prozentigen Rückgang der Arbeitszufriedenheit, einen 36-prozentigen Rückgang des

beruflichen Engagements und einen 20-prozentigen Rückgang der Arbeitsleistung erlebten. Siehe McKinsey, *The Social Contract*, S. 59; Johannes F. Schmieder, Till von Wachter und Stefan Bender, *The long-term impact of job displacement in Germany during the 1982 recession on earnings, income, and employment*, Columbia University Department of Economics Discussion Paper 0910-07, 2010; Kate W. Strully, »Job loss and health in the US labor market«, *Demography* 46:2, Mai 2009, S. 221–246; James Lawrence, »(Dis)placing trust: The long-term effects of job displacement on generalized trust over the adult life course«, *Social Science Research* 50, März 2015, S. 46–59; Jena McGregor, »Getting laid off can make people less trusting for years«, *Washington Post*, 19. März 2015; Charlie O. Trevor und Anthony J. Nyberg, »Keeping your headcount when all about you are losing theirs: Downsizing, voluntary turnover rates, and the moderating role of HR practices«, *Academy of Management Journal* 51:2, April 2008, S. 259–276; Sandra J. Sucher und Shalene Gupta, »Layoffs that don't break your company«, *Harvard Business Review*, Mai-Juni 2018.

219 McKinsey, *The Social Contract*.

220 Europäische Kommission, »Study on employment and working conditions of aircrews in the European internal aviation market«, Europäische Kommission, 2019

221 Richard Susskind und Daniel Susskind, *The Future of the Professions: How Technology Will Transform the World of Human Experts*, Oxford 2015.

222 Herbert Simon, »Automation«, *New York Review of Books*, 26. Mai 1966.

223 Martin Sandbu, *The Economics of Belonging*, Princeton 2020.

224 Mehr als 90 Prozent der Länder, die Mitglied der Internationalen Arbeitsorganisation sind, haben einen oder mehrere Mindestlöhne, die gesetzlich oder durch Verhandlungen mit Gewerkschaften geregelt sind. Siehe ILO, *Minimum Wage Policy Guide*, Internationale Arbeitsorganisation, 2016.

225 Frank Pega, Sze Yan Liu, Stefan Walter, Roman Pabayo, Ruhi Saith und Stefan K Lhachimi, »Unconditional cash transfers for reducing poverty and vulnerabilities: effect on use of health services and health outcomes in low- and middle-income countries«, *Cochrane*

Database of Systematic Reviews 11, 2017; Independent Commission for Aid Impact, *The Effects of DFID's Cash Transfer Programmes on Poverty and Vulnerability: An Impact Review*, Independent Commission for Aid Impact, 2017; Francesca Bastagli, Jessica Hagen-Zanker, Luke Harman, Valentina Barca, Georgina Sturge und Tanja Schmidt, mit Luca Pellerano, »Cash transfers: what does the evidence say? A rigorous review of programme impact and of the role of design and implementation features«, Overseas Development Institute, Juli 2016.

226 Guy Standing, *Basic Income: And How We Can Make it Happen*, London 2017.

227 Anna Coote und Edanur Yazici, *Universal Basic Income: A Union Perspective*, Public Services International and the New Economics Foundation, April 2019.

228 Sigal Samuel, »Everywhere Basic Income has been Tried in One Map: Which Countries Have Experimented with Basic Income and What were the Results?«, *Vox*, 19. Februar 2020.

229 Der IWF schätzt die Kosten auf 3–6 Prozent des BIP in ausgewählten Ländern. Siehe IWF, *Fiscal Monitor: Tackling Inequality*, International Monetary Fund, Oktober 2017.

230 Dominique Guillaume, Roman Zytek und Mohammad Reza Farzin, »Iran–The Chronicles of the Subsidy Reform«, Arbeitspapier des IMF, Abteilung Mittlerer Osten und Zentralasien, Juli 2011.

231 Thomas Piketty, *Kapital und Ideologie*, München 2020. In den USA plädierten Ackerman und Alstott für einen Kapitalzuschuss von 80 000 Dollar im Alter von 21 Jahren, siehe Bruce Ackerman und Anne Alstott, *The Stakeholder Society*, New Haven 1999.

232 O. Bandiera, R. Burgess, N. Das, S. Gulesci, I. Rasul und M Sulaiman, »Labor Markets and Poverty in Village Economies«, *Quarterly Journal of Economics* 132:2, 2017, S. 811–870.

233 Mosely B. Ingham, »The Fundamental Cure for Poverty is Not Money but Knowledge: Lewis's Legacy«, in *Sir Arthur Lewis*, Great Thinkers in Economics Series, New York 2013.

234 Brian Bell, Mihai Codreanu und Stephen Machin, »What can previous recessions tell us about the Covid-19 downturn?«, Paper 007, Centre for Economic Performance, London School of Economics, August 2020. Shania Bhalotia, Swati Dhingra und Fjolla Kondirolli,

»City of Dreams no More: The Impact of Covid-19 on Urban Workers in India«, Centre for Economic Performance, London School of Economics, September 2020. Jack Blundell und Stephen Machin, »Self-employment in the Covid-19 crisis«, Centre for Economic Performance, London School of Economics, Mai 2020.

235 »Why so Many Dutch People Work Part-time«, *The Economist*, 11. Mai 2015.

236 Matthew Taylor, Greg Marsh, Diane Nicol und Paul Broadbent, *Good Work: The Taylor Review of Modern Working Practices*, Department for Business, Energy and Industrial Strategy, 2018, S. 72.

237 McKinsey, *The Social Contract.*

238 Nikhil Datta, Giulia Giupponi und Stephen Machin, »Zero Hours Contracts and Labour Market Policy«, *Economic Policy* 34:99, Juli 2019, S. 369–427.

239 Tito Boeri, Giulia Giupponi, Alan B. Krueger und Stephen Machin, »Solo Self-Employment and Alternative Work Arrangements: A Cross-Country Perspective on the Changing Composition of Jobs«, *Journal of Economic Perspectives*, Winter 2020.

240 Taylor et al., *Good Work.*

241 Larry Fink, »Profit & Purpose: Larry Fink's 2019 Letter to CEOs«, *BlackRock*, 2019; Colin Mayer, *Principles for Purposeful Business*, British Academy, 2019.

242 Dani Rodrik und Charles Sabel, »Building a Good Jobs Economy«, HKS Working Paper RWP20-001, November 2019; Paul Osterman, »In Search of the High Road: Meaning and Evidence«, *International Labour Review* 71:1, 2018, S. 3–34.

243 Kurt Vandaele, »Will trade unions survive in the platform economy? Emerging patterns of platform workers' collective voice and representation in Europe«, ETUI Working Paper 2018/5, European Trade Union Institute, 2018.

244 David Card, Jochen Kluve und Andrea Weber, »What Works? A Meta-Analysis of Recent Active Labor Market Program Evaluations«, *Journal of the European Economic Association* 16:3, Juni 2018, S. 894–931; John P. Martin, »Activation and active labour market policies in OECD countries: stylised facts and evidence on their effectiveness«, IZA Policy Paper 84, Juni 2014; Gordon Betcherman, Karina Olivas und Amit Dar, »Impacts of Active Labour Market

Programs: New Evidence from Evaluations«, Social Protection Discussion Paper 0402, Weltbank, 2004; Amit Dar und Zafiris Tsannatos, »Active Labour Market Programmes: A Review of the Evidence from Evaluations«, Social Protection Discussion Paper 9901, Weltbank, 1999.

245 Verónica Escudero, »Are active labour market policies effective in activating and integrating low-skilled individuals? An international comparison«, *IZA Journal of Labour Policy* 7:4, 2018.

246 Thomas Kochan und William Kimball, »Unions, Worker Voice, and Management Practices: Implications for a High-Productivity, High-Wage Economy«, *RSF: The Russell Sage Foundation Journal of the Social Sciences* 5:5, Dezember 2019.

247 OECD, »Back to Work: Sweden: Improving the Re-employment Prospects of Displaced Workers«, Organisation für wirtschaftliche Zusammenarbeit und Entwicklung, 2015. Ein weiteres Beispiel für ein erfolgreiches Programm ist das Projekt QUEST (Quality Employment through Skills Training), das 1992 in San Antonio, Texas, gegründet wurde. In den späten 1980er-Jahren wurde San Antonio von einer Welle von Betriebsschließungen heimgesucht, ein frühes Vorzeichen für kommende, umfassendere Verlagerungen. Den entlassenen Arbeitnehmenden fehlten die Qualifikationen für die neuen Arbeitsplätze, die im Gesundheitswesen, in der IT-Branche und in anderen Sektoren geschaffen wurden, und die Arbeitsplätze im Dienstleistungssektor, für die sie qualifiziert waren, wurden zu schlecht bezahlt, um eine Mittelklasse-Familie zu ernähren. Zwei kirchliche Organisationen arbeiteten mit der größtenteils hispanischen Bevölkerung der Region, den örtlichen Community Colleges und Arbeitgebenden zusammen, wobei sie ein durch starke Managementinformationssysteme gestütztes Programm der intensiven Beratung, Schulung und finanziellen Unterstützung nutzten. Auswertungen neun Jahre später zeigen, dass die Teilnehmenden etwa zehn Prozent mehr verdienten als die Kontrollgruppe, und der Nutzen war für die am stärksten gefährdeten Gruppen am größten. Siehe Anne Roder und Mark Elliott, *Nine Year Gains: Project QUEST's Continuing Impact*, Economic Mobility Corporation, 2019; Dani Rodrik und Charles Sabel, »Building a Good Jobs Economy«; Ida Rademacher, Marshall Bear und Maureen Conway,

»Project QUEST: a case study of a sectoral employment development approach«, Sectoral Employment Development Learning Project Case Studies Series, Economic Opportunities Program, Aspen Institute, 2001.

248 OECD, »Getting Skills Right: Engaging low skilled adults in learning«, Organisation für wirtschaftliche Zusammenarbeit und Entwicklung, 2019; OECD, »Back to Work: Sweden«; Eurofound, *Working Conditions: Does employment status matter for job quality?*

249 Dänische Regierung, *Prepared for the future of work: Follow-up on the Danish Disruption Council*, Dänische Regierung, Februar 2019.

250 OECD, »Back to Work: Improving the Reemployment Prospects of Displaced Workers«, OECD, 2016.

251 Erik Brynjolfsson und Paul Milgrom, »Complementarity in Organizations«, in Robert Gibbons und John Roberts (Hrsg.), *The Handbook of Organizational Economics*, Princeton 2012.

252 Lorin Hitt und Prasanna Tambe, »Health Care Information Technology, Work Organisation and Nursing Home Performance«, *ILR Review* 69:4, März 2016, S. 834–859.

253 WEF, *Towards a Reskilling Revolution: A Future of Jobs for All*, Weltwirtschaftsforum, 2019.

KAPITEL 6

254 Ohne politische Reformen könnte der Alterungsdruck in den nächsten drei Jahrzehnten die öffentliche Schuldenlast in den G20-Industriestaaten um durchschnittlich 180 Prozent des BIP und in den G20-Schwellenländern um 130 Prozent des BIP erhöhen. Alternativ müssten die Steuereinnahmen in den G20-Ländern bis 2060 um 4,5 bis 11,5 Prozent des BIP steigen, um die Schuldenquote auf dem aktuellen Niveau zu stabilisieren. Siehe Dorothée Rouzet, Aida Caldera Sánchez, Théodore Renault und Oliver Roehn, »Fiscal Challenges and Inclusive Growth in Ageing Societies«, OECD Economic Policy Paper 27, September 2019.

255 Länder wie Chile im Jahr 1981 und Mexiko im Jahr 1997 ersetzten ihre umlagefinanzierten leistungsorientierten Systeme durch privat finanzierte obligatorische beitragsorientierte Systeme. In jüngerer Zeit haben Estland, Ungarn, Polen, die Slowakische Republik und Schweden als Ergänzung zu ihren öffentlichen Rentensystemen

obligatorische privat finanzierte beitragsorientierte Systeme eingeführt oder die Beitragssätze, mit denen sie finanziert werden, erhöht. In den Niederlanden wurde das kapitalgedeckte leistungsorientierte System durch zahlreiche Anpassungen der Rentenregelungen eher zu einem Hybridsystem. In anderen Ländern wie den Vereinigten Staaten ist der Anteil der leistungsorientierten Pläne an der betrieblichen Altersversorgung langsam zugunsten von beitragsorientierten Plänen zurückgegangen. OECD, *Pensions at a Glance 2019: OECD and G20 Indicators*, Organisation für wirtschaftliche Zusammenarbeit und Entwicklung, 2019.

256 Zu den Reformen gehörten beispielsweise die Anhebung der Beitragssätze (Kanada, Großbritannien), Leistungskürzungen oder die Anpassung der Indexierung der Renten an die Inflation (Argentinien, Griechenland), die Indexierung der Renten an die Lebenserwartung (Japan), die Anhebung des Renteneintrittsalters (Indonesien, Russland, Großbritannien) und die Einschränkung der Vorruhestandsoptionen. Für zahlreiche Beispiele siehe Rouzet et al., »Fiscal Challenges«.

257 Friedrich Breyer und Ben Craig, »Voting on Social Security: Evidence from OECD Countries«, *European Journal of Political Economy* 13:4, 1997, S. 705–724.

258 Siehe Kasten 2 in Rouzet et al., »Fiscal Challenges«, S. 29.

259 Rouzet et al., »Fiscal Challenges«.

260 Die OECD schätzt, dass bei einer Anhebung des Renteneintrittsalters um drei Jahre zwischen 2015 und 2060 – wenn die Lebenserwartung mit 65 Jahren voraussichtlich um durchschnittlich 4,2 Jahre steigen wird – die Gesamtrentenleistungen von Rentnern mit niedrigem Bildungsniveau im Vergleich zu denen der gut ausgebildeten Gruppen um 2,2 Prozent sinken würden. Siehe OECD, *Preventing Ageing Unequally*, Organisation für wirtschaftliche Zusammenarbeit und Entwicklung, 2017, S. 41.

261 Die OECD stellt fest: »Rentenpolitische Maßnahmen zur Berücksichtigung sozioökonomischer Unterschiede in der Lebenserwartung könnten auf die Leistungsformel (Gewährung höherer Anwartschaftssätze für niedrige Einkommen, wie in Portugal), die Höhe der Beitragssätze (mit dem Einkommen steigend, wie in Brasilien) oder eine Lohnobergrenze abzielen, die für Beiträge

höher ist als für Rentenansprüche. In DC-Systemen könnten die Verrentungsfaktoren für die Umwandlung von Vermögen in eine Rentenleistung so festgelegt werden, dass die Renten für Personen mit niedrigem rentenfähigem Einkommen (die im Durchschnitt früher sterben) steigen, während Personen mit hohem rentenfähigem Einkommen (die im Durchschnitt später sterben) geringere Leistungen erhalten. Ein seltenes Beispiel dafür hat Großbritannien mit den privaten ›Enhanced Annuities‹ eingeführt: Menschen mit bestimmten Gesundheits- oder Verhaltensfaktoren, die mit einer geringeren Lebenserwartung einhergehen, wie Rauchen, Fettleibigkeit oder Herz-Kreislauf-Erkrankungen, und die in den unteren sozioökonomischen Gruppen häufiger vorkommen, erhalten für das gleiche angesammelte Rentenvermögen höhere Renten. Die OECD fordert genauere Mortalitätsdaten für die sozioökonomischen Gruppen, damit Menschen mit höheren Gesundheitsrisiken höhere Leistungen angeboten werden können. Programme, die risikoreiches Verhalten ›belohnen‹, sollten jedoch sorgfältig geplant werden.« Siehe OECD, *Preventing Ageing Unequally*, S. 59.

262 Nicholas Barr, »Gender and Family: Conceptual Overview«, Weltbank-Diskussionspapier 1916, April 2019.

263 Richard H. Thaler und Shlomo Benartzi, »Save More Tomorrow™: Using Behavioral Economics to Increase Employee Saving«, *Journal of Political Economy* 112: S1, 2004, S. 164–187.

264 Für eine ausführliche Betrachtung dieser Themen siehe OECD, *Preventing Ageing Unequally.*

265 In Japan gibt es einen Ehegattenabzug im Einkommenssteuersystem, der Frauen davon abhält, zu arbeiten. Siehe Randall S. Jones und Haruki Seitani, »Labour Market Reform in Japan to Cope with a Shrinking and Ageing Population«, Economics Department Working Paper 1568, Organisation für wirtschaftliche Zusammenarbeit und Entwicklung, 2019; »Japan: Selected Issues«, IWF-Länderbericht 17/243, IMF Asia Pacific Department, 2017, Internationaler Währungsfonds, Organisation für wirtschaftliche Zusammenarbeit und Entwicklung.

266 Rouzet et al., »Fiscal Challenges«.

267 Asli Demirguc-Kunt, Leora Klapper, Dorothe Singer, Saniya Ansar und Richard Jake Hess, *The Global Findex Database 2017: Measu-*

ring Financial Inclusion and the Fintech Revolution, Weltbankgruppe, 2018.

268 Merve Akbas, Dan Ariely, David A. Robalino und Michael Weber, »How to Help the Poor to Save a Bit: Evidence from a Field Experiment in Kenya«, IZA Discussion Paper 10024, IZA, 2016.

269 Kevin Wesbroom, David Hardern, Matthew Arends und Andy Harding, »The Case for Collective DC: A new opportunity for UK pensions«, White Paper, Aon Hewitt, November 2013.

270 Nur etwa 40 Prozent der Arbeitgebenden in den USA bieten flexible Zeitpläne an, während in Europa fast 80 Prozent der über 55-Jährigen die fehlenden Möglichkeiten, durch eine Reduzierung der Arbeitszeit allmählich in den Ruhestand zu gehen, als wichtigen Grund dafür nennen, ganz mit der Arbeit aufzuhören. Siehe Rouzet et al., »Fiscal Challenges«, S. 49.

271 In Deutschland werden beispielsweise Zuschüsse für Löhne und Ausbildungskosten gewährt, um Unternehmen zu ermutigen, Geringqualifizierte und Arbeitnehmende über 45 Jahren auszubilden. Australien weitet die Kompetenzbewertung und Beratung für Arbeitnehmende über fünfzig aus. Südkorea bietet Gutscheine für den Kauf von anerkannten Schulungskursen für Arbeitnehmende über vierzig, für nicht regulär Beschäftigte und für kleine und mittlere Unternehmen, die bereit sind, Schulungen in Eigeninitiative durchzuführen. Rouzet et al., »Fiscal Challenges«, S. 42.

272 Lindsay Flynn und Herman Mark Schwartz, »No Exit: Social Reproduction in an Era of Rising Income Inequality«, *Politics & Society* 45:4, 2017, S. 471–503.

273 OECD, *Preventing Ageing Unequally*.

274 Kaare Christensen, Gabriele Doblhammer, Roland Rau und James W. Vaupel, »Ageing Populations: The Challenges Ahead«, *Lancet* 374:9696, 2009, S. 1196–1208.

275 Die dynamische Gleichgewichtshypothese wird mit Manton in Verbindung gebracht und besagt, dass ein Anstieg der Lebenserwartung durch zusätzliche Jahre ohne Behinderung oder schlechten Gesundheitszustand ausgeglichen wird. Siehe Kenneth G. Manton, »Changing Concepts of Morbidity and Mortality in the Elderly Population«, *Milbank Memorial Fund Quarterly, Health and Society* 60:2, 1982, S. 183–244. Eine Untersuchung von Lindgren ergab, dass

die Erfahrungen in Ländern mit hohem Einkommen die Hypothese des gesunden Alterns tendenziell unterstützen. Siehe Bjorn Lindgren, »The Rise in Life Expectancy, Health Trends among the Elderly, and the Demand for Care – A Selected Literature Review«, NBER Working Papers 22521, National Bureau of Economic Research, 2016.

276 Die Bereitstellung von Pflege, selbst für Menschen mit geringerem Bedarf, kann im Verhältnis zum verfügbaren Einkommen eines Rentners kostspielig sein. In den dreizehn OECD-Ländern, für die Daten verfügbar sind, kosten 6,5 Stunden professionelle Pflege pro Woche im Durchschnitt die Hälfte des verfügbaren Medianeinkommens einer Person über 65 Jahre. Diejenigen mit größerem Bedarf – über 40 Stunden Pflege pro Woche – würden im Durchschnitt das Dreifache des verfügbaren Medianeinkommens einer älteren Person benötigen. In solchen Fällen von akutem Bedarf mag institutionelle Pflege billiger sein, aber selbst die kostet immer noch mehr als das Doppelte des verfügbaren Medianeinkommens einer älteren Person. Nur die wohlhabendsten älteren Menschen können die Kosten eines moderaten Bedarfs aus ihrem Einkommen decken. Die Kosten für 22,5 Stunden professionelle häusliche Pflege pro Woche entsprechen 96 Prozent des verfügbaren Einkommens für Menschen im 80. Perzentil der Einkommensverteilung, aber mehr als das Doppelte des verfügbaren Einkommens von Menschen im 20. Perzentil. Siehe OECD, *Preventing Ageing Unequally*, S. 239.

277 Für eine Darstellung der Ineffizienzen der Trennung von Sozial- und Gesundheitsversorgung in Großbritannien siehe Ruth Thorlby, Anna Starling, Catherine Broadbent und Toby Watt, »What's the Problem with Social Care and Why Do We Need to Do Better?«, Health Foundation, Institute for Fiscal Studies, King's Fund and Nuffield Trust, 2018.

278 Du Peng, »Long-term Care of Older Persons in China«, SDD-SPPS Project Working Paper Series, United Nations Economic and Social Commission for Asia and the Pacific, 2015.

279 Tineke Fokkema, Jenny De Jong Gierveld und Peal A. Dykstra, »Cross-national Differences in Older Adult Loneliness«, *Journal of Psychology* 146:1-2, 2012, S. 201–228.

280 In Ländern mit niedrigem Sozialschutz (in denen die öffentlichen

Ausgaben für die Langzeitpflege weniger als ein Prozent des BIP betragen) lag die Wahrscheinlichkeit, dass Frauen im Alter von fünfzig Jahren und älter täglich informelle Pflege leisten, im Jahr 2013 um 41 Prozent höher als bei Männern dieser Altersgruppe. In Ländern mit hohem Sozialschutz (in denen die öffentlichen Ausgaben für Langzeitpflege zwei Prozent des BIP übersteigen) lag die Quote nur bei 23 Prozent. Siehe OECD, *Preventing Ageing Unequally*, S. 246.

281 Informelle Pflegekräfte haben 20 Prozent mehr psychische Probleme als andere Menschen und sind eher bereit, ihre Arbeit einzustellen oder ihre Arbeitszeit zu reduzieren. Siehe OECD, *Help Wanted? Providing and Paying for Long-Term Care,* OECD Publishing, 2011. Diese Kosten werden überproportional von Frauen getragen, die zwischen 55 und 70 Prozent der informellen Pflegekräfte in den OECD-Ländern ausmachen. Siehe OECD, *Health at a Glance 2015: OECD Indicators*, OECD Publishing, 2015.

282 Duncan Jeffries, »Are Carebots the solution to the Elderly Care Crisis?«, *Hack and Craft*, 13. Februar 2019.

283 Junko Saito, Maho Haseda, Airi Amemiya, Daisuke Takagi, Katsunori Kondob und Naoki Kondo, »Community-based care for healthy ageing: lessons from Japan«, *Bulletin of the World Health Organization* 97:8, 2019, S. 570–574.

284 Claire McNeil und Jack Hunter, *The Generation Strain: Collective Solutions to Care in an Ageing Society*, Institute for Public Policy Research, April 2014.

285 Für eine gründliche Diskussion dieser Themen siehe Atul Gawande, *Sterblich sein: Was am Ende wirklich zählt. Über Würde, Autonomie und eine angemessene medizinische Versorgung*, Frankfurt am Main 2017.

286 Eric B. French, Jeremy McCauley, Maria Aragon, Pieter Bakx, Martin Chalkley, Stacey H. Chen, Bent J. Christensen, Hongwei Chuang, Aurelie Côté-Sergent, Mariacristina De Nardi, Elliott Fan, Damien Échevin, Pierre-Yves Geoffard, Christelle Gastaldi-Ménager, Mette Gørtz, Yoko Ibuka, John B. Jones, Malene Kallestrup-Lamb, Martin Karlsson, Tobias J. Klein, Grégoire de Lagasnerie, Pierre-Carl Michaud, Owen O'Donnell, Nigel Rice, Jonathan S. Skinner, Eddy van Doorslaer, Nicolas R. Ziebarth und Elaine Kelly, »End-Of-Life

Medical Spending In Last Twelve Months Of Life Is Lower Than Previously Reported«, *Health Affairs* 36:7, 2017, S. 1211–1221.

287 Deborah Carr und Elizabeth A. Luth, »Well-Being at the End of Life«, *Annual Review of Sociology* 45, 2019, S. 515–534.

288 Eine Überprüfung von 150 Studien mit fast 800 000 Probanden, die zwischen 2011 und 2016 veröffentlicht wurden, ergab, dass nur 37 Prozent der Erwachsenen in den USA eine Patientenverfügung verfasst hatten. Siehe Kuldeep N. Yadav, Nicole B. Gabler, Elizabeth Cooney, Saida Kent, Jennifer Kim, Nicole Herbst, Adjoa Mante, Scott D. Halpern und Katherine R. Courtright, »Approximately One in Three US Adults Completes Any Type of Advance Directive for End-Of-Life-Care«, *Health Affairs (Milwood)* 36:7, 2017, S. 1244–1251. Bei Erwachsenen im Alter von 65 Jahren und älter, bei Menschen mit einer unheilbaren Krankheit und bei kürzlich Verstorbenen liegt die Rate jedoch bei bis zu 70 Prozent. Siehe Deborah Carr und Sara M. Moorman, »End-of-Life Treatment Preferences Among Older Adults: An Assessment of Psychosocial Influences«, *Sociological Forum* 24:4, Dezember 2009, S. 754–778; Maria J. Silveira, Scott Y. H. Kim und Kenneth M. Langa, »Advance Directives and Outcomes of Surrogate Decision Making before Death«, *New England Journal of Medicine* 362, 2010, S. 1211–1218.

289 Benedict Clements, Kamil Dybczak, Vitor Gaspar, Sanjeev Gupta und Mauricio Soto, »The Fiscal Consequences of Shrinking Populations«, IWF Staff Discussion Note, Oktober 2015.

290 Noëmie Lisack, Rana Sajedi und Gregory Thwaites, »Demographic trends and the real interest rate«, Staff Working Paper 701, Bank of England, Dezember 2017; Carlos Carvalho, Andrea Ferrero und Fernanda Nechio, »Demographics and real interest rates: Inspecting the mechanism«, *European Economic Review* 88, September 2016, S. 208–226.

291 Takako Tsutsi und Naoko Muramatsu, »Care-Needs Certification in the Long-Term Care Insurance System of Japan«, *Journal of American Geriatrics Society* 53:3, 2005, S. 522–527.

292 OECD, *Preventing Ageing Unequally*.

293 Eine gute Darstellung der Problematik findet sich in Andrew Dilnot, »Final Report on the Commission on Funding of Care and Support«, UK Government, 2010.

KAPITEL 7

294 Es gibt noch einen weiteren Aspekt des Gesellschaftsvertrags zwischen den Generationen, nämlich die Frage, was wir früheren Generationen aufgrund von vergangenen Fehlern schulden, und die Notwendigkeit, gegenüber ihren Nachkommen Wiedergutmachung zu leisten. Debatten über die Entschädigung für Sklaverei oder die Rückgabe von Gegenständen, die im Verlauf von Kolonialismus oder Krieg erbeutet wurden, sind Beispiele für dieses Thema. Obwohl es den Rahmen dieses Buches sprengen würde, herrscht zunehmend Einigkeit darüber, dass Transparenz und Offenheit in diesen Fragen ein wichtiger Teil der Antwort sind.

295 Der Kodex von Hammurabi im alten Mesopotamien erlaubt es einem Schuldner, ein Familienmitglied zu verpflichten, bis zu drei Jahre lang zu arbeiten, um eine Schuld zu begleichen, und die Magna Carta legt nahe, dass elterliche Schulden im feudalen England an Kinder vererbt werden konnten. Obwohl illegal, wird Kinderarbeit zur Begleichung von Schulden in Teilen Südasiens immer noch praktiziert.

296 Im Durchschnitt der OECD-Länder sind die Einkommen der Älteren im Alter von 60 bis 64 Jahren um kumulativ 13 Prozent mehr gestiegen als die der 30- bis 34-Jährigen. Das Armutsrisiko hat sich in den meisten OECD-Ländern seit Mitte der 1980er-Jahre von älteren zu jüngeren Gruppen verschoben. Die Rentenempfänger sind relativ geschützt, außer in den Ländern, die von der Finanzkrise 2008 am stärksten betroffen waren. Dennoch sind die über 75-Jährigen immer noch am stärksten von Armut bedroht. OECD, *Preventing Ageing Unequally.*

297 Fahmida Rahman und Daniel Tomlinson, *Cross Countries: International Comparisons of Intergeneration Trends*, Intergenerational Commission Report, Resolution Foundation, 2018. Für eine breitere Diskussion der Generationenproblematik in Großbritannien siehe David Willets, *The Pinch: How the Baby Boomers Took Their Children's Future – And Why They Should Give It Back*, London 2010.

298 Ich werde mich auf die Staatsverschuldung konzentrieren, da diese von der Gesellschaft getragen wird und durch künftige Steuern zurückgezahlt werden muss. Die Schulden der Haushalte, Unter-

nehmen und des Finanzsektors werden von Privatpersonen und Unternehmen getragen und liegen (zumindest theoretisch) in deren Verantwortung. Wenn es zu öffentlichen Rettungsaktionen kommt, können diese privaten Schulden natürlich zu einer Belastung für die Gesellschaft werden.

299 Intergovernmental Panel on Climate Change, *Special Report: Global Warming of 1.5 °C*, Vereinte Nationen, 2018.

300 Partha Dasgupta, *The Dasgupta Review: Independent Review of the Economics of Biodiversity*, Interim Report, Her Majesty's Treasury, UK Government, April 2020.

301 Shunsuke Managi und Pushpam Kumar, *Inclusive Wealth Report 2018: Measuring Progress Towards Sustainability*, London 2018.

302 Dasgupta, *The Dasgupta Review*, Box 2A.

303 Volker Hauff (Hrsg.), »Unsere gemeinsame Zukunft: Der Brundtland-Bericht der Weltkommission für Umwelt und Entwicklung, Greven 1987, S. 46.

304 Robert M. Solow, »Sustainability: An Economist's Perspective«, J. Seward Johnson Lecture, Woods Hole Oceanographic Institution, 1991.

305 Für eine hilfreiche Zusammenfassung dieser Debatten siehe Kapitel 6 in Nicholas Stern, *Why are We Waiting? The Logic, Urgency, and Promise of Tackling Climate Change*, Cambridge / Mass. 2015. Siehe auch Axel Gosseries, »Theories of intergenerational justice: a synopsis«, *Surveys and Perspectives Integrating Environment and Society* 1:1, Mai 2008.

306 Um einen Eindruck zu bekommen, wie kontrovers diese Debatte sein kann, siehe William D. Nordhaus, »A Review of the Stern Review on the Economics of Climate Change«, *Journal of Economic Literature* 45:3, September 2007, S. 686–702; Graciela Chichilnisky, Peter J. Hammond und Nicholas Stern, »Fundamental utilitarianism and intergenerational equity with extinction discounting«, *Social Choice and Welfare* 54, 2020, S. 397–427. Es besteht Konsens darüber, dass eine positive Zeitpräferenzrate erforderlich ist, um das Aussterberisiko zu berücksichtigen.

307 Walter Mischel und Ebbe B. Ebbesen, »Attention In Delay Of Gratification«, *Journal of Personality and Social Psychology* 16:2, 1970, S. 329–337. In der Folgezeit wurde viel darüber diskutiert, ob es

noch andere Faktoren gab, z. B. das Familieneinkommen, die die Unterschiede im Verhalten der Kinder bestimmten.

308 Lewis Carroll, *Alice im Wunderland / Alice hinter den Spiegeln*, Frankfurt am Main 1999, S. 192.

309 J. M. Keynes, »Wirtschaftliche Möglichkeiten für unsere Enkelkinder«, in Norbert Reuter (Hrsg.), *Wachstumseuphorie und Verteilungsrealität. Wirtschaftspolitische Leitbilder zwischen Gestern und Morgen. Mit Texten zum Thema von John Maynard Keynes und Wassily W. Leontief*, 2. vollständig überarbeitete und aktualisierte Auflage, Marburg 2007, S. 144.

310 Tjalling Koopmans, »Stationary Ordinary Utility and Impatience«, *Econometrica* 28:7, 1960, S. 287–309; Tjalling Koopmans, »On the Concept of Optimal Economic Growth«, *Pontificiae Academiae Scientiarum Scripta Varia* 28, nachgedruckt in Tjalling Koopmans, *The Econometric Approach to Development Planning*, Amsterdam 1966; Tjalling Koopmans, »Objectives, Constraints, and Outcomes in Optimal Growth Models«, *Econometrica* 35:1, 1967, S. 1–15; Tjalling Koopmans, »Representation of Preference Orderings over Time«, in C. B. McGuire und R. Radner (Hrsg.), *Decision and Organization*, Amsterdam 1972.

311 Für eine umfassende Diskussion darüber, wie ein globales Klimaabkommen inszeniert werden könnte, siehe Nicholas Stern, *Why are We Waiting?*, Cambridge / Mass. 2015.

312 Ishac Diwan und Nemat Shafik, »Investment, Technology and the Global Environment: Towards International Agreement in a World of Disparities«, in Patrick Low (Hrsg.), *International Trade and the Environment*, Weltbank, 1992.

313 OECD, »Reforming agricultural subsidies to support biodiversity in Switzerland«, OECD Environment Policy Paper 9, OECD Publishing, 2017; Andres A. Luis, Michael Thibert, Camilo Lombana Cordoba, Alexander V. Danilenko, George Joseph und Christian Borga-Vega, »Doing More with Less: Smarter Subsidies for Water Supply and Sanitation«, Weltbank, 2019; David Coady, Ian Parry, Nghia-Piort Le und Baoping Shang, »Global fossil fuel subsidies remain large. An update based on country-level estimates«, IWF-Arbeitspapier 19:89, Internationaler Währungsfonds, 2019.

314 Raffael Jovine, *Light to Life: How Photosynthesis Made and Can Save the World*, London 2021.

315 Diese Schätzung basiert auf der Kombination inländischer öffentlicher Mittel für biodiversitätsbezogene Aktivitäten (durchschnittlich 67,8 Mrd. Dollar pro Jahr zwischen 2015 und 2017) und Schätzungen breiterer Finanzströme für Biodiversität (z. B. aus wirtschaftlichen Instrumenten, Philanthropie und Impact Investing) in Höhe von 10,2 Mrd. bis 23,2 Mrd. Dollar pro Jahr. Siehe OECD, »A Comprehensive Overview of Global Biodiversity Finance«, OECD Publishing, 2020.

316 Peter Kareiva, Heather Tallis, Taylor H. Ricketts, Gretchen C. Daily und Stephen Polaski, *Natural Capital: The Theory and Practice of Mapping Ecosystem Services*, Oxford 2011.

317 Ralph Chami, Thomas Cosimano, Connel Fullenkamp und Sena Oztosun, »Nature's Solution to Climate Change«, *Finance and Development* 56:4, Dezember 2019, S. 34–38.

318 Oliver Balch, »Meet the world's first ›minister for future generations‹«, *Guardian*, 2. März 2019, abrufbar unter: https://www.theguardian.com/world/2019/mar/02/meet-the-worlds-first-future-generations-commissioner.

319 »Nicholas Stern urges world leaders to invest in sustainable infrastructure during signing ceremony for Paris Agreement on climate change«, Pressemitteilung, Grantham Research Institute, 22. April 2016.

320 Cevat Giray Aksoy, Barry Eichengreen und Orkun Saka, »The Political Scar of Epidemics«, *Vox*, 15. Juni 2020.

321 Achim Goerres, »Why are older people more likely to vote? The impact of ageing on electoral turnout in Europe«, *British Journal of Politics and International Relations* 9:1, 2007, S. 90–121; Julia Lynch und Mikko Myrskylä, »Always the third rail? Pension income and policy preferences in European democracies«, *Comparative Political Studies* 42:8, 2009, S. 1068–1109; Clara Sabbagh und Pieter Vanhuysse, »Exploring attitudes towards the welfare state: Students' views in eight democracies«, *Journal of Social Policy* 35:4, Oktober 2006, S. 607–628; Vincenzo Galasso und Paola Profeta, »How does ageing affect the welfare state?«, *European Journal of Political Economy* 23:2, Juni 2007, S. 554–563; Deborah Fletcher und Lawrence

W. Kenny, »The influence of the elderly on school spending in a median voter framework«, *Education Finance and Policy* 3:3, 2008, S. 283–315.

322 Tim Vlandas, »Grey power and the Economy: Aging and Inflation Across Advanced Economies«, *Comparative Political Studies* 51:4, 2018, S. 514–552.

323 Ich bin Daniel Pick zu Dank verpflichtet, der mich auf dieses Argument aufmerksam gemacht hat. Matthew Weaver, »Lower voting age to six to tackle bias against the young«, *Guardian*, 6. Dezember 2018.

324 YouTube, »Dianne Feinstein rebuffs young climate activists' call for Green New Deal«, 23. Februar 2019.

KAPITEL 8

325 John F. Kennedy, Ansprache in der Independence Hall, Philadelphia, 4. Juli 1962. Auszug verfügbar siehe John F. Kennedy Presidential Library and Museum: https://www.jfklibrary.org/learn/about-jfk/historic-speeches/address-at-independence-hall.

326 Im September 2020 fand ein World Interdependence Summit statt, bei dem eine Million Menschen aus einhundert Ländern online zusammenkamen, um die Lösung gemeinsamer Herausforderungen zu diskutieren. Siehe www.oneshared.world.

327 Martin Luther King, »Friede auf Erden. Eine Weihnachtspredigt«, in: Ders., *Schöpferischer Widerstand. Reden – Aufsätze – Predigten*, hg. von Heinrich W. Gosse, Gütersloh 1980. Martin Luther King fuhr fort, um es greifbar zu machen: »Hast du dir je darüber Gedanken gemacht, dass du des Morgens nicht zur Arbeit gehen kannst, ohne vom größten Teil der Welt abhängig zu sein? Du stehst morgens auf und gehst ins Badezimmer und greifst nach dem Schwamm, und er wird dir vom Inselbewohner aus dem Pazifik gereicht. Du greifst nach einem Stück Seife, und du empfängst sie aus den Händen eines Franzosen. Und dann gehst du in die Küche, um deinen Morgenkaffee zu trinken, und den schenkt dir ein Südamerikaner ein. Und vielleicht willst du Tee: den schenkt dir ein Chinese ein. Oder vielleicht hast du gern Kakao zum Frühstück, und den schenkt dir ein Westafrikaner ein. Und dann streckst du die Hand nach dem Toast aus – und der kommt aus den Händen

eines englischsprechenden Farmers, vom Bäcker nicht zu reden. Und ehe du am Morgen dein Frühstück fertig gegessen hast, bist du schon von mehr als der halben Welt abhängig gewesen. So ist unser Universum gefügt, das ist sein auf Wechselbeziehungen beruhendes Wesen. Wir werden keinen Frieden auf Erden haben, ehe wir nicht diese gegenseitige Abhängigkeit alles Seins begreifen.«

328 Eric Lonergan und Mark Blyth, *Angrynomics*, Newcastle 2020; Anne Case und Angus Deaton, *Deaths of Despair and the Future of Capitalism*, Princeton 2020.

329 Die Konvergenz in der Berufsverteilung zwischen 1960 und 2010 in den USA erklärt zwischen 20 Prozent und 40 Prozent des Wachstums der Gesamtleistung pro Person durch die verbesserte Zuteilung von Talenten. Siehe Chang-Tai Hsieh, Erik Hurst, Charles I. Jones und Peter J. Klenow, »The Allocation of Talent and U.S. Economic Growth«, *Econometrica* 87:5, September 2019, S. 1439–1474.

330 Alex Bell, Raj Chetty, Xavier Jaravel, Neviana Petkova und John Van Reenen »Who Becomes an Inventor in America? The Importance of Exposure to Innovation«, CEP Discussion Paper 1519, London School of Economics, 2017.

331 Ein Beispiel ist die Global Commission on the Future of Work der Internationalen Arbeitsorganisation, die die Regierungen aufforderte, sich zu einer Reihe von Maßnahmen zu verpflichten, um die Herausforderungen zu bewältigen, die durch den beispiellosen Wandel in der Arbeitswelt entstehen. Zu den zehn Empfehlungen gehören: (1) eine universelle Arbeitsgarantie, die grundlegende Arbeitnehmendenrechte, einen existenzsichernden Lohn, eine Begrenzung der Arbeitszeit sowie sichere und gesunde Arbeitsplätze schützt; (2) ein garantierter sozialer Schutz von der Geburt bis ins hohe Alter, der die Bedürfnisse der Menschen über den gesamten Lebenszyklus hinweg unterstützt; (3) ein universeller Anspruch auf lebenslanges Lernen, das es den Menschen ermöglicht, sich zu qualifizieren, umzuschulen und weiterzubilden; (4) Nutzung des technologischen Wandels zur Förderung menschenwürdiger Arbeit, einschließlich eines internationalen Governance-Systems für digitale Arbeitsplattformen; (5) höhere Investitionen in die Pflege, die grüne und die ländliche Wirtschaft; (6) eine transformative und messbare Agenda für die Gleichstellung der Geschlechter; und

(7) die Umgestaltung von Unternehmensanreizen zur Förderung langfristiger Investitionen. ILO, *Work for a Brighter Future: Global Commission on the Future of Work*, Internationale Arbeitsorganisation, 2019.

332 Für eine anthropologische Sicht auf dieses Phänomen siehe David Graeber, *Bullshit Jobs: Vom wahren Sinn der Arbeit*, Stuttgart 2019.

333 Martin Sandbhu, *The Economics of Belonging*, Princeton 2020, S. 96.

334 Jaana Remes, James Manyika, Jacques Bughin, Jonathan Woetzel, Jan Mischke und Mekala Krishnan, *Solving the Productivity Puzzle: The role of demand and the promise of digitization*, McKinsey Global Institute, 2018.

335 Robert Gordon, »US data: Why Has Economic Growth Slowed When Innovation Appears to Be Accelerating?«, NBER Working Paper 24554, National Bureau of Economic Research, April 2018.

336 Remes et al., *Solving the Productivity Puzzle.*

337 Jonathan Tepper mit Denise Hearn, *The Myth of Capitalism: Monopolies and the Death of Competition*, Hoboken / NJ. 2018.

338 Thomas Philippon, *The Great Reversal: How America Gave Up on Free Markets*, Cambridge / Mass. 2019.

339 Esteban Ortiz-Ospina, »Taxation«, online veröffentlicht auf OurWorldInData.org, 2016.

340 Timothy Besley und Torsten Persson, »Why Do Developing Countries Tax So Little?«, *Journal of Economic Perspectives*, 28:4, 2014, S. 99–120.

341 Weltbank, »World Development Report: The Changing Nature of Work«, S. 130–136.

342 Die Länder schaffen auf unterschiedliche Weise einen Ausgleich zwischen Regulierungsinstrumenten und Ausgaben. McKinsey fand drei große Gruppen: (1) Länder, in denen die regulatorischen Eingriffe in den Markt hoch sind und die öffentlichen Ausgaben ebenfalls, wie Österreich, Belgien, Frankreich und die skandinavischen Länder; (2) Länder, in denen die Eingriffe hoch sind und die öffentlichen Ausgaben im mittleren Bereich liegen, wie Deutschland und die Niederlande; und (3) Länder, in denen die Markteingriffe geringer sind und die öffentlichen Ausgaben ebenfalls relativ niedrig. Zu dieser letzten Gruppe gehören Japan, Südkorea, die

Schweiz, Großbritannien und die USA. Im Lauf der Zeit nahmen die regulatorischen Eingriffe tendenziell ab, wobei die Arbeitnehmenden es mit flexibleren Arbeitsmärkten mit weniger großzügigen Rentenleistungen zu tun hatten, wie in Kapitel 5, McKinsey, *The Social Contract,* beschrieben.

343 Es gibt eine umfangreiche Literatur darüber, wie diese Umverteilung am besten organisiert ist, als allgemeine oder gezielte Leistungen. Für eine Zusammenfassung siehe D. Gugushvili und T. Laenen, »Twenty years after Korpi and Palme's ›paradox of redistribution‹: What have we learned so far, and where should we take it from here?«, SPSW Working Paper 5, Centre for Sociological Research, KU Leuven, 2019.

344 Die Spitzensteuersätze sind in Ländern wie den USA am stärksten gesunken, wo das oberste ein Prozent der Einkommensbezieher 20 Prozent des Einkommens vor Steuern erhält, verglichen mit 10 Prozent im Jahr 1970. In Europa und Japan ist die Einkommenskonzentration beim obersten ein Prozent der Einkommensbezieher geringer. Piketty, Saez und Stantcheva argumentieren, dass der Spitzensteuersatz über 80 Prozent liegen könnte und dass es keine Beweise dafür gibt, dass niedrige Steuern für Reiche Produktivität und Wachstum erhöhen. Thomas Piketty, Emmanuel Saez und Stefanie Stantcheva, »Taxing the 1 per cent: Why the Top Tax Rate May be Over 80 per cent«, *Vox*/Centre for Economic Policy Research, 8. Dezember 2011.

345 Arun Advani, Emma Chamberlain und Andy Summers, »Is it Time for a UK Wealth Tax?«, Institute for International Inequality, London School of Economics, und Centre for Competitive Advantage in the Global Economy, Warwick University, 2020.

346 Anthony Atkinson, *Inequality*, Cambridge/Mass. 2015. Tatsächlich baute die Regierung von Tony Blair auf dieser Idee auf, als sie 2005 den Child Trust Fund ins Leben rief, auch wenn der Beitrag der Regierung mit 250 Pfund pro Kind bescheidener ausfiel als im ursprünglichen Vorschlag angedacht.

347 Piketty, *Kapital und Ideologie*, München 2020.

348 Fatih Guvenen, Gueorgui Kambourov, Burhanettin Kuruscu, Sergio Ocampo-Diaz und Daphne Chen, »Use It or Lose It: Efficiency Gains from Wealth Taxation«, NBER Working Paper 26284, Na-

tional Bureau of Economic Research, 2019. Sie argumentieren folgendermaßen: »Bei der Vermögensbesteuerung hingegen zahlen Unternehmer, die über ein ähnliches Vermögensniveau verfügen, unabhängig von ihrer Produktivität ähnliche Steuern, was die Steuerbemessungsgrundlage verbreitert und die Steuerlast auf unproduktive Unternehmer verlagert. Darüber hinaus reduzieren Vermögenssteuern die Nachsteuerrenditen von Unternehmern mit hoher Produktivität in geringerem Maß als die von Unternehmern mit niedriger Produktivität, was zu einer verhaltensbedingten Sparreaktion führt, die die Vermögensverteilung weiter in Richtung der produktiven Unternehmer verschiebt. Schließlich kann die allgemeine Ausgleichsreaktion von Preisen und Vermögenssteuern die aggregierten Sparanreize dämpfen, aber ihr Effekt auf die Reallokation geht immer noch in dieselbe Richtung wie die ersten beiden Effekte. Die daraus resultierende Reallokation erhöht die aggregierte Produktivität und den Output.«

349 James Hansen, »Environment and Development Challenges: The Imperative of a Carbon Fee and Dividend«, in *Oxford Handbook of the Macroeconomics of Global Warming*, hg. v. Lucas Bernard und Willi Semmler, Oxford 2015.

350 Sandbhu, *The Economics of Belonging*, S. 186.

351 Hansen, »Environment and Development Challenges«.

352 Hauser Institute for Civil Society, *The global philanthropy report: Perspectives on the global foundation sector*, Harvard University und UBS, 2014.

353 Truman Packard, Ugo Gentillini, Margaret Grosh, Philip O'Keefe, Robert Palacios, David Robalino und Indhira Santos, *Protecting All: Risk Sharing for a Diverse and Diversifying World of Work*, Weltbank, 2019, S. 180–182.

354 Andrew Summers, »Taxing wealth: an overview«, in *Let's Talk about Tax*, Jonathan Bradshaw (Hrsg.), Institute for Fiscal Studies, 2020.

355 OECD, »Tax Policy Reforms in the OECD«, OECD, 2016.

356 Daron Acemoglu und Pascual Restrepo, »Secular Stagnation? The Effect of Aging on Economic Growth in the Age of Automation«, *American Economic Review*, 107, Nr. 5, Mai 2017, S. 174–179; Ana Lucia Abeliansky und Klaus Prettner, »Automation and Demographic

Change«, GLO Discussion Paper, Nr. 518, Internationale Arbeitsorganisation, 2020.

357 Daron Acemoglu, Andrea Manera und Pascual Restrepo, »Does the US Tax Code Favor Automation?«, erstellt für die Brookings Institution Spring Conference 2020, 6. April 2020.

358 Packard et al., *Protecting All*, S. 209–210.

359 Rui Costa, Nikhil Datta, Stephen Machin und Sandra McNally, »Investing in People: The Case for Human Capital Tax Credits«, CEP Industrial Strategy Working Paper, London School of Economics, Februar 2018.

360 Katarzyna Bilicka, »Comparing UK Tax Returns of Foreign Multinationals to Matched Domestic Firms«, *American Economic Review*, August 2019.

361 Tabby Kinder und Emma Agyemang, »It is a matter of fairness: Squeezing more tax from multinationals«, *Financial Times*, 8. Juli 2020.

362 Ernesto Crivelli, Ruud A. de Mooij und Michael Keen, »Base Erosion, Profit Shifting and Developing Countries«, IMF Working Paper 15/118, Internationaler Währungsfonds, 2015.

363 Die 8,7-Billionen-Dollar-Schätzung stammt von Zucman, während die 36-Billionen-Dollar-Schätzung von Henry stammt. Gabriel Zucman, »How Corporations and the Wealthy Evade Taxes«, *New York Times*, 10. November 2017; James S. Henry, »Taxing Tax Havens«, *Foreign Affairs*, 12. April 2016.

364 Die Schätzungen der potenziellen Gewinne sind enorm. Die Einnahmen aus der Körperschaftssteuer könnten in den größten europäischen Ländern um 18–28 Prozent und in den USA um 14 Prozent steigen (etwa 0,5 Prozent des BIP). Thomas R. Tørsløv, Ludvig S. Wier und Gabriel Zucman, »The Missing Profits of Nations«, NBER Working Paper 24701, National Bureau of Economic Research, August 2018.

365 OECD, »OECD Presents outputs of OECD/G20 BEPS Project for discussion at G20 Finance Ministers meeting«, OECD, 2015: www.oecd.org/tax/beps-2015-final-reports.htm

366 Siehe zum Beispiel die Erklärung zur Corporate Governance des Business Roundtable, einer Gruppe von CEOs großer US-Unternehmen, vom August 2019.

367 Colin Mayer, *Prosperity: Better Business Makes the Greater Good*, Oxford 2019.

368 Es gibt eine umfangreiche Literatur über das relative Abschneiden von demokratischen gegenüber autoritären Staaten. Acemoglu et al. untersuchen das Abschneiden bei einer Reihe von Umverteilungsmaßnahmen (Daron Acemoglu, Georgy Egorov und Konstantin Sonin, »Political Economy in a Changing World«, *Journal of Political Economy*, 123:5, Juli 2015). Harding und Stasavage untersuchen die Bereitstellung einer Reihe von öffentlichen Dienstleistungen in Afrika (Robin Harding und David Stasavage, »What Democracy Does [and Doesn't Do] for Basic Services: School Fees, School Inputs, and African Elections«, *Journal of Politics* 76:1, Januar 2014). Besley und Kudamatsu finden eine starke Korrelation zwischen Lebenserwartung, Kindersterblichkeit und Demokratie (Timothy J. Besley und Masayuki Kudamatsu, »Making Democracy Work«, CEPR Discussion Paper DP6371, 2008). Diese Literatur ist gut zusammengefasst in Tim Besley, »State Capacity, Reciprocity and the Social Contract«, *Econometrica* 88:4, Juli 2020.

369 Besley und Kudamatsu, »Making Democracy Work«.

370 Amartya Sen, *Ökonomie für den Menschen*, München 2000.

371 Die Analyse von George Ward zeigt, dass das subjektive Wohlbefinden ein robuster Schätzwert für Wahlergebnisse ist, selbst wenn man makroökonomische Indikatoren und verschiedene demografische und parteipolitische Determinanten individueller Lebenszufriedenheit kontrolliert und eine Reihe alternativer Spezifikationen verwendet. Die Größenordnung des Zusammenhangs ist beträchtlich: Eine Veränderung des selbstberichteten Wohlbefindens um eine Standardabweichung ist mit einer Veränderung des Stimmenanteils der Regierungskoalition um etwa 8,5 Prozentpunkte verbunden. Dies steht im Gegensatz zu den Auswirkungen von Einkommenszuwächsen, bei denen eine Veränderung des Wirtschaftswachstums um eine Standardabweichung im Wahljahr mit einer Veränderung des Stimmenanteils der Regierung um 4,5 Prozentpunkte verbunden ist, während eine Veränderung der Arbeitslosenquote um eine Standardabweichung im Zeitverlauf eine Veränderung um etwa 3,5 Prozentpunkte ankündigt. George Ward, »Is Happiness a Predictor of Election Results?«, London

School of Economics Centre for Economic Performance Discussion Paper 1343, April 2015.

372 Estland nutzt die Internet-Wahl seit 2005 und verzeichnet einen stetigen Anstieg der Wahlbeteiligung und des Anteils, der sich für die Online-Wahl entscheidet. Natürlich gibt es viele Debatten über die Risiken von Betrug und Manipulation, aber das System wird mit der Zeit immer besser. Siehe Europäische Kommission, »Estonian Internet Voting: https://ec.europa.eu/cefdigital/wiki/display/CEFDIGITAL/2019/07/29/Estonian+Internet+Voting, 29. Juli 2019. Für eine kritische Betrachtung siehe Travis Finkenauer, Zakir Durumeric, Jason Kitcat, Harri Hursti, Margaret MacAlpine und J. Alex Halderman, »Security Analysis of the Estonian Internet Voting System«, University of Michigan and Open Rights Group, November 2014.

373 Torben Iversen und David Soskice, »Democratic limits to redistribution Inclusionary versus Exclusionary Coalitions in the Knowledge Economy«, *World Politics* 67:2, April 2015, S. 185–225.

374 Luis Catao und Maurice Obstfeld (Hrsg.), *Meeting Globalization's Challenges: Policies to Make Trade Work for All*, Princeton 2019, S. 21. Siehe auch ihre interessante Diskussion über politische Ideologien und Handelspolitik auf S. 30–34.

375 Acemoglu und Robinson, *Why Nations Fail*, S. 96–101.

376 Ebd., S. 96–123.

377 Michèle Belot, Syngjoo Choi, Egon Tripodi, Eline van den Broek Altenburg, Julian C. Jamison und Nicholas W. Papageorge, »Unequal consequences of Covid-19 across age and income: Representative evidence from six countries«, *Covid Economics* 38, 16. Juli 2020, S. 196–217.

378 Alison Andrew, Sarah Cattan, Monica Costa Dias, Christine Farquharson, Lucy Kraftman, Sonya Krutikova, Angus Phimister und Almudena Sevilla, »The gendered division of paid and domestic work under lockdown«, *Covid Economics* 39, 23. Juli 2020, S. 109–138.

379 William Beveridge, *Social Insurance and Allied Services*, His Majesty's Stationary Office, 1942.

ABBILDUNGSNACHWEISE

ABBILDUNG 1

»Niedriges Einkommen« bezieht sich auf Familien im Bereich der unteren 10 Prozent der Einkommensverteilung. Der OECD-Durchschnitt stützt sich auf 24 Mitgliedsländer. Dorothee Rouzet, Aida Caldera Sanchez, Théodore Renault und Oliver Roehn, »Fiscal Challenges and Inclusive Growth in Ageing Societies«, OECD Economic Policy Paper 27, September 2019: https://doi.org/10.1787/c553d8d2-en

ABBILDUNG 2

Office for Budget Responsibility (OBR), »Fiscal Sustainability Report«, 2018: https://cdn.obr.uk/FSR-July-2018-1.pdf

ABBILDUNG 3

Das gezeigte Einkommen ist reale Kaufkraftparität. Christoph Lakner und Branko Milanovic, »Global Income Distribution: From the Fall of the Berlin Wall to the Great Recession«, *World Bank Economic Review* 30:2, 2016, S. 203–32.

ABBILDUNG 4

Cristian Alonso, Mariya Brussevich, Era Dabla-Norris, Yuko Kinoshita und Kalpana Kochar, »Reducing and Redistributing Unpaid Work: Stronger Policies to Support Gender Equality«, IMF Working Paper, October 2019: https://www.imf.org/~/media/Files/Publications/WP/2019/wpiea2019225-print-pdf.ashx

ABBILDUNG 5

Die horizontale Achse zeigt den Anteil der weiblichen Population an der Erwerbstätigkeit. Dies misst den Anteil der weiblichen erwerbstätigen Bevölkerung eines Landes ab fünfzehn Jahren. Die vertikale Achse zeigt öffentliche Ausgaben für Familienhilfe als Anteil am BIP. Sandra Tzvetkova und Esteban Ortiz-Ospina, »Working women: What determines female labor force participation?«, 2017: https://ourworldindata.org/women-in-thelabor-force-determinants. Die Daten stammen aus OECD, *Society at a Glance*, OECD Publishing, 2019: https://data.oecd.org/socialexp/family-benefits-public-spending.htm; Internationale Arbeitsorganisation, ILOSTAT database, abgerufen im September 2018; Gapminder, HYDE, 2016, und United Nations Population Division, 2019: https://www.gapminder.org/data/documentation/gd003/

TABELLE 1

Die »hohe« private Rendite der Primarbildung in einkommensstarken Ländern ist einer Ausreißerschätzung von 65 Prozent für Puerto Rico aus dem Jahr 1959 geschuldet, ein Land, das unter unserem derzeitigen Klassifikationssystem des Pro-Kopf-Einkommens als einkommensstark eingestuft wird. George Psacharopoulos und Harry Patrinos, »Returns to Investment in Education: A Decennial Review of the Global Literature«, Policy Research Working Paper 8402, Weltbank, 2018.

ABBILDUNG 6

OECD, *Getting Skills Right: Future Ready Adult Learning Systems*, OECD Publishing, 2019: https://doi.org/10.1787/9789264311756-en

ABBILDUNG 7

OECD, *Getting Skills Right: Future Ready Adult Learning Systems*, OECD Publishing, 2019: https://doi.org/10.1787/9789264311756-en

ABBILDUNG 8

OECD, *Health at a Glance 2015: OECD Indicators*, OECD Publishing, 2015: https://doi.org/10.1787/4dd50c09-en

ABBILDUNG 9

Irene Papanicolas, Alberto Marino, Luca Lorenzoni und Ashish Jha, »Comparison of Health Care Spending by Age in 8 High-Income Countries«, JAMA Network Open, 2020, e2014688: https://doi:10.1001/jamanetworkopen.2020.14688

TABELLE 2

WEF, *The Future of Jobs Report 2018*, Weltwirtschaftsforum, 2018.

ABBILDUNG 10

Truman Packard, Ugo Gentillini, Margaret Grosh, Philip O'Keefe, Robert Palacios, David Robalino und Indhira Santos, *Protecting All: Risk Sharing for a Diverse and Diversifying World of Work*, Weltbank, 2019: https://doi: 10.1596/978-1-4648-1427-3. Used under CC BY 3.0 IGO.

ABBILDUNG 11

OECD, *Health at a Glance 2019: OECD Indicators*, OECD Publishing, 2019: https://doi.org/10.1787/4dd50c09-en

ABBILDUNG 12

OECD, *Health at a Glance 2019: OECD Indicators*, OECD Publishing, 2019: https://doi.org/10.1787/4dd50c09-en

ABBILDUNG 13

Dorothee Rouzet, Aida Caldera Sanchez, Théodore Renault und Oliver Roehn, »Fiscal Challenges and Inclusive Growth in Ageing Societies«, OECD Economic Policy Paper 27, September 2019: https://doi.org/10.1787/c553d8d2-en

ABBILDUNG 14

Auf Basis von 18 810 Erwachsenen im Alter von sechzehn Jahren und älter in 22 Ländern, Feldforschung von September bis Oktober 2016. Fahmida Rahman und Daniel Tomlinson, *Cross Countries: International Comparisons of Intergeneration Trends*, Intergenerational Commission Report, Resolution Foundation, 2018.

ABBILDUNG 15

IWF, *Fiscal Monitor: Policies for the Recovery*, Internationaler Währungsfonds, Oktober 2020.

ABBILDUNG 16

Shunsuke Managi und Pushpam Kumar, *Inclusive Wealth Report 2018*,

ABBILDUNG 17

Esteban Ortiz-Ospina, »Taxation«, 2016: https://ourworldindata.org/taxation. Die Daten stammen aus Alan Reynolds, »Marginal Tax Rates«, *The Concise Encyclopedia of Economics*, Library of Economics and Liberty, 2008, abgerufen am 22. September 2016: http://www.econlib.org/library/Enc/MarginalTaxRates.html; Gapminder, HYDE, 2016, und United Nations Population Division, 2019: https://www.gapminder.org/data/documentation/gd003/

ABBILDUNG 18

Truman Packard, Ugo Gentillini, Margaret Grosh, Philip O'Keefe, Robert Palacios, David Robalino und Indhira Santos, *Protecting All: Risk Sharing for a Diverse and Diversifying World of Work*, Weltbank, 2019: https://doi: 10.1596/978-1-4648-1427-3. Used under CC BY 3.0 IGO.

REGISTER

I

J

K

L

M

N

O

P

Q

R

S

T

Wir verpflichten uns zu Nachhaltigkeit
- Klimaneutrales Produkt
- Papiere aus nachhaltiger Waldwirtschaft und anderen kontrollierten Quellen
- ullstein.de/nachhaltigkeit

Die Originalausgabe erschien 2021 unter dem Titel
What We Owe Each Other: A New Social Contract
bei The Bodley Head, London.

MIX
Papier
FSC FSC® C014496

ISBN 978-3-550-20116-5
Ullstein ist ein Verlag der Ullstein Buchverlage GmbH

Lektorat: Christian Seeger
Satz: Pinkuin Satz und Datentechnik, Berlin
Gesetzt aus der Minion Pro
Druck und Bindearbeiten: GGP Media GmbH, Pößneck